Maria Ozanira da Silva e Silva
Maria Carmelita Yazbek (Orgs.)

# POLÍTICAS PÚBLICAS DE TRABALHO E RENDA NO BRASIL CONTEMPORÂNEO

3ª edição

POLÍTICAS PÚBLICAS DE TRABALHO E RENDA NO BRASIL CONTEMPORÂNEO
Maria Ozanira da Silva e Silva • Maria Carmelita Yazbek (Organizadoras)

*Revisão do arquivo digital*: Profa. Maria do Socorro Monteiro
*Normalização*: Prof. Lusimar Silva Ferreira
*Capa*: Júlio Mathos
*Preparação dos originais*: Solange Martins
*Revisão*: Lucimara Carvalho
*Composição*: Linea Editora Ltda.
*Assessoria editorial*: Elisabete Borgianni
*Secretária editorial*: Priscila F. Augusto
*Coordenação editorial*: Danilo A. Q. Morales

Direitos para esta edição
CORTEZ EDITORA
Rua Monte Alegre, 1074 – Perdizes
05014-001 – São Paulo – SP
Tel.: (11) 3864-0111 Fax: (11) 3864-4290
e-mail: cortez@cortezeditora.com.br
www.cortezeditora.com.br

Impresso no Brasil – julho de 2012

# Sumário

# Apresentação à 3ª edição

A 3ª edição da coletânea *Políticas públicas de trabalho e renda no Brasil contemporâneo*, ora apresentada ao público leitor, expressa um compromisso dos(as) autores(as) em disponibilizar um conjunto de artigos sobre uma temática que vem sendo debatida na academia, nos movimentos sociais e sindicais e na sociedade em geral com muita força. A temática do trabalho, nas suas diferentes expressões, tornou-se central no debate acadêmico e político que se trava na sociedade brasileira, mormente desde os anos 1990.

Optamos por manter os oito artigos que compõem a presente coletânea por entender que ainda expressam a atualidade de questões centrais no debate no campo das Políticas Públicas de Trabalho e Renda no Brasil contemporâneo, tais como: o desenvolvimento histórico do trabalho no Brasil; suas formas atuais; a desconstrução dos direitos sociais nesse campo; o trabalho feminino situado no contexto das desigualdades no mundo produtivo; as noções emergentes da competência, da educação profissional e da empregabilidade, como referência para o trabalho, a partir dos anos 1990; a temática da Economia Solidária; o trabalho informal; as políticas públicas de trabalho para a juventude; enfim, a desregulamentação social do trabalho. Cabe lembrar que, como em todo livro, os artigos que compõem a coletânea devem ser inscritos no contexto histórico em que foram escritos, trazendo consigo, portanto, os referentes desse contexto. Assim sendo, ao manter na coletânea todos os artigos, entendemos que muitos dados quantitativos apresentados em vários desses artigos expressam uma realidade que merece ser atualizada, embora os conteúdos, no geral, expressem momentos históricos que rebatem ainda na realidade atual com muita força. Isso porque ainda convivemos com a primazia dos interesses do mercado, e os processos de globalização em andamento, com sua valorização do capital financeiro, suas grandes corporações transnacionais, seus mercados, suas crises, suas mídias e suas estruturas mundiais de poder permanecem produzindo no mundo contemporâneo desigualdades e incertezas.

Todavia, a atualização da realidade apresentada nos artigos encontra-se no Capítulo 1, "Políticas públicas de trabalho e renda no Brasil contemporâneo", no qual refletimos e apresentamos dados atuais que expressam mudanças em questões centrais no mundo do trabalho no início do século XXI no Brasil: elevação da renda do trabalho; criação de postos de trabalho, com redução dos índices de desemprego; diminuição da informalidade do trabalho com o incremento de postos de trabalho formais com carteira assinada, embora o nível da informalidade do trabalho no Brasil encontre-se ainda muito elevado; o incremento da taxa previdenciária; a redução dos índices de pobreza e de desigualdade na população brasileira; o retorno do crescimento econômico, embora ainda moderado e ameaçado pelas frequentes e persistentes crises na economia mundial desde 2008; o incremento de medidas de proteção social adotadas pelo Estado, embora focalizada na população pobre e extremamente pobre; enfim, a elevação do Brasil à 6ª posição na economia mundial. Todavia, deixamos claro que as melhorias indicadas na economia e no padrão de vida da população brasileira ainda mantêm o Brasil em desvantagem em relação a muitos países, inclusive da América Latina, quando o assunto é, sobretudo, educação e concentração da renda e da riqueza. Esperamos, portanto, que este livro continue contribuindo para o conhecimento das Políticas Públicas de Trabalho e Renda na perspectiva de oferecer referencial para o debate, para a ação política e para a intervenção do Estado e das forças sociais presentes e atuantes na sociedade brasileira.

*Maria Ozanira da Silva e Silva*
*Maria Carmelita Yazbek*

# CAPÍTULO 1

## Políticas públicas de trabalho e renda no Brasil contemporâneo: tema e conteúdo do livro

*Maria Ozanira da Silva e Silva*
*Maria Carmelita Yazbek*

A presente coletânea, sob o título *Políticas públicas de trabalho e renda no Brasil contemporâneo*, é produto do desenvolvimento de estudos e pesquisas realizadas no âmbito de uma cooperação acadêmica entre o Programa de Pós-Graduação em Políticas Públicas da Universidade Federal do Maranhão, o Programa de Pós-Graduação em Serviço Social da Pontifícia Universidade Católica de São Paulo e o Núcleo de Estudos de Políticas Públicas da Universidade Estadual de Campinas, envolvendo professores e alunos de cursos de mestrado e doutorado das instituições citadas. Esse intercâmbio foi desenvolvido no período de 2001 a 2005, mediante projeto aprovado e financiado pela Fundação Coordenação de Acompanhamento de Pessoal de Nível Superior (Capes).

O intercâmbio referido teve como objetivo geral possibilitar a cooperação acadêmica entre os programas e instituições envolvidas, mediante a realização de pesquisas e de atividades de formação de recursos humanos em nível de pós-graduação, tendo em vista a produção de conhecimentos por grupos de pesquisadores das três Universidades. Os objetivos específicos foram, portanto:

a) desenvolver estudos e pesquisas para produção e divulgação de conhecimentos referentes às temáticas Política Pública de Transferência de Renda[1] e Política Pública de Trabalho e Renda;
b) desenvolver estudos de casos sobre experiências de Transferência de Renda em nível local, estadual, nacional e internacional;
c) desenvolver estudos de casos sobre a Política Pública de Trabalho e Renda no Brasil;
d) possibilitar a cooperação acadêmica entre as três equipes envolvidas, tendo em vista a formação de recursos humanos em nível de pós-graduação;
e) possibilitar troca de experiência e produção conjunta de conhecimento entre equipes de docentes pesquisadores e alunos de pós-graduação dos três programas envolvidos;
f) consolidar o Doutorado em Políticas Públicas do Programa de Pós-Graduação em Políticas Públicas da UFMA e, especificamente, a linha de pesquisa Avaliação de Políticas e Programas Sociais e a área de concentração Políticas Sociais e Avaliação de Políticas e Programas Sociais do referido Programa;
g) possibilitar o desenvolvimento de experiências de mestrado e doutorado sanduíches para os alunos do Programa de Pós-Graduação em Políticas Públicas da UFMA.

Num esforço de contextualização da Política Pública de Trabalho e Renda no Brasil, temática central da presente coletânea, partiu-se dos seguintes pressupostos:

---

1. Entre outros trabalhos sobre a Política Pública de Transferência de Renda, foi publicado o livro: SILVA, Maria Ozanira da Silva; YAZBEK, Maria Carmelita; GIOVANNI, Geraldo Di. *A política social brasileira no século XXI*: a prevalência dos programas de transferência de renda. 5. ed. São Paulo: Cortez, 2011.

a) o grau de estruturação do mercado de trabalho é condicionado pelo padrão de desenvolvimento econômico alcançado historicamente em cada formação social, o que determina o nível de emprego e a remuneração do trabalho em cada sociedade;
b) no caso brasileiro, a ação estatal tem um papel fundamental na formação do mercado de trabalho e na determinação das relações e remuneração do trabalho;
c) as forças sociais organizadas são também sujeitos relevantes no processo de constituição do mercado de trabalho e na determinação das formas de relação de trabalho.

Historicamente,[2] a constituição do mercado de trabalho no Brasil[3] passou por momentos importantes,[4] destacando-se os antecedentes para a constituição do trabalho livre, que vai da abolição da escravidão (1888) à Revolução de Trinta (1930), quando se inicia o processo de industrialização, passando pelo Brasil Colônia (1808) até a República (1889). Ao longo desse período, a economia brasileira se caracterizou pela exportação de bens primários, como forma de inserção na economia mundial, de modo que a localização da força de trabalho se situava, sobretudo, no meio rural. Constituem-se os mercados de trabalho regionais baseados na abundância de mão de obra excedente, apesar da não incorporação imediata da população negra, mas favorecidos pelo movimento migratório de parte do excedente de força de trabalho da Europa para o Brasil, permitindo a transição do trabalho escravo para o trabalho livre, com intervenção direta e decisiva do Estado no financiamento da imigração.

O momento seguinte de constituição do mercado de trabalho no Brasil pode ser situado no período de 1930 a 1980, marcado pelo apro-

2. A construção histórica do trabalho e do mundo do trabalho percorreu três momentos revolucionários, com destaque à construção de um padrão de desenvolvimento e um padrão industrial, com profundos rebatimentos no mundo do trabalho e, especificamente, no Brasil, conforme trata Mattoso (1996).

3. Sobre a formação do mercado de trabalho no Brasil, veja Pochmann (1998b).

4. Sobre esse aspecto vejam-se Theodoro (2005) e Pochmann (2006), cap. 2 desta coletânea.

fundamento da industrialização e regulação das relações de trabalho, num primeiro momento, seguido de um processo de modernização da economia. Constitui-se, então, um mercado de trabalho nacional com avanço do assalariamento no conjunto das formas de uso da mão de obra no Brasil. O Brasil, nesse período, assume nova forma de inserção na economia mundial com a passagem do modelo de desenvolvimento agroexportador para o modelo urbano-industrial, inicialmente pela substituição de importação por produção doméstica e, posteriormente, pelo movimento de internacionalização da produção de bens e serviços.

Nesse período ocorrem grandes transformações econômicas e sociais, tendo como pilares o aprofundamento de um processo de urbanização caótica e a modernização econômica. No conjunto dessas transformações, a industrialização constitui a base do crescimento econômico. O mercado de trabalho se estrutura de modo heterogêneo, propiciando a formação de um grande excedente de força de trabalho, marcado por intensa migração interna do campo para a cidade. Em consequência, grande parte da mão de obra se vê excluída dos frutos do crescimento econômico e passa a constituir um grande contingente de trabalhadores no setor informal da economia, sujeitos à baixa remuneração, à instabilidade e à margem do Sistema de Proteção Social direcionado para aqueles inseridos no mercado de trabalho, inaugurando-se, assim, no país, uma *Cidadania Regulada* (Santos, 1987).

Nesse contexto, o Estado redimensiona suas funções, desempenhando papel essencial na promoção de políticas de proteção social, no estímulo à atividade econômica privada, vindo a transformar-se em "Estado empresário". Desenvolve também efetiva regulação do trabalho e das relações do trabalho no Brasil. Em razão disso, ocorre notável crescimento do Produto Interno Bruto, grande diversificação da indústria, grande aumento da força de trabalho, o que favorece forte concentração da população nas grandes cidades com consequente elevação dos índices de pobreza e favelização.

Até esse momento se constitui no Brasil um padrão de desenvolvimento capitalista marcado pelo precário acesso da população à terra e ao trabalho, elementos centrais da questão social no Brasil

(Cardoso Júnior, 2005, p. 132). Encontram-se no campo grandes contingentes populacionais vivendo da economia de subsistência e, nas cidades, identifica-se a prevalência de atividades informais precárias, instáveis, com baixa remuneração, sem acesso à proteção social e sem suporte de um Sistema de Proteção Social marcado pela meritocracia e direcionado para os trabalhadores incluídos no mercado de trabalho.

Tem-se até então um mercado de trabalho urbano fortemente dependente do crescimento industrial e das ações regulatórias do Estado, marcado por profunda heterogeneidade de caráter dual. De um lado, a oferta abundante de mão de obra, com baixa qualificação técnica, baixa organização sindical, trabalhadores sujeitos a empregos instáveis de elevada rotatividade, baixa produtividade individual e coletiva e baixos salários. De outro lado, um mercado de trabalho "estruturado" e regulado em moldes capitalistas, com empregos estáveis, maior qualificação dos trabalhadores, com possibilidades de ascensão e melhores salários.

O terceiro momento de constituição do mercado de trabalho brasileiro se situa na conjuntura recente[5] e abrange as décadas de 1980 e 1990, no contexto de uma crise externa do capitalismo que se inicia em 1973, com a primeira crise do petróleo, com aprofundamento nas décadas subsequentes. O rebatimento interno se expressa, principalmente, pela estagnação do crescimento do Produto Interno Bruto; pelo descontrolado processo inflacionário e crise fiscal-financeira do Estado, com agravamento da situação social, pelo aumento das desigualdades sociais e de renda; pela elevação dos índices de pobreza e diminuição das possibilidades de mobilidade social. Tem-se uma conjuntura de desestruturação do trabalho urbano, marcada por restrições macroeconômicas: instabilidade macroeconômica radical, pequenos ciclos de crescimento e recessão (lógica do *stop and go*), interrompendo a possibilidade de um desenvolvimento sustentado, e oferta excedente de mão de obra (Cardoso Júnior, 2005, p. 141-2).

---

5. Sobre as transformações econômicas recentes e as mudanças ocorridas no mundo do trabalho, vejam-se: Mattoso (1998); Baltar (1998; 1998a); Siqueira Neto (1998); Dedecca (1998a); Pochmann (1998a).

Ocorre, então, o esgotamento do padrão centrado na industrialização, com desmonte do projeto nacional desenvolvimentista e opção por um projeto liberal-internacionalista. Principalmente a partir da década de 1990, verifica-se o alinhamento do Brasil ao movimento geral de globalização financeira e a implementação de um conjunto de reformas: reforma administrativa do Estado; abertura comercial e financeira; privatizações; desregulamentação das relações de trabalho; reforma da Previdência Social; estabilização da moeda, com a instituição do Plano Real em 1994. Ocorre o retorno do Brasil ao circuito financeiro internacional, enquanto receptor de recursos externos e abertura comercial.

A consequência maior é o desenvolvimento de alterações de grandes proporções no mundo do trabalho, com aprofundamento da crise social, agravada pela limitada capacidade de o Estado enfrentar a demanda por maior proteção social, devido a sua crise geral: fiscal-financeira, de planejamento, de gestão e de regulação, com consequência para ruptura do padrão de estruturação do mercado de trabalho até então vigente, representada por um conjunto de manifestações inter-relacionadas, tais como:

a) crescimento patológico do setor terciário, comércio e serviços (terciarização), com destaque ao comércio ambulante e serviços pessoais;
b) crescimento da informalidade nas relações de trabalho (informalização das ocupações);
c) aumento dos níveis de desocupação (População em Idade Ativa desocupada — PIA) e do desemprego aberto (População Economicamente Ativa desocupada);
d) piora na qualidade dos postos de trabalho, com precarização nas relações de trabalho, baixa remuneração, instabilidade e ausência da proteção social;
e) estagnação relativa dos rendimentos do trabalho;
f) piora relativa da situação distributiva, com concentração funcional da renda direcionada em favor do capital;

g) mudanças no padrão de mobilidade social intrageracional, com aprofundamento de mecanismos de segmentação e discriminação no mercado de trabalho[6] (Cardoso Júnior, 2005).

Assim sendo, há que se apontar o rebatimento que vem ocorrendo com relação às limitadas possibilidades de inserção do jovem no mercado de trabalho e à feminização do trabalho, conforme tratado em artigos desta coletânea.

A ação do Estado para enfrentamento desse quadro só foi viabilizada financeiramente no sentido de constituição de um Sistema Público de Emprego (SPE),[7] nos anos 1990, com a unificação dos recursos do Programa de Integração Social (PIS) e o Programa de Formação do Patrimônio do Servidor Público (Pasep) que permitiu a criação do Fundo de Amparo ao Trabalhador (FAT). Ações anteriores ocorreram nos anos 1970, com a criação do Sistema Nacional de Emprego (Sine) e nos anos 1980, com a criação do Seguro-Desemprego. Tem-se então um Sistema Público de Emprego, ainda insuficiente, constituído de políticas de transferência temporária de renda (seguro-desemprego e abono salarial), prestação de serviços (intermediação de mão de obra e qualificação profissional) e concessão de microcrédito. Com isso, tem-se o que pode ser considerado um avanço no campo da proteção social ao trabalhador, registrando-se, porém, baixa eficácia das políticas desenvolvidas por motivos, sobretudo, exógenos, com destaque ao processo de desconstrução do mercado de trabalho na conjuntura recente.[8] Nesse sentido, a literatura sobre o tema[9] registra limites ao SPE que merecem destaque, quais sejam:

---

6. Reflexões de conteúdo teórico, conceitual e filosófico e sobre as grandes transformações e os rebatimentos operados e em curso no mundo do trabalho são encontradas nas obras de Antunes (1995, 1999, 2004 e 2005).

7. Sobre políticas públicas de emprego, vejam-se Pochmann (1998; 1998a); Guimarães (1998) e Dedecca (1998; 1998a).

8. Sobre os condicionantes exógenos e internos da Política de Trabalho no Brasil, vejam-se conclusões do trabalho de Almada Lima (2004), que também desenvolve uma avaliação de processo e de impactos dessa Política.

9. Para aprofundamento de uma análise sobre as Políticas Públicas de Emprego e Renda no Brasil, vejam-se Azeredo (1998); Guimarães (1998); Pochmann (1998, 1998a) e Dedecca (1998, 1998a).

a) vínculo maior com o setor formal da economia, embora esse represente menos de 50% da PEA brasileira;
b) desenvolvimento de ações e programas mais de caráter compensatório e de baixa eficácia, direcionados principalmente para a oferta do mercado de trabalho (intermediação e qualificação profissional);
c) baixa integração entre os programas implementados.

Portanto, o que se verificou no Brasil até os anos 1990 foi a estruturação de um mercado de trabalho centrado na industrialização e incrementado com a segunda política de substituição de importação, tendo como suporte o Plano de Metas do Governo JK, que propiciou o desenvolvimento de um setor industrial moderno diversificado, pautado pelos padrões fordistas. Tem-se, então, um desenvolvimento econômico marcado pela internacionalização, tendência aprofundada a partir do Golpe Militar de 1964. Nos anos 1970 registraram-se níveis elevados de crescimento econômico, conhecido como "milagre econômico brasileiro". Nesse mesmo contexto, se desenvolveu, no país, um padrão de proteção social pautado pela meritocracia, apesar do avanço das Políticas Sociais, cuja função primordial era a busca da legitimação do regime ditatorial de exceção e a mitigação dos efeitos de uma política de arrocho salarial implantada no país no contexto de um Estado fortemente intervencionista. Assim, não foi possível desenvolver um movimento paralelo de relativa homogeneização social, vivenciado pelos países desenvolvidos no segundo pós-guerra. Ao contrário, aprofundaram-se as desigualdades sociais fazendo do Brasil um dos países mais desiguais do mundo. Em consequência, não ocorreu a universalização de direitos sociais básicos, nem mesmo a adoção de uma educação de qualidade, o que contribuiu para o atraso econômico e social no Brasil, com repercussões ainda vivenciadas neste início do século XXI. Essa situação foi agravada pela ausência de uma reforma agrária que fosse capaz de alterar a tendência à concentração da propriedade rural, favorecendo um intenso movimento migratório do meio rural para o urbano, agravando ainda mais a situação econômica e a frágil proteção social oferecida à população. Desse modo, problemas estruturais de concentração da terra ainda perduram na atualidade acirrando as lutas sociais no campo, com rebatimento nas cidades, sendo o Movimento dos Sem Terra e o Movimento dos Sem Tetos sujeitos sociais presentes e atuantes no campo e na cidade.

Ainda tem-se uma realidade marcada pela prevalência de padrões de trabalho autônomo, destacando-se as atividades agrícolas ou familiares no meio rural e o trabalho informalmente contratado sem carteira assinada, instável, precário e mal remunerado, numa articulação de convivência paralela do mercado informal com o mercado formal, embora essa realidade venha se alterando a partir, sobretudo, de 2003, com a elevação de postos de trabalho, aumento do trabalho contratado formalmente com carteira assinada e elevação da renda do trabalho.

A realidade da economia a partir do início do século XXI vem modificando a composição estrutural do mercado de trabalho no Brasil, prevalente até os anos 1990. Inicia-se um movimento cujo marco foi a instituição do Plano Real em 1994 para estabilização econômica e a opção tardia do Projeto Neoliberal, iniciado no Governo Collor e aprofundado nos dois mandatos do Governo Fernando Henrique Cardoso (1994-1997 e 1998-2002), quando é assumida uma opção para liberalização indiscriminada da economia nacional na busca de inserção no movimento de mundialização do capital, com a hegemonia do capital financeiro e abertura econômica. Essa nova realidade passa a demandar a adoção de estratégias de racionalização, com consequentes impactos sobre o trabalho, com o aprofundamento da precarização e maior heterogeneidade nas formas de inserção e remuneração da mão de obra e consequente elevação do desemprego, sendo adotada uma política de controle da inflação consubstanciada no Plano Real. Inaugura-se um processo de privilegiamento da especulação financeira em detrimento do investimento produtivo, comprometendo o crescimento da produção e do emprego. Nesse âmbito foi registrado o agravamento do déficit público e a elevação das despesas governamentais com juros e rolagem da dívida, com consequente desajuste das contas externas, restringindo a capacidade de o governo investir em infraestrutura. São também alteradas as ações de proteção social da população, com tendência por ações focalizadas em segmentos específicos da oferta e da demanda de trabalho. No campo da Política do Trabalho, o destaque foi para a intermediação de mão de obra, da qualificação profissional e incentivo a políticas de flexibilização do trabalho a opção por uma política social centrada em programas de transferência de renda.

Esse quadro passa a ser revertido a partir de 2003, com o incremento da elevação dos postos de trabalho e emprego com carteira assinada, além da elevação das remunerações do trabalho. Ao mesmo tempo o Governo de Luís Inácio da Silva (2003-2006; 2007-2010) beneficiou-se de uma conjuntura internacional favorável do ponto de vista do saldo da balança comercial e de pagamentos que repercutiu positivamente no comportamento do Produto Interno Bruto (PIB) brasileiro e consequentemente na geração de novos postos de trabalho no segmento formal da economia. A partir de 2004 o PIB brasileiro passa a ter maior crescimento do que nos anos anteriores, alcançando a taxa de 5,4% em 2007, o mesmo ocorre com a elevação dos índices de emprego que, segundo a Relação Anual de Informações Sociais — RAIS do Ministério do Trabalho e Emprego — MTE, no período de janeiro de 2003 a setembro de 2008, foram gerados cerca de 11 milhões de postos de trabalho formais.

A melhoria do mercado de trabalho vem sendo demonstrada pelos dados das Pesquisas Nacionais por Amostra de Domicílios — PNADs (IBGE), sobretudo entre os anos de 2005 e 2008, de modo que o percentual de empregados no total de ocupados elevou-se de 55,2%, em 2005, para 58,6%, em 2008, estabilizando-se neste patamar até 2009. Ademais, o percentual de trabalhadores com carteira de trabalho assinada, passou de 63,6% do total de empregados, em 2005, para 67,9%, em 2009, apesar da crise internacional de 2008.

Nesse período o Governo passa a ampliar ações no campo das Políticas Sociais elegendo como prioridade o enfrentamento da pobreza e da desigualdade que vinha num movimento de crescimento e hetogeneização, constituindo-se na principal dimensão da questão social que precisava ser enfrentada. Assim é que vários estudos evidenciam uma diminuição da pobreza e da desigualdade social a partir de 2001, movimento que não foi totalmente interrompido mesmo durante a crise econômica internacional de 2008 e sua intensificação nesses primeiros anos da segunda década do século XXI, com intensificação da crise econômica nos Estados Unidos e nos países europeus.

Nesse aspecto, convém ressaltar que dados recentes têm evidenciado uma redução significativa e contínua dos índices de pobreza e desigualdade no Brasil desde 2001. Barros et al. (2007a) indicam que o Índice de Gini, uma das medidas de pobreza e desigualdade mais usada em todo o mundo, apresentou um declínio de 4,6% na pobreza e na desigualdade no Brasil de 2001 (0,594) para 2005 (0,566), registrando-se o maior declínio na pobreza e na desigualdade nos últimos 30 anos no Brasil. Barros et al. (2007b), em outra pesquisa, indicam que de 2001 a 2005 a renda anual dos brasileiros cresceu 0,9%, sendo que a população pobre foi a que mais se beneficiou com esse crescimento. De modo que, nesse período, o crescimento anual da renda dos 10% e dos 20% de brasileiros mais ricos foi negativo (–0,3% e 0,1%, respectivamente), enquanto o crescimento anual da renda dos 10% da população mais pobre foi de 8% ao ano. Esses dados contribuíram para o declínio do Índice de Gini em 4,6% de 2001 a 2005. Os índices de pobreza e de extrema pobreza também tiveram um significativo declínio de 4,5% no período, em consequência da redução da desigualdade.

Na mesma direção, estudo do Ipea (2008) sobre a pobreza e a riqueza nas seis maiores metrópoles urbanas no Brasil[10] identificou que, no período 2003 a 2007, o crescimento produtivo do país foi acompanhado pela melhoria da renda de todas as famílias, registrando a diminuição do número de pobres, sendo que a situação de pobreza e indigência declinou um terço, passando de 35,0% em 2003 para 24,1%, em 2007. O declínio no número de indigentes foi ainda mais significativo, entre 2002 e 2008 (43,8%) e de 2003 a 2008 (48,3%).

---

10. As seis regiões metropolitanas consideradas foram: Recife, Salvador, São Paulo, Porto Alegre, Belo Horizonte e Rio de Janeiro.

Ainda estudo realizado pelo Ipea em 2009, nas mesmas seis metrópoles brasileiras, sobre desigualdade e pobreza metropolitana durante a crise internacional, verificou que o Índice de Gini, entre janeiro (0,514) e junho de 2009 (0,493), caiu 4,1%, representando o maior declínio desde 2002 (0,534). O mesmo estudo também revelou que a taxa de pobreza no Brasil metropolitano declinou em 26,8%, no período de março de 2002 a junho de 2009. Ressalta-se que o estudo do Ipea (2009) considera que as variáveis sociais não sofreram alteração no contexto da grave crise internacional, iniciada no segundo semestre de 2008, apontando que a transferência monetária do governo aos pobres pode ter contribuído para manutenção do quadro social do país.

Mais um estudo do Ipea (2010a)[11] sobre o panorama da pobreza, desigualdade de renda e políticas públicas no mundo e no Brasil, verificou que no Brasil, entre 1995 e 2008, a queda média anual da taxa nacional de pobreza absoluta (até meio salário mínimo *per capita*) foi –0,8% ao ano e a taxa anual, no período 2003/2008, de –3,1%, enquanto a taxa nacional de pobreza extrema (até ¼ do salário mínimo *per capita*) foi de –2,1% o ano. O estudo creditou o declínio na pobreza e na indigência à elevação de gastos sociais após a aprovação da Constituição Federal de 2008 que, em relação ao Produto Interno Bruto, de 13,3% em 1985, passou para 21,9%, em 2005. Outros determinantes apontados pelo estudo foram a descentralização da política social e a participação social na formulação e gestão das políticas sociais brasileiras, que pressionaram o aumento do gasto social, registrando-se uma elevação da participação dos municípios de 10,6% para 16,3% no mesmo período.

Outro estudo do Ipea, (2010b) que considerou a evolução da pobreza por região e Estados em período de estabilidade (1995-2008),

11. A pesquisa tem como principais fontes de dados, para as informações internacionais: Nações Unidas (Banco Mundial e World Income Inequality Databas — WILD) e nacionais, a Pesquisa Nacional por Amostra de Domicílios do IBGE e dados dos ministérios do Planejamento, Orçamento e Gestão (Sistema de Informações Gerenciais e de Planejamento — Sigplan) e da Fazenda (Sistema Integrado de Administração Financeira — Siafi).

constatou que 12,8 milhões de pessoas saíram da condição de pobreza absoluta no Brasil, considerando o rendimento médio domiciliar *per capita* de até meio salário mínimo mensal, com a taxa nacional passando de 43,4% para 28%.

Reafirmando os resultados das pesquisas citadas, Neri (2011), utilizando-se de dados das PNADs, considerando a renda domiciliar *per capita*, verificou que entre a PNAD de 2001 e a de 2009, a renda dos 10% mais pobres subiu 69,08% , sendo que o crescimento para os 10% mais ricos foi apenas de 12,58%, no mesmo período) e que a pobreza caiu 16% em 2010 e 67,3% desde o Plano Real (Neri, 2011, p. 12).

Se considerarmos a Pesquisa Nacional por Amostra de Domicílios (PNAD) 2009, verificamos também a tendência de redução da pobreza, da indigência e da desigualdade no Brasil, com declínio significativo desde 2003. Assim, considerando o corte de renda de meio salário mínimo de 2009, a pobreza caiu a 64% do seu valor em relação a 1995. Ademais, não só há menos pobres, como os pobres são menos pobres. Ademais, a PNAD 2009 registrou também incremento de vários indicadores: aumento do percentual de empregados com carteira assinada, de 58,8% em 2008 para 59,6% em 2009, com tendência do aumento real do rendimento mensal de trabalho que foi de 2,2% entre 2008 e 2009, sendo que a concentração desses rendimentos, medida pelo Índice de Gini, continuou declinando, de 2001 a 2008, caindo em média 0,70 ponto de Gini ao ano, permitindo que, de 2005 a 2008, a desigualdade declinasse 0,72 ponto de Gini ao ano; de 2008 a 2009 a desigualdade caiu menos: 0,54 ponto.

O quadro de melhoria das condições de vida da população brasileira vem sendo demonstrado pelas PNADs, com o registro de elevação ao acesso a serviços como abastecimento de água por rede geral de 42,4 milhões em 2004 para 49,5 milhões em 2009; coleta de lixo de 43,7 milhões em 2004 para 51,9 milhões em 2009; e rede coletora ou fossa séptica ligada à rede coletora de esgoto de 29,1 milhões em 2004 para 34,6 milhões em 2009. Igualmente, o acesso a bens duráveis, como máquina de lavar, TV, geladeira, também vem crescendo, com destaque ao percentual de residências com computador (34,7% em 2009), Internet (27,4%) e telefone celular (78,5%).[12]

O Censo 2010 reafirma a tendência apontada pelos estudos citados. Com uma população de 190.732.694, 22% são pobres (cerca de 42 milhões), se considerada uma renda de meio salário mínimo e destes, 8,5% são indigentes (16,2 milhões), com renda um quarto do salário mínimo, sendo esse o público alvo do Plano Brasil Sem Miséria, lançado em 2011 pela presidente Dilma, que mantém a política de priorização do enfrentamento à miséria assumida no governo Lula.

É fundamental, todavia, considerar que, apesar do declínio na desigualdade e na pobreza, a partir de 2001, o Brasil continua numa posição internacional relativamente desfavorável, inclusive na América Latina, se considerado o Índice de Desenvolvimento Humano (IDH)[13]. Mesmo sendo incluído entre o grupo de países com alto desenvolvimento humano, dede 2007, em 2010 alcançou o 73º lugar (0,699), enquanto o Chile, com o maior IDH da América Latina alcançou a 45º posição (0,783), situando-se também em desvantagem em relação à situação média da América Latina e do mundo, conforme demonstrado no quadro a seguir.

Desempenho do IDH do Brasil em 2010 em relação à América Latina e ao mundo

| | **IDH** | **Expectativa de vida** | **Média de anos de estudo** | **Anos de estudo esperados** | **Renda Nacional Bruta *per capita* (US$ PPC)** |
|---|---|---|---|---|---|
| Brasil | 0,699 | 72,9 | 7,2 | 13,8 | 10.607 |
| América Latina | 0,704 | 74,0 | 7,9 | 13,7 | 10.642 |
| Mundo | 0,624 | 69,3 | 7,4 | 12,3 | 10.631 |

*Fonte*: PNUD, 2010.

12. Sobre determinantes e perspectiva da queda da pobreza no Brasil, veja: Silva, 2011.

13. O IDH é desenvolvido pela Organização das Nações Unidas (ONU), expresso por um índice que varia de 0 a 1, quanto mais próximo de 1, mais desenvolvido é o país, utilizando-se das variáveis conhecimento (educação), saúde (longevidade) e padrão de vida (renda), tendo sido desenvolvidas mudanças em 2010 nos indicadores de renda, educação e no cálculo final.

Considerando esses dados, há um reconhecimento de que a elite do Brasil ainda vive num padrão que se iguala ao dos países com maior desenvolvimento humano, enquanto as condições de vida dos mais pobres se igualam aos vividos em países de baixo desenvolvimento, registrando-se a manutenção de índices elevados de concentração de renda, e de propriedade da terra, entraves estruturais para o desenvolvimento e superação da pobreza no Brasil e a constituição de um mercado de trabalho estruturado e inclusivo.

Para aprofundamento do tema sobre o trabalho e as políticas de trabalho adotadas na contemporaneidade brasileira, essa coletânea apresenta oito artigos, com as seguintes abordagens.

O artigo de Márcio Pochmann, "Rumos da política do trabalho no Brasil", apresenta um balanço econômico e social sobre o trabalho nos últimos vinte e cinco anos, destacando a estagnação da renda *per capita*, a perda do poder aquisitivo dos trabalhadores e o desemprego aberto, de modo que o Brasil cai da oitava para a décima quarta posição na economia mundial. Nesse contexto, o autor destaca a elevação da especialização da economia nacional com a produção e exportação de bens primários, de baixo valor agregado, o que significa retorno do modelo de inserção internacional vigente no século XIX. Destaca ainda o aprofundamento do ciclo de financeirização; a desestruturação do trabalho; o desemprego; o desassalariamento; e a ampliação dos postos de trabalho precários, cuja consequência é a polarização social e a desvalorização do trabalho humano, com a redução e empobrecimento da classe média e o crescimento das famílias pauperizadas, dependentes, sobretudo, do trabalho informal.

O autor aborda os rumos da Política Pública de Trabalho, indicando os principais movimentos históricos que marcaram a evolução do trabalho e da Política do Trabalho no âmbito do desenvolvimento do capitalismo no Brasil, ressaltando tendências recentes e o papel que as políticas de emprego vêm assumindo com a orientação do ideário neoliberal. Nessa discussão, aponta três grandes movimentos históricos que marcaram a evolução do trabalho no Brasil: a abolição do trabalho escravo (1888 a 1930), a constituição de um mercado nacional e a expansão do assalariamento com o desenvolvimento da industrialização (1930 a 1980), sendo que o terceiro momento, iniciado em 1981, encontra-se em curso, cujo sinal principal é o esgotamento do projeto de industrialização nacional.

Pochmann faz ainda uma importante incursão sobre as tendências recentes do trabalho, situadas a partir de 1975, marcadas pela desestruturação do mercado de trabalho. São, então, ressaltados dois importantes movimentos de ordem estrutural: *pressões favoráveis à ampliação da oferta de mão de obra* — demografia economicamente ativa, renda funcional concentrada, maior taxa de participação; e *contrapressões* que constrangem o potencial de geração de postos de trabalho — baixo crescimento econômico, abertura comercial e financeira e reforma do papel do Estado.

Finalmente, o autor trata da política neoliberal e do mercado de trabalho, fazendo uma incursão sobre a construção e o desenvolvimento histórico da Política de Emprego no Brasil, destacando que, apesar das medidas recentes, não se chegou a constituir um Sistema Público de Emprego, apontando falta de coordenação; pulverização de recursos, reduzida escala de cobertura, baixa eficácia e pouca eficiência, gastos públicos pequenos em relação ao PIB no âmbito de elevada crise de emprego. Nessa conjuntura, aponta a necessidade de uma reformulação radical nas Políticas de Emprego e adoção de um novo modelo econômico para o país.

O artigo de Ricardo Antunes, sob o título "As formas contemporâneas de trabalho e a desconstrução dos direitos sociais", situa a contemporaneidade do trabalho e a redução dos Direitos Sociais no contexto socioeconômico-político iniciado na década de 1970, marcada por um conjunto de grandes mudanças, com profundas modificações no universo do trabalho e na vida das classes trabalhadoras, representando "mutação de forte envergadura no mundo do trabalho".

Na sua incursão sobre o tema, o autor trata do modelo de empresa taylorista e fordista que marcou a produção homogênea, seriada e orientada por linhas rígidas até os anos 1970. Seguindo a trajetória histórica da produção, o autor aponta o desenvolvimento da era da "acumulação flexível", propiciando uma transformação estrutural que permitiu deslanchar a "chamada reestruturação produtiva do capital", em cujo contexto começa a se expandir a pragmática neoliberal, marcada pelas privatizações e desregulamentações de todo tipo, da economia às relações trabalhistas, do mundo financeiro às leis fiscais".

Assim, os anos 1980 e principalmente os anos 1990 são apontados como de grandes transformações com alterações profundas no mundo do trabalho, marcado pelo desemprego, pela expansão dos setores de *telemarketing*, terceirização, incremento do setor serviços, informalização e precarização do trabalho, rebaixamento salarial, proliferação do "empreendedorismo", "cooperativismo" e "trabalho voluntário".

O processo de aprofundamento da financeirização da economia é apontado, então, como traço marcante da mundialização do capital. Inaugura-se novo tipo de trabalho que demanda o trabalhador "polivalente", ocorrendo também a intensificação do trabalho imaterial que, articulado ao trabalho material, "expressam vivamente as formas contemporâneas de criação do valor". Nesse contexto é que o autor situa o eixo principal de sua reflexão, representado pelo aumento dos mecanismos de extração do sobretrabalho e pela desconstrução dos Direitos Sociais.

A participação de Cláudia Mazzei Nogueira, nesta coletânea, ocorre com o artigo "O trabalho feminino e as desigualdades no mundo produtivo no Brasil", quando apresenta uma reflexão sobre a especificidade da emergência e do desenvolvimento do trabalho feminino no âmbito do desenvolvimento do capitalismo no Brasil. Nesse aspecto, destaca a evolução da entrada da mulher no mercado de trabalho brasileiro, fazendo com que a família deixe de ser um centro "econômico", com a separação das funções reprodutivas domésticas das funções diretamente produtivas. A autora destaca a função que a entrada de mão de obra feminina e infantil desempenha no rebaixamento do custo do trabalho, favorecendo a mais-valia extraída pelo capital.

Configurando historicamente a entrada da mão de obra feminina no mercado de trabalho, a autora evidencia que até os anos 1960 a atuação da mulher ainda se encontrava amplamente restrita ao espaço reprodutivo, desenvolvendo as atividades domésticas. Essa situação se altera a partir dos anos 1970, com o avanço do movimento feminista no Brasil, que passa a lutar pela emancipação econômica e social da mulher e pelo direito ao trabalho. A partir da década de 1980, a autora identifica uma inversão da situação anterior, evidenciando a "feminização do mundo do trabalho", destacando a participação de 45,1% de mão de obra feminina no mercado do trabalho brasileiro em junho de 2005, segundo pesquisa do IBGE. Todavia, essa conquista emancipatória ainda é parcial, segundo a autora, devido à remuneração inferior concedida à mulher em relação à remuneração atribuída ao homem, acentuando a desigualdade sexual do trabalho ainda marcante na sociedade brasileira, além da maior precarização e de jornadas de trabalho com menor duração atribuídas à mulher, com uma presença mais concentrada no setor serviços. Isso significa para a autora que o processo emancipatório da mulher ainda se encontra em curso.

Salviana de Maria Pastor Santos Sousa e Maria Eunice Ferreira Damasceno Pereira apresentam na coletânea um artigo sobre "A apropriação da noção de competência nas políticas de educação profissional desenvolvidas no Brasil a partir dos anos 1990", abordando a noção de competência enquanto referência conceitual fundante das Políticas Públicas de Educação Profissional implementadas no Brasil a partir dos anos 1990. Segundo as autoras, essas Políticas têm como objetivo responder aos efeitos do processo de globalização da economia, da reestruturação produtiva e da reforma do Estado e aos dilemas historicamente enfrentados no campo da Educação Profissional. Nesse âmbito, a qualificação proposta vem sendo orientada pelo deslocamento da noção de qualificação profissional para a de competência. É aí também desenvolvida a noção de empregabilidade, deslocando a responsabilidade de inserção profissional para uma perspectiva individual, com revalorização da ética centrada no indivíduo, ocultando o fenômeno do desemprego, da diferenciação e da exclusão social. As autoras denotam que, com referência à noção de empregabilidade, há um deslocamento da capacidade de acessar o emprego, mediante sua qualificação, para a capacidade de se manter no mercado de trabalho competitivo, flexível e em mutação, pela competência.

Nas reflexões desenvolvidas, as autoras tomam como referência empírica o Plano Nacional de Formação do Trabalhador (Planfor) que se desenvolveu no Brasil de 1996 a 2002, situando o debate no âmbito do que denominam de metamorfoses do trabalho, no qual ocorre a passagem da qualificação para um modelo centrado na competência, em que a técnica e a responsabilidade não são mais acompanhadas por uma correspondente elevação na hierarquia salarial tal como ocorria no âmbito do pleno emprego e da universalização dos direitos sociais. Apontam o surgimento de novos modelos de regulação num contexto de profundas mudanças produtivas e organizacionais que passam a demandar profissionais polivalentes capazes de "saber ser", ocorrendo o deslocamento de requisitos de habilidades específicas para habilidades básicas, expressas pela "competência profissional, disposição de aprender e capacidade de empreender".

Apesar de preconizado o novo modelo, as autoras problematizam os limites e as dificuldades para sua implementação no âmbito do Planfor, ou seja, a passagem do modelo centrado na qualificação para o centrado na competência, conforme as exigências postas nos anos 1990.

Portanto, o deslocamento da noção de qualificação profissional, segundo as autoras, que associa *saber* ao diploma, à carreira e ao salário, para o de competência referenciado na flexibilidade, com deslocamento da relação social para o indivíduo, ainda é uma construção por se fazer, devido a três limites: o próprio perfil do mercado de trabalho, o reduzido grau de escolaridade dos trabalhadores brasileiros e a cultura da qualificação arraigada no país.

O artigo de Rosângela Nair de Carvalho Barbosa, "Economia solidária: estratégias de governo no contexto da desregulamentação social do trabalho", elege como tema a política de Economia Solidária, inserindo-a no conjunto das políticas de emprego e desenvolvimento, que vão caracterizar as ações governamentais, particularmente direcionadas aos segmentos sociais de maior vulnerabilidade ao desemprego estrutural e ao empobrecimento.

O caminho analítico percorrido pela autora tem como ponto de partida a inserção da temática no contexto mais geral das transformações que vêm atingindo o mundo do trabalho e que impõem ao Estado um conjunto de reformas e o desenvolvimento de novas políticas de emprego, entre as quais destacam-se as estratégias de proteção social ao trabalho informal, ao autoemprego e às práticas de economia solidária.

Para cumprir esse caminho, estrutura o texto em três partes: uma parte introdutória, em que são explicitadas as mudanças do trabalho, resultantes da financeirização e mundialização do capital, com seus processos desestruturadores, resultantes da flexibilização organizacional, tecnológica, produtiva e trabalhista, que vulnerabilizam o trabalho, extinguem conquistas sociais dos trabalhadores, eliminam postos de trabalho, ampliam os trabalhos parciais, terceirizados, temporários, precarizam o emprego e aumentam as taxas de desemprego. Mostra como desemprego e precarização se relacionam com a acumulação e como produzem uma nova sociabilidade na qual a ação do Estado na proteção social é reduzida.

Num segundo momento, sua análise direciona-se para a informalização crescente do trabalho e para as políticas de emprego. Apresenta, nessa segunda seção, dados acerca do mercado de trabalho no país, mostrando como "a situação tem sido progressivamente desfavorável ao trabalhador" e sobretudo evidenciando que "a informalidade não é mais transitória", mas parte de um processo de ressignificação das relações de trabalho na sociedade brasileira atual. O quadro apresentado é, como revela a autora, alarmante, uma vez que para cada emprego formal criado, mais dez surgem no segmento da informalidade.

Esse quadro vai referenciar a reflexão que a autora desenvolve na terceira parte do texto acerca da Economia Solidária, adotada nos anos recentes como estratégia de governo. Começa essa parte buscando desvendar os vários significados dessas práticas econômicas constituídas com ações coletivas autogestionadas. Conceitua economia solidária como uma "modalidade de economia popular — de práticas econômicas de sobrevivência — que reúne grupos em associações, cooperativas ou pequenas empresas baseadas na cooperação e autogestão. Entretanto, outros segmentos também a incorporam como toda e qualquer iniciativa empreendedora desenvolvida por desempregados excluídos do mercado com vistas a constituir seu próprio negócio".

No Brasil, segundo o Sistema de Informações em Economia Solidária (SIES), existem vinte mil unidades de trabalho de Economia Solidária. Em geral, são de pequeno porte, com poucos trabalhadores e com volume de produção e comercialização reduzido. Buscam, como mostra a autora, com inúmeras contradições e dificuldades, construir uma nova cultura do trabalho, marcada pela solidariedade em contraponto à perversidade do mercado.

Do ponto de vista do Estado, a criação da Secretaria Nacional de Economia Solidária (Senaes) e a incorporação das práticas populares em torno da Economia Solidária vai delinear uma abordagem transversal para essa política pública, envolvendo diversos ministérios: Ministério da Agricultura, Pecuária e Abastecimento, Ministério das Cidades, Ministério do Desenvolvimento Agrário, Ministério do Desenvolvimento Social e Combate à Fome, Ministério da Educação, Ministério do Meio Ambiente e Ministério da Ciência e Tecnologia. A perspectiva da transversalidade é claramente exposta na proposta de gestão da política e seu público-alvo é constituído por trabalhadores desempregados e em risco de desemprego, trabalhadores autônomos ou informais, pequenos produtores rurais e urbanos, redes, fóruns e agências de fomento de economia solidária e beneficiários de programas governamentais de inclusão social.

Na sequência, o texto apresenta as estratégias e o plano de ação da Senaes, articulados e problematizados em torno de grandes temas definidos em diálogo contínuo com o Fórum Brasileiro de Economia Solidária:

a) marco legal;
b) rede de produção, comercialização e consumo;
c) finanças;
d) educação;
e) comunicação;
f) democratização do conhecimento e da tecnologia.

Problematizando esses temas, a autora chama a atenção para o fato de que essa política "não possui estrutura organizacional própria do governo no âmbito da execução na ponta do serviço, compondo uma 'nova geração de políticas' executadas por Organizações Não Governamentais".

Concluindo, afirma que a Economia Solidária, enquanto política de Estado, depende dos rumos do sistema maior em que se insere no histórico contexto de desigualdade da sociedade brasileira, na qual poderá colocar-se "como sujeito socioeconômico ou como mero programa de geração de renda comum a tantos outros".

O texto de Izabel Cristina Dias Lira, "Trabalho informal como alternativa ao desemprego: desmistificando a informalidade", problematiza as consequências das atuais transformações societárias para o mundo do trabalho, com ênfase nas relações entre trabalho formal e informal, destacando, particularmente para o caso brasileiro, as relações entre informalidade, desigualdade e pobreza.

Para situar essas transformações no regime de produção capitalista, a autora mostra o processo de construção do novo padrão produtivo, tecnológico e organizacional que intensifica a exploração do trabalho, avança na mundialização e na financeirização da economia e provoca grandes impactos nas condições de vida dos trabalhadores, muitos dos quais são excluídos do mercado de trabalho formal e veem-se obrigados a buscar ocupações na informalidade. Apresenta como consequências desse processo a fragmentação da classe trabalhadora e a "subproletarização" do trabalho, que vão gerar a ampliação do trabalho informal precário e do assalariamento no setor de serviços.

Abordando a expansão da informalidade no Brasil, a autora ressalta as particularidades desse processo no país, a partir dos anos 1990, numa conjuntura que vai combinar o crescimento do desemprego com precarização e informalidade. Mostra como a informalidade no país apresenta-se estratégica aos interesses do capital, "na medida em que se articula às diversas cadeias produtivas", tanto pela terceirização como pela circulação. Aponta o aspecto da legalidade das atividades informais, sua relação com atividades ilícitas, como o contrabando e o tráfico.

Problematizando a relação entre informalidade, desigualdade e pobreza, situa inicialmente a inserção desigual de países e continentes na internacionalização da economia e o Brasil nesse contexto. Apresenta algumas características do país nesse processo, como a heterogeneidade da estrutura ocupacional brasileira, a redução dos postos de trabalho, a queda dos rendimentos advindos do trabalho, o crescimento da pobreza e da exclusão social e sua relação com a informalidade.

O desenvolvimento da análise aponta o custo social extremamente elevado do trabalho informal, uma vez que essa parcela da população trabalhadora, nas ocupações em que se insere, perde proteções e direitos sociais e se coloca em um elevado grau de exposição a situações de vulnerabilidade.

Estatísticas confirmam essa situação de desproteção e de crescimento da taxa de evasão previdenciária. Os idosos são o grupo mais vulnerável e veem sua qualidade de vida degradar-se. A insegurança social aparece então, conforme a autora, como um dos custos sociais da informalidade, e a transferência ao indivíduo e à sua família da responsabilidade por sua manutenção e reprodução obedece "à mesma lógica do capital, na qual o acesso aos serviços sociais é definido pela capacidade de renda do indivíduo; é ele, e não o Estado e a sociedade, responsável pela provisão desses serviços".

Maria Virgínia Moreira Guilhon e Valéria Ferreira Santos de Almada Lima, no artigo "A Política de Trabalho e Renda no Brasil: uma avaliação de resultados da experiência do Maranhão", fazem uma análise da Política Pública de Trabalho e Renda (PPTR) desenvolvida no Brasil no período 1996 a 2002, tomando como referência empírica a implementação dessa política no Estado do Maranhão. A contextualização da análise situa a PPTR no âmbito das transformações capitalistas atuais, considerando os aspectos produtivo, financeiro e político e destacando o impacto dessas transformações nas baixas taxas de crescimento econômico, na elevação do nível do desemprego e da precarização do trabalho. As autoras ressaltam também a elevação da demanda por serviços sociais nesse contexto em que passam a ser orientados pela focalização do gasto social nos grupos considerados mais vulneráveis. Consideram as medidas direcionadas ao trabalho, de natureza passiva e de natureza ativa, com destaque à substituição do objetivo de promover o pleno emprego em economias nacionais relativamente fechadas pelo de promover a competitividade e a flexibilidade em economias abertas, dando-se a passagem da "política de emprego" para as "políticas de mercado de trabalho", de caráter provisório, e focalizadas em segmentos específicos da oferta e da demanda de trabalho.

Destacam as autoras que a construção de um Sistema Público de Emprego no Brasil ocorre só a partir da década de 1990, possibilitado pela criação do Fundo de Amparo ao Trabalhador (FAT) e integrado pelo seguro-desemprego, intermediação da mão de obra, qualificação profissional e geração de trabalho e renda.

Na realidade brasileira, a PPTR é considerada pelas autoras como necessária para enfrentar os efeitos perversos decorrentes das políticas econômicas, da reforma do Estado e do processo de reestruturação industrial sobre o mercado de trabalho.

A implementação da PPTR no Estado do Maranhão foi tomada como referência empírica para avaliar a eficiência dessa política e sua eficácia em razão de seu impacto sobre a vida da população beneficiária no período de 1999 a 2002.

As conclusões apresentadas pelas autoras, considerando um conjunto de indicadores, revelaram que, apesar dos resultados positivos em relação à eficiência na implementação das ações e da ampliação progressiva da cobertura, os resultados obtidos em termos de impacto foram modestos em relação à população beneficiária, devido principalmente às transformações no cenário mundial com diminuição no ritmo do crescimento econômico, com desestruturação do mercado de trabalho e elevação dos índices de desemprego. Essa situação é agravada no Estado do Maranhão pela incapacidade do sistema de reduzir as desigualdades existentes em decorrência da herança histórica de atraso e dos traços de profunda pobreza e desigualdade da formação socioeconômica do Estado.

Erivã Garcia Velasco apresenta o artigo "Juventudes e políticas públicas de trabalho no Brasil: a qualificação profissional e a tensão entre preferência e individualização", destacando o tratamento quase marginal atribuído pelos estudos à juventude de 15 a 24 anos, apresentando o foco difuso das ações governamentais para esse segmento, as quais passam a focalizar essa população na realidade brasileira só a partir dos anos 1990. Situa essa preocupação quando é evidenciada a vulnerabilidade da realidade dos jovens em razão das transformações societárias na ordem capitalista mundial, destacando também o potencial ativista da juventude. Na sua análise, a autora considera a existência de juventudes, evidenciando uma realidade heterogênea na sua composição e modo de vida, expressando problemas, necessidades e demandas diversificadas, considerando que jovem e juventude se situam num campo de debate ainda impreciso, que considera o jovem como sujeito, e a juventude, uma fase da vida. Chama atenção para a carga de negativismo das abordagens e destaca a magnitude da questão.

O destaque central das reflexões da autora se direciona, todavia, para a questão da vulnerabilidade dos jovens em relação ao trabalho, de modo a serem expostos a funções inferiores, com menores salários e jornadas mais intensas, o que significa precarização do trabalho juvenil e maior exposição ao desemprego. Nessa discussão, a autora trata da qualificação profissional nas Políticas Públicas de Trabalho no Brasil com foco sobre os jovens, destacando manifestações da tensão entre preferências e individualização.

# Referências bibliográficas

ALMADA LIMA, Valéria Ferreira Santos de. *Qualificação e emprego no Brasil*: uma avaliação dos resultados do Planfor. Tese (Doutorado em Políticas Públicas) — Programa de Pós-Graduação em Políticas Públicas da Universidade Federal do Maranhão, São Luis, 2004.

ANTUNES, Ricardo. *Adeus ao trabalho?* Ensaios sobre as metamorfoses da centralidade do mundo do trabalho. São Paulo/Campinas: Cortez/Ed. Unicamp, 1995.

______. *O caracol e sua concha*: ensaios sobre a nova morfologia do trabalho. São Paulo: Boitempo, 2005.

______. *Desertificação neoliberal no Brasil*. Campinas: Autores Associados, 2004.

______. *Os sentidos do trabalho*. São Paulo: Boitempo, 1999.

AZEREDO, Beatriz. *Políticas públicas de emprego*: a experiência brasileira. São Paulo: Abet, 1998.

BALTAR, Paulo Eduardo de Andrade. Crise contemporânea e mercado de trabalho no Brasil. In: OLIVEIRA, Marco Antônio de (Org.). *Economia e trabalho*: textos básicos. Campinas: Ed. Unicamp, 1998a.

______. Regime de trabalho e flexibilidade do Brasil. In: OLIVEIRA, Marco Antônio de (Org.). *Economia e trabalho*: textos básicos. Campinas: Ed. Unicamp, 1998b.

BARROS, R. P. de et al. *A importância da queda recente da desigualdade na redução da pobreza*. Rio de Janeiro: Ipea, 2007b (Texto para Discussão, n. 1.256). Disponível em: <www.ipea.gov.br>. Acesso em: 16 ago. 2010.

______ et al. *A queda recente da desigualdade no Brasil*. Rio de Janeiro: Ipea, 2007a (Texto para Discussão, n. 1.258). Disponível em: <www.ipea.gov.br>. Acesso em: 16 ago. 2010.

CARDOSO JÚNIOR, José Celso. A questão do trabalho urbano e o sistema público de emprego no Brasil contemporâneo: décadas de 1980 a 1990. In: JACCOUND, Luciana (Org.). *Questão social e políticas sociais no Brasil contemporâneo*. Brasília: Ipea, 2005. cap. 4, p. 127-77.

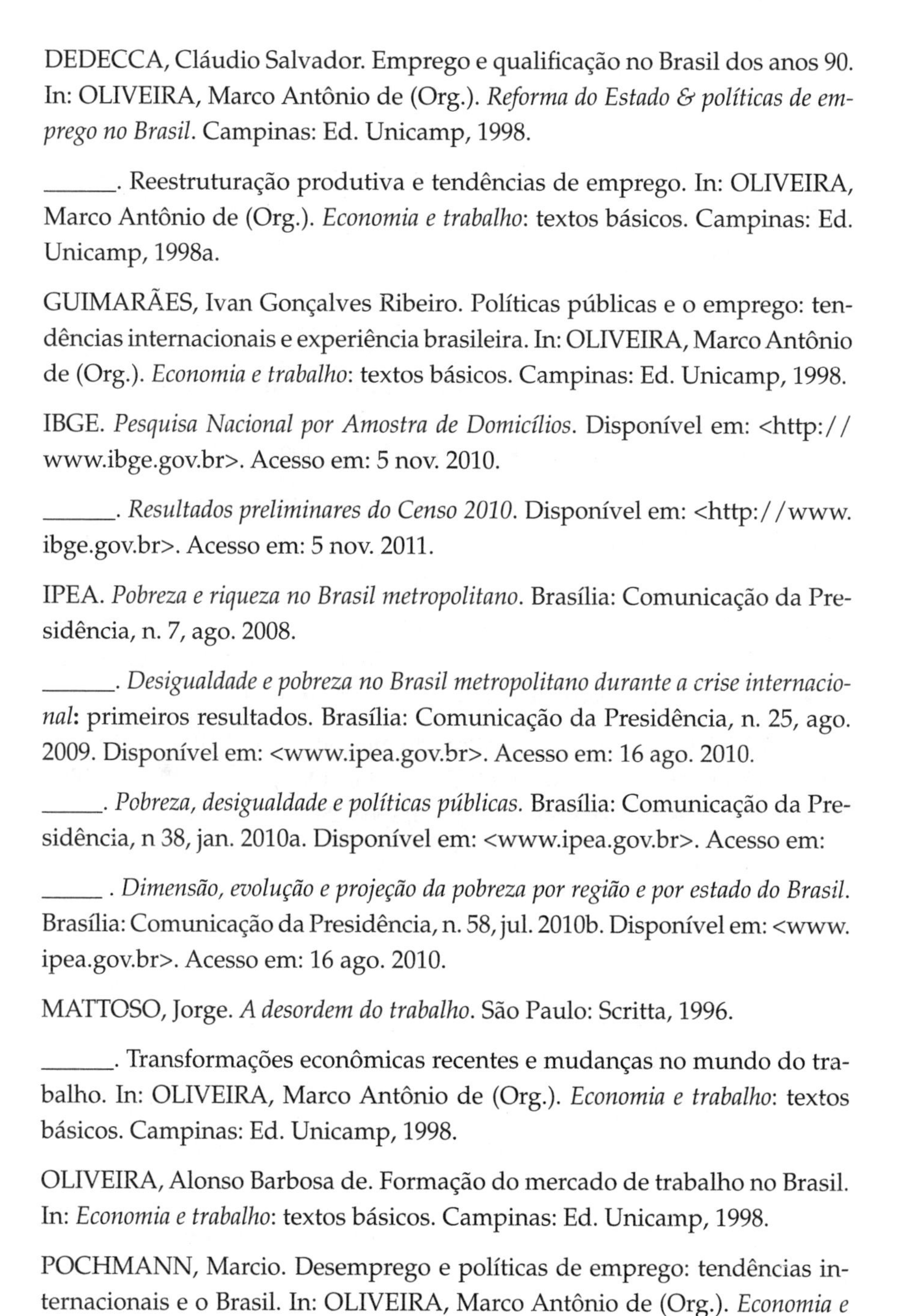

DEDECCA, Cláudio Salvador. Emprego e qualificação no Brasil dos anos 90. In: OLIVEIRA, Marco Antônio de (Org.). *Reforma do Estado & políticas de emprego no Brasil*. Campinas: Ed. Unicamp, 1998.

______. Reestruturação produtiva e tendências de emprego. In: OLIVEIRA, Marco Antônio de (Org.). *Economia e trabalho*: textos básicos. Campinas: Ed. Unicamp, 1998a.

GUIMARÃES, Ivan Gonçalves Ribeiro. Políticas públicas e o emprego: tendências internacionais e experiência brasileira. In: OLIVEIRA, Marco Antônio de (Org.). *Economia e trabalho*: textos básicos. Campinas: Ed. Unicamp, 1998.

IBGE. *Pesquisa Nacional por Amostra de Domicílios*. Disponível em: <http://www.ibge.gov.br>. Acesso em: 5 nov. 2010.

______. *Resultados preliminares do Censo 2010*. Disponível em: <http://www.ibge.gov.br>. Acesso em: 5 nov. 2011.

IPEA. *Pobreza e riqueza no Brasil metropolitano*. Brasília: Comunicação da Presidência, n. 7, ago. 2008.

______. *Desigualdade e pobreza no Brasil metropolitano durante a crise internacional*: primeiros resultados. Brasília: Comunicação da Presidência, n. 25, ago. 2009. Disponível em: <www.ipea.gov.br>. Acesso em: 16 ago. 2010.

______. *Pobreza, desigualdade e políticas públicas*. Brasília: Comunicação da Presidência, n 38, jan. 2010a. Disponível em: <www.ipea.gov.br>. Acesso em:

______. *Dimensão, evolução e projeção da pobreza por região e por estado do Brasil*. Brasília: Comunicação da Presidência, n. 58, jul. 2010b. Disponível em: <www.ipea.gov.br>. Acesso em: 16 ago. 2010.

MATTOSO, Jorge. *A desordem do trabalho*. São Paulo: Scritta, 1996.

______. Transformações econômicas recentes e mudanças no mundo do trabalho. In: OLIVEIRA, Marco Antônio de (Org.). *Economia e trabalho*: textos básicos. Campinas: Ed. Unicamp, 1998.

OLIVEIRA, Alonso Barbosa de. Formação do mercado de trabalho no Brasil. In: *Economia e trabalho*: textos básicos. Campinas: Ed. Unicamp, 1998.

POCHMANN, Marcio. Desemprego e políticas de emprego: tendências internacionais e o Brasil. In: OLIVEIRA, Marco Antônio de (Org.). *Economia e trabalho*: textos básicos. Campinas: Ed. Unicamp, 1998a.

POCHMANN, Marcio. As políticas de geração de emprego e renda: experiências internacionais recentes. In: OLIVEIRA, Marco Antônio de (Org.). *Reforma do Estado & políticas de emprego no Brasil*. Campinas: Ed. Unicamp, 1998b.

_____. Reestruturação produtiva e mudanças nas relações de trabalho. In: OLIVEIRA, Marco Antônio de (Org.). *Economia e trabalho*: textos básicos. Campinas: Ed. Unicamp, 1998c.

SANTOS, Wanderley Guilherme dos. *Cidadania e justiça*: política social na ordem brasileira. 2. ed. Rio de Janeiro: Campus, 1987.

SILVA, Maria Ozanira da Silva; YAZBEK, Maria Carmelita; GIOVANNI, Geraldo Di. *A política social brasileira no século XXI*: a prevalência dos programas de transferência de renda. São Paulo: Cortez, 2004.

_____. Pobreza e suas diferentes expressões: questões teórico-conceituais e empíricas. In: SILVA, Maria Ozanira da Silva (Org.). *Pobreza e políticas públicas de enfrentamento à pobreza*. Edufma. [No prelo.]

SIQUEIRA NETO, José Francisco. Flexibilidade e reforma do Sistema Nacional de Relações de Trabalho. In: OLIVEIRA, Marco Antônio de (Org.). *Economia e trabalho*: textos básicos. Campinas: Ed. Unicamp, 1998.

THEODORO, Mário. As características do mercado de trabalho e as origens do informal no Brasil. In: JACCOUND, Luciana (Org.). *Questão social e políticas sociais no Brasil contemporâneo*. Brasília: Ipea, 2005.

# CAPÍTULO 2

## Rumos da política do trabalho no Brasil

*Marcio Pochmann*

O balanço econômico e social dos últimos 25 anos não é positivo no Brasil. A renda *per capita* permaneceu praticamente estagnada, enquanto o salário mínimo perdeu 50% do seu poder aquisitivo e o desemprego aberto foi multiplicado 3,5 vezes. Por consequência, a participação do rendimento do trabalho na renda nacional, que era de 50% em 1980, passou para apenas 36% em 2003.

Ainda em 1980, o Brasil situava-se entre as 8 principais economias industriais do mundo. Atualmente, o país responde pela décima quarta posição na economia mundial.

É cada vez maior a especialização da economia nacional em termos da produção e exportação de bens primários com baixo valor agregado e reduzido conteúdo tecnológico, geralmente intensivo em postos de trabalho mais simples (produtos agrícolas e extrativismo mineral). Nos países desenvolvidos, verifica-se, em contrapartida, a diversificação da produção, com maior valor agregado e elevado conteúdo tecnológico na produção de bens e serviços.

Em síntese, o Brasil registra uma certa volta ao modelo de inserção internacional praticado no século XIX, quando se destacou como uma das principais economias produtoras de bens agrícolas, como café, borracha, algodão, pimenta do reino, entre outras.

Por outro lado, o aprofundamento do ciclo de financeirização da riqueza durante as duas últimas décadas ocorre em consonância com a desestruturação do mercado de trabalho. O desemprego, o desassalariamento e a ampliação dos postos de trabalho precários apontam cada vez mais para uma nova polarização social caracterizada pelo esvaziamento da classe média urbana no país.

Enquanto aumenta o pequeno contingente de famílias ricas financeirizadas no país, sustentado pela aplicação dos seus recursos em títulos da dívida pública, com valorização real anual 2,5 vezes superior à rentabilidade do capital produtivo, cresce, na base da pirâmide social, o peso relativo das famílias pauperizadas, dependentes, muitas vezes, do trabalho informal. Em função disso, urge construir novas bases de expansão e valorização do trabalho.

Diante do complexo quadro geral de desvalorização do trabalho humano no Brasil, o presente estudo tem por objetivo tratar dos rumos da política pública do trabalho. Inicialmente, recupera-se brevemente o conjunto dos principais movimentos históricos que marcam a evolução geral do trabalho sob a égide do capitalismo brasileiro.

Posteriormente, procuram-se identificar as tendências recentes do trabalho a partir do último quartel do século XX, quando as bases econômicas que deram sustentação ao fortalecimento do *novo sindicalismo* foram fortemente modificadas no Brasil. Nesse aspecto, discute-se, na última parte, o papel das políticas de emprego, que ganharam ênfase especialmente pela condução neoliberal das ações governamentais.

## 1. Movimento geral do trabalho

O modo de produção capitalista fundou as bases do desenvolvimento econômico sustentado na difusão do padrão de uso do trabalho assalariado originalmente nas fazendas da segunda metade do século XIX. De lá para cá, três grandes movimentos históricos caracterizam a evolução do trabalho no Brasil.

O primeiro movimento em direção ao trabalho livre refere-se ao período que vai da abolição da escravatura (1888) à Revolução de Trinta (1930). Como se tratava de uma fase em que a economia brasileira caracterizou-se pela exportação de bens primários, uma vez que dependia fortemente de sua inserção na economia mundial, por meio da produção e venda no mercado externo de produtos agropecuários, o grosso da força de trabalho encontrava-se no meio rural.

Destaca-se daquele período, a formação dos mercados regionais de trabalho assalariado fundados na abundância da oferta de mão de obra. Em geral, isso aconteceu porque a passagem do trabalho escravo para o trabalho livre não se deu por meio da incorporação imediata da população negra.

Isso foi possível, em parte, devido ao grande movimento migratório relativo à transferência de parte do excedente de força de trabalho da Europa para o chamado *Novo Mundo*. Assim, houve não apenas a fase de *branqueamento* da população brasileira, mas a marginalização do negro e a constituição de uma grande oferta sobrante de trabalhadores imigrantes, acima das necessidades do capital existente no período em todo o país.

O segundo movimento histórico relacionado à evolução geral do trabalho no Brasil transcorreu durante a Revolução de Trinta (1930) e o início do último governo da ditadura militar (1980), quando o mercado de trabalho tornou-se nacional e o assalariamento passou a ser predominante no conjunto das formas de uso da mão de obra no Brasil. Contribuiu para isso, a difusão do ciclo da industrialização nacional, possibilitado pela nova forma de inserção do país na economia mundial, inicialmente pela substituição de produtos importados por produção doméstica (1930-54) e, posteriormente, pelo movimento de internalização da produção de bens e serviços relativos à Segunda Revolução Industrial e Tecnológica (1870-1910), como automóvel, química fina, avião, eletrodomésticos, dentre outros, entre 1955 e 1980.

Dentro do rápido e atribulado avanço da urbanização nacional, entre as décadas de 1930 e 1970, notou-se que a constituição do mercado nacional de trabalho ocorreu por intermédio da formação de um grande excedente de força de trabalho, estimulada fortemente pela elevada migração interna do campo para a cidade. Em função disso, parte importante da mão de obra terminou sendo excluída dos frutos do crescimento econômico, apesar do registro de um movimento inédito, ainda que incompleto, de estruturação do mercado de trabalho.

Noutras palavras, a conformação do segmento social dos despossuídos em meio à ampliação do emprego assalariado no total da ocupação, ainda que submetido a heterogêneas condições de trabalho. A distinção entre assalariamento formal e informal constituiu a mais simples identificação da desregulação, assim como a ampla presença de baixos salários e de grande quantidade de trabalhadores autônomos (não assalariados) conformaram o padrão de sociedade salarial incompleto, com traços marcantes de subdesenvolvimento do mercado de trabalho no Brasil.

O terceiro movimento histórico verificado na evolução geral do trabalho no Brasil encontra-se em curso desde 1981, tendo como principal sinal o esgotamento do projeto de industrialização nacional. A predominância de elevada oscilação no conjunto das atividades econômicas, caracterizada pela estagnação da renda *per capita*, culminou a geração adicional de um maior contingente de mão de obra sobrante, deserdado das condições necessárias de incorporação social e ocupacional provenientes do modelo de políticas públicas implementadas durante os anos de 1930 a 1980.

O movimento de desestruturação do mercado de trabalho ganhou maior dimensão ainda com a implantação do programa neoliberal desde 1990, diante da inserção passiva e subordinada do país na economia mundial. Além da ausência de crescimento econômico sustentado, o processo de abertura produtiva, comercial, tecnológica e financeira terminou por destruir ocupações urbanas e rurais existentes devido à ampliação das importações, da reforma do Estado e da desnacionalização do parque produtivo nacional.

Assim, o trabalho no Brasil passou a registrar mais recentemente o avanço do desassalariamento (decréscimo relativo dos empregos assalariados no total da ocupação), do desemprego e das ocupações precárias. Sobre isso, aliás, discute-se brevemente a seguir.

## 2. Tendências recentes do trabalho

As formas mais recentes de manifestação do excedente de trabalhadores pelo capitalismo brasileiro podem ser identificadas por meio da desestruturação do mercado de trabalho, que resulta de dois importantes movimentos de ordem estrutural. De um lado, proliferaram diversas pressões favoráveis à ampliação da oferta de mão de obra (supratrabalho) e, de outro, o avanço de contrapressões voltadas à redução do potencial ocupacional na economia nacional (infratrabalho).

As pressões que atuam pelo lado da oferta de mão de obra dizem respeito à composição demográfica, à concentração da renda funcional e à participação do segmento economicamente ativo em relação ao total da população. Já em relação às contra-pressões ocupacionais destacam-se o baixo crescimento econômico, a abertura comercial e financeira e as alterações no papel do Estado, conforme apresentado a seguir.

### *2.1 Pressão da demografia economicamente ativa*

A partir da década de 1960, o Brasil passou a completar a transição demográfica, com o decréscimo da taxa de expansão da população total. Apesar disso, o crescimento da PEA (População Economicamente Ativa) passou a ser superior ao aumento da população total desde a década de 1970, o que significou uma pressão adicional em termos de expansão da oferta de mão de obra no interior do mercado de trabalho que ainda deve se manter importante até provavelmente a próxima década.

GRÁFICO 1
Brasil — Evolução das taxas médias de variação da população e da população economicamente ativa

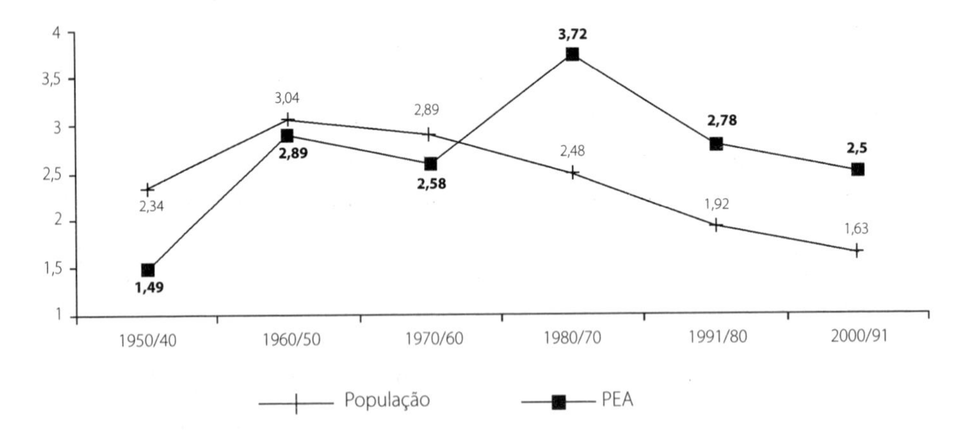


*Fonte*: IBGE, Censos demográficos (Elaboração própria).

Também se pode destacar como a mudança na composição demográfica brasileira impulsiona uma maior parcela da população total na faixa etária superior aos 15 anos. Em 2000, por exemplo, quase 70% do total da população possuía idade acima de 15 anos de idade, enquanto em 1980 eram menos de 60%.

## 2.2 Pressão da renda funcional concentrada

A degradação na distribuição funcional da renda (participação do rendimento do trabalho na renda nacional) no Brasil motiva uma pressão adicional de mais pessoas que procuram buscar no mercado de trabalho uma alternativa ocupacional para obtenção ou complementação de rendimento. Diante da relativa compressão do rendimento do trabalho, especialmente verificada na participação dos salários no total da renda nacional, observa-se o movimento de maior quantidade de pessoas direcionando-se ao mercado de trabalho, com implicações inegáveis na organização do núcleo familiar.

O aprofundamento da situação de baixos rendimentos do trabalho (salários, aposentadorias, pensões, remunerações) resultou na persistência de maior potencial de força de trabalho ativa no interior do mercado de trabalho. Observa-se, por exemplo, que do total de 21 milhões de aposentados e pensionistas brasileiros, 32% continuavam no mercado de trabalho em 2003. Como se sabe, o princípio do sistema de aposentadoria e pensão é o de retirar tanto as pessoas com mais idade como os impossibilitados de trabalhar na condição de ativos.

GRÁFICO 2

Brasil — Evolução da relação entre população economicamente ativa e população total (PEA/População) e da participação da renda do trabalho na renda nacional (% do rendimento no trabalho na renda nacional)

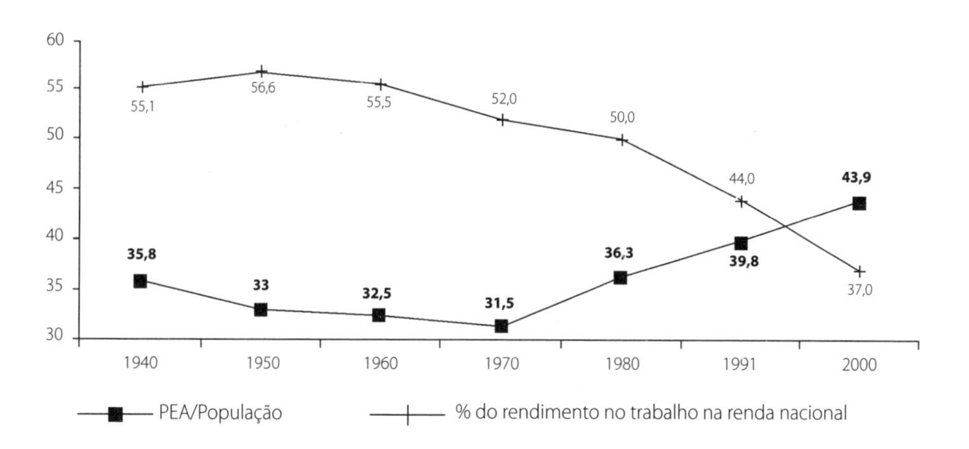


*Fonte*: IBGE, Censos demográficos e Pnad's (Elaboração própria).

Pode-se acrescer também que a presença de 4,6 milhões de pessoas com menos de 16 anos de idade ativas no interior do mercado de trabalho representa uma pressão adicional por maior quantidade de postos de trabalho. Apesar da legislação brasileira proibir o trabalho de menores de 16 anos de idade, há quase 20% desse segmento etário trabalhando ou procurando trabalho.

Por fim, pode-se registrar ainda tanto o contingente de 3,9 milhões de ocupados que exercem 2 ou mais postos de trabalho, como a quantidade significativa de ocupados com jornada de trabalho superior a 44 horas semanais. Em 2003, por exemplo, 29,3 milhões de pessoas trabalhavam mais do que a jornada legal de trabalho.

Num cálculo simples, observa-se que 17,2 milhões (21,2%) do total dos postos de trabalho no Brasil eram ocupados por pressão decorrente da má distribuição funcional da renda. Em outras palavras, nota-se que aposentados e pensionistas ocupam 6,3 milhões de vagas existentes, crianças e adolescentes de até 15 anos de idade ocupam 2,9 milhões de vagas existentes, 3,9 milhões de trabalhadores têm dupla ocupação e 29,3 milhões de trabalhadores com jornada acima de 44 horas semanais ocupam 4,1 milhões de vagas existentes.

## 2.3 Pressão da maior taxa de participação

Desde 1980, verifica-se o crescimento mais intenso na taxa de participação, ou seja, a elevação da presença da população economicamente ativa no mercado de trabalho em relação ao conjunto da população. Esse movimento demográfico recente representa uma inversão em relação ao que havia ocorrido entre as décadas de 1930 e 1970, com redução relativa da População Economicamente Ativa na População Total (taxa de participação).

Embora isso diga respeito tanto ao gênero masculino como feminino, nota-se que a maior pressão decorre do sexo feminino. Entre 1970 e 2000, por exemplo, a taxa de participação feminina cresceu 146,7%, enquanto a taxa de participação masculina aumentou 10,6%.

Apenas para efeito de comparação, observa-se que entre 1940 e 1970, a taxa de participação total caiu 12%, sendo a feminina de 3,6% de queda, e a masculina, de 13,6%.

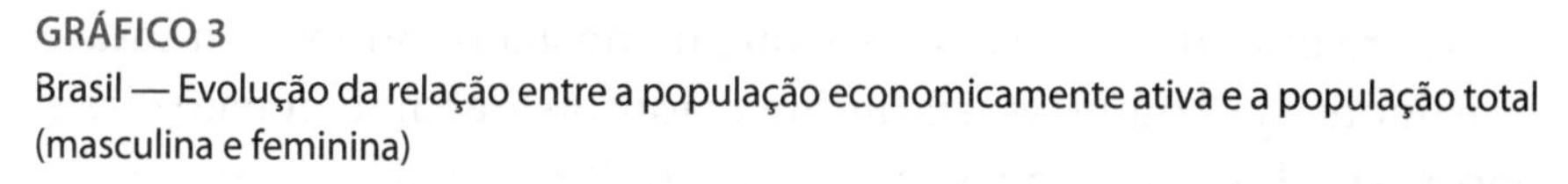

GRÁFICO 3

Brasil — Evolução da relação entre a população economicamente ativa e a população total (masculina e feminina)

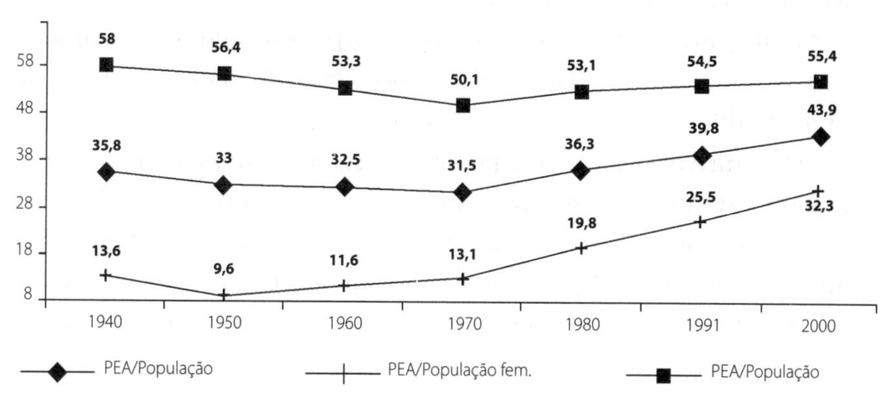


*Fonte*: IBGE, Censos demográficos (Elaboração própria).

Após uma breve indicação das pressões que estimulam o maior ritmo de expansão da oferta de mão de obra e, por consequência, o acirramento da competição por vagas no interior do mercado de trabalho, apresenta-se o conjunto das contrapressões que constrangem o potencial de geração de postos de trabalho na economia nacional. Em geral, cabe ressaltar que a dinâmica do atual modelo econômico neoliberal produz três tipos distintos de contrapressões desfavoráveis à elevação da demanda de mão de obra no mercado de trabalho

## *2.4 Contrapressão do baixo crescimento econômico*

Durante o período de 1981 a 2004, a taxa média anual de variação do Produto Interno Bruto foi apenas 31% da taxa média anual verificada entre 1950 e 1980. A perda de dinamismo do capitalismo brasileiro desde 1980 compromete a abertura de quantidade necessária de vagas para absorver o conjunto da força de trabalho que chega ao mercado de trabalho.

Por conta disso, constata-se que na década de 1990, 2 a cada 3 brasileiros que ingressaram no mercado de trabalho conseguiram encontrar algum tipo de ocupação. Entre 1980 e 2003, o desemprego foi multiplicado por 3,5 vezes, atingindo praticamente os mais distintos segmentos sociais, inclusive aqueles com maiores graus de escolaridade.

Além da expansão considerável do desemprego, observou-se que a presença de uma ampla oferta de mão de obra sobrante no interior do mercado de trabalho contribuiu para o achatamento salarial dos trabalhadores ocupados. Entre 1980 e 2003, por exemplo, o poder aquisitivo do salário mínimo foi reduzido em praticamente 50%.

## *2.5 Contrapressão da abertura comercial e financeira*

Desde 1990, com a opção pela abertura da economia brasileira, as principais fontes geradoras de novas ocupações foram fortemente comprimidas. O setor industrial, por exemplo, terminou sendo emblemático desta situação. Somente na década de 1990, cerca de 1,2 milhão de postos de trabalho do setor secundário foram destruídos pela nova situação de abertura da economia brasileira.

Além disso, o setor privado terminou adotando novas práticas de gestão de mão de obra, como o uso recorrente da terceirização, da redução de hierarquias ocupacionais e dos programas de autocontrole da produção (gestão participativa, metas de produção e vendas, entre outras). Todas essas modalidades de uso da força de trabalho ocupada foram favoráveis tanto ao corte de pessoal como à intensificação do tempo de trabalho entre os ocupados, mesmo que recebessem salários decrescentes em termos reais.

Paralelamente, as ocupações abertas referiam-se ao processo de concentração de renda, indicando mais o crescimento de formas servis de trabalho. A cada dez ocupações abertas durante a década de 1990, três foram de ocupação doméstica, duas de trabalhadores ambulantes, uma outra de limpeza (asseio e conservação) e uma outra ainda de segurança pública e privada. Ou seja, 70% das ocupações criadas no Brasil estiveram concentradas em atividades que não têm a ver com modernização técnica e produtiva.

## 2.6 Contrapressão da reforma no papel do Estado

Ao longo da década de 1990, cerca de 550 mil postos de trabalho que pertenciam ao setor produtivo estatal foram destruídos por força da profunda mudança no papel do Estado no Brasil. Além disso, a administração pública direta também passou por uma ampla modificação, diante da aprovação de uma reforma administrativa que facilitou a demissão de pessoal e a ampliação da terceirização de atividades no interior do Estado.

Com a aprovação da chamada Lei Camata, o gasto com pessoal passou a ser limitado, o que estimulou ainda mais a subcontratação de pessoal por meio de empresas terceirizadas de atividades de segurança e limpeza até a implantação de programas governamentais como o DST/Aids. Por fim, com a Lei de Responsabilidade Fiscal, os descumprimentos dos parâmetros máximos de contratação de servidores públicos e do gasto público passaram a ser objeto de ação criminal e perda da legitimidade eleitoral.

Também devem ser mencionadas a adoção da meta fiscal desde 1994 no Brasil (superávit primário) e a desvinculação das receitas da União, como forma de contenção do gasto público, sobretudo das áreas sociais. Por conta disso, ocorreu uma intensa contenção ocupacional no interior do setor público, levando ao progressivo decréscimo do papel do Estado na gestão da mão de obra no Brasil.

No final da década de 1970, por exemplo, o país registrava 12% da ocupação total absorvida no setor público. Nos países desenvolvidos, a quantidade de funcionários públicos encontrava-se bem acima dos 16% da ocupação total, chegando a alcançar um terço do nível ocupacional nos países escandinavos.

Nos anos 1990, contudo, o conjunto de empregados do setor público situou-se abaixo de 8% do total da ocupação no Brasil. Somente no governo federal, cerca de 200 mil postos de trabalho desapareceram ao longo da década de 1990.

## 3. Política neoliberal e o mercado de trabalho

O Brasil vive a sua mais grave crise do emprego. Após a recessão entre 1990 e 1992, que elevou o desemprego no Brasil, assistiu-se a uma leve desaceleração nas taxas de desemprego durante o breve ciclo de recuperação econômica ocorrido entre 1993 e 1997. De 1998 até 2003, o desemprego registrou taxas ainda muito elevadas, somente suavizadas levemente no ano de 2004 devido à recuperação parcial da economia nacional.

As medidas introduzidas no conjunto das políticas de emprego durante a década de 1990 terminaram por não alterar o comportamento fragmentado e pulverizado das políticas públicas de atenção ao desemprego. Ademais da baixa efetividade e eficácia das políticas de emprego do governo federal, assistiu-se à permanência de reduzida sensibilidade na aplicação dos escassos recursos públicos para com a heterogeneidade do desemprego.

Da mesma forma, a introdução das medidas de corte neoliberal terminaram agravando o quadro geral do desemprego no Brasil, colaborando, inclusive, com o deslocamento da responsabilidade pública para o indivíduo. Por conta disso, cabe uma ampla reformulação das políticas de emprego, uma vez que o corte de recursos públicos na área do trabalho, acompanhado da flexibilização do mercado de trabalho e da desregulação das políticas públicas do trabalho, somente fragilizou ainda mais a condição deste mesmo trabalho.

Em primeiro lugar, em relação à necessária ampliação do total de gastos, pois se encontra ainda muito aquém do verificado em outros países e, especialmente, em relação às elevadíssimas taxas de desemprego no país. Em segundo lugar, cabe também alterar o padrão de uso dos recursos públicos, com a introdução de novas políticas, mais sensíveis ao universo e à heterogeneidade do desemprego, especialmente para a faixa etária juvenil e ao segmento não formalizado do mercado de trabalho.

A experiência internacional pode servir de exemplo para conceder maior eficácia e efetividade às políticas públicas de emprego do governo federal. No entanto, convém fixar que o Brasil deve constituir um modelo próprio de intervenção, favorável à valorização do trabalho.

## *3.1 Passado das políticas de emprego*

As primeiras iniciativas do poder público no campo das políticas de emprego no Brasil encontram-se associadas à Revolução de Trinta, justamente durante a generalização dos efeitos perversos sobre a ocupação que decorreram da Depressão de 1929. Desde lá, as preocupações governamentais concentraram-se na ampliação de novos empregos assalariados protegidos pelas leis sociais e trabalhistas, muito mais do que a garantia da proteção ao desempregado.

Nesse sentido, ganhou destaque o impulso governamental, ainda na década de 1940, voltado à constituição das primeiras escolas de formação profissional, vinculadas ao chamado sistema "S", geridas exclusivamente pelo patronato, a partir da arrecadação de recursos públicos (parte do custo de contratação do empregado pago pela empresa). É somente mais tarde, durante as décadas de 1960 e 1970, que as primeiras medidas associadas ao tratamento social do desempregado terminaram sendo implementadas.

O auxílio monetário a partir do rompimento do contrato de trabalho por meio do Fundo de Garantia por Tempo de Serviço (FGTS), em 1967, e o atendimento ao desempregado na forma do Sistema Nacional de Emprego (Sine), em 1975, constituíram exemplos disso. Enquanto o FGTS estimulou a maior rotatividade no interior do mercado de trabalho, o Sine concentrou suas atividades na intermediação formal do trabalho, não necessariamente ao conjunto dos desempregados.

Entre as décadas de 1930 e 1970, o problema do desemprego foi relativamente pequeno ante as altas taxas de crescimento econômico que elevaram rapidamente o nível de emprego no Brasil. Mesmo com baixo registro do desemprego aberto, o país não abandonou os tradicionais problemas do subdesenvolvimento no mercado de trabalho, com ampla vigência da informalidade, diminutos salários e alta desigualdade de remuneração.

Com o aparecimento da primeira recessão econômica ocorrida desde 1930, durante a crise da dívida externa (1981-83), o desemprego no Brasil atingiu patamares até então desconhecidos. Poucas iniciativas emergenciais, contudo, foram introduzidas pelos governos de então.

Os dois fatos marcantes foram: o surgimento do seguro-desemprego em 1986 e a redução da jornada de trabalho, em 1988. De um lado, a adoção do seguro-desemprego visou assegurar alguma garantia de renda aos trabalhadores desempregados do setor formal e, de outro, o rebaixamento do limite oficial do tempo de trabalho de 48 para 44 horas semanais buscou gerar um adicional de vagas para cada estímulo de crescimento econômico.

Nota-se que, diferentemente de outras nações industrializadas, o Brasil não terminou constituindo um sistema público nacional de emprego, com medidas articuladas e integradas entre si e universalizadas para o conjunto do mercado de trabalho (formal e informal). O que se constituiu foi uma mera agregação de iniciativas, que opera muitas vezes em regime de sobreposição no atendimento de certas "clientelas", com efetividade e eficácia discutidas.

## 3.2 Medidas recentes nas políticas de emprego

A grave crise de emprego, gerada desde 1990, não foi suficiente para que o país viesse a constituir um sistema público de emprego. A despeito das inovações realizadas mais recentemente, o conjunto das políticas públicas direcionadas ao desemprego aprofundou a fragmentação das ações em diversas instituições sem coordenação, com maior pulverização dos recursos e ainda reduzida escala de cobertura. Enfim, passou a reinar a desarticulação e desintegração, com desperdícios, baixa eficácia e pequena eficiência.

GRÁFICO 4
Recurso comprometido com o conjunto das políticas de emprego em proporção ao Produto Interno Bruto e taxa de desemprego no ano de 2000 (em %)

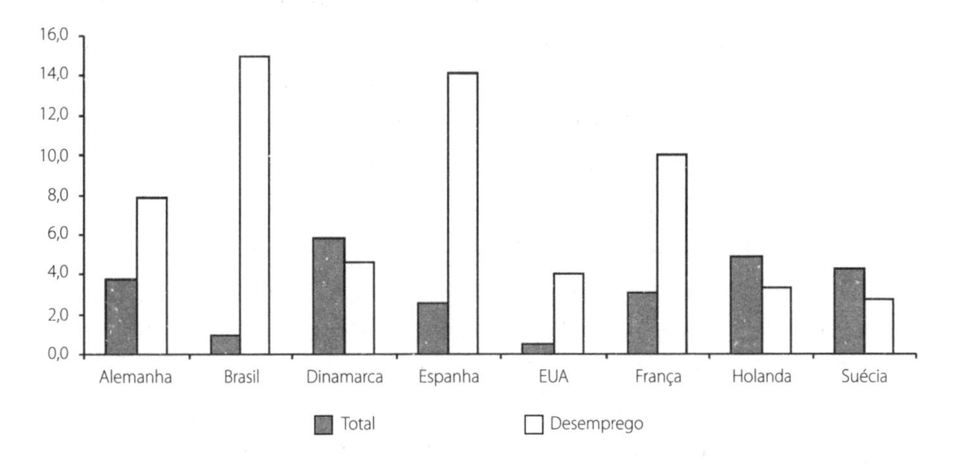


*Fonte*: OCDE, 2001; IBGE e MTE, 2001.

Além desses graves equívocos, constatou-se a pequena presença dos gastos com políticas de emprego em relação ao Produto Interno Bruto (PIB), especialmente quando o país registra a mais grave crise de emprego de toda a sua história. Em países como a Espanha, com taxa de desemprego um pouco abaixo da registrada em 2000 no Brasil, compromete-se 2,6% do PIB, enquanto a economia brasileira gasta menos de 1%.

Em países com baixas taxas de desemprego, inferiores a 5% do total da População Economicamente Ativa (PEA), como Suécia, Dinamarca e Holanda, os gastos com políticas de emprego superam os 4%

do total do PIB. Nos Estados Unidos, entretanto, com desemprego também abaixo de 5% da PEA, o total de gastos com políticas de emprego é menor do que 1% do PIB.

Mesmo com a implementação de novas ações governamentais voltadas para o desemprego nos anos 1990, como o Programa Nacional de Formação Profissional (Planfor), o Programa de Geração de Emprego e Renda (Proger), o Programa de Emprego (Proemprego) e as iniciativas de empréstimos do Banco Nacional de Desenvolvimento Econômico e Social (BNDES), todos com ênfase nas políticas ativas de geração de empregos e fundados nos recursos do Fundo de Amparo do Trabalhador, o país terminou gastando relativamente pouco em relação à proporção de desempregados. Ao que parece, uma aplicação questionável dos recursos públicos disponíveis, em termos de eficácia e sensibilidade ao sentido do desemprego no país.

De acordo com as informações oficiais disponíveis para a economia brasileira no período de 1995 a 2000, procurou-se relacionar a intervenção governamental ante a evolução do desemprego. Tomando-se como referências todas as políticas ativas e passivas de responsabilidades do governo federal, identificam-se como políticas ativas de emprego: o Programa Nacional de Formação Profissional (Planfor), o Programa de Geração de Emprego e Renda (Proger), o Programa de Emprego (Proemprego) e as iniciativas de empréstimos do Banco Nacional de Desenvolvimento Econômico e Social (BNDES). Como políticas passivas de emprego destacam-se o seguro-desemprego e a intermediação de mão de obra.

Em 1995, quando o desemprego atingiu 4,5 milhões de trabalhadores, o governo federal comprometeu 0,62% de todo o Produto Interno Bruto com políticas de emprego, sendo 0,46% do PIB nas políticas passivas e 0,16% nas políticas ativas. Cinco anos depois, quando o IBGE registrou a presença de 11,5 milhões de desempregados no Brasil, o governo federal gastou 0,89% do PIB com políticas de emprego, sendo 0,38% com políticas passivas e 0,51% com políticas ativas.

Entre 1995 e 2000, o desemprego cresceu 155,5%, com a incorporação de mais 7 milhões de novos desempregados. Para o mesmo período de tempo, os recursos utilizados nas políticas de emprego cresceram 64,7%, com o adicional de 4,1 bilhões de reais.

GRÁFICO 5

Brasil — Distribuição do desemprego e dos recursos aplicados segundo áreas geográficas pelas políticas ativas de emprego entre 1995 e 2000 (em %)

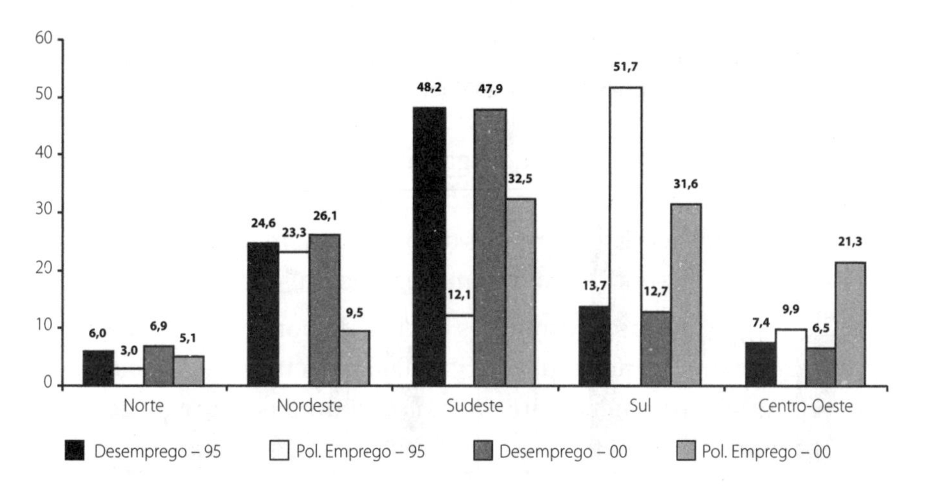


*Fonte*: IBGE e MTE, vários anos.

Quando se relaciona o volume de recursos públicos das políticas de emprego com a quantidade de desempregados entre 1995 e 2000, observa-se uma queda relativa de 35,2% nos gastos com programas para o mercado de trabalho. O gasto real médio das políticas de emprego em relação ao total de desempregados caiu de 1.410,40 reais, em 1995, para 913,40 reais, em 2000.

As regiões Sul e Centro-Oeste, por exemplo, responderam por 19,2% do total do desemprego nacional, mas absorveram 53% do total dos gastos com as políticas ativas de emprego do governo federal em 2000. Já a região Sudeste, que compreendeu 47,9% do total do desemprego no mesmo ano, recebeu menos de um terço do total dos recursos aplicados pelas políticas ativas de emprego.

Do ponto de vista do espaço territorial, pode-se perceber a reduzida sensibilidade das políticas ativas de emprego. Na maior parte das regiões geográficas, praticamente, não há identidade entre a distribuição do desemprego e a quantidade realizada de gastos pelas políticas de emprego do governo federal.

GRÁFICO 6

Brasil — Distribuição do desemprego e dos recursos aplicados segundo escolaridade pelas políticas ativas de emprego entre 1995 e 2000 (em %)

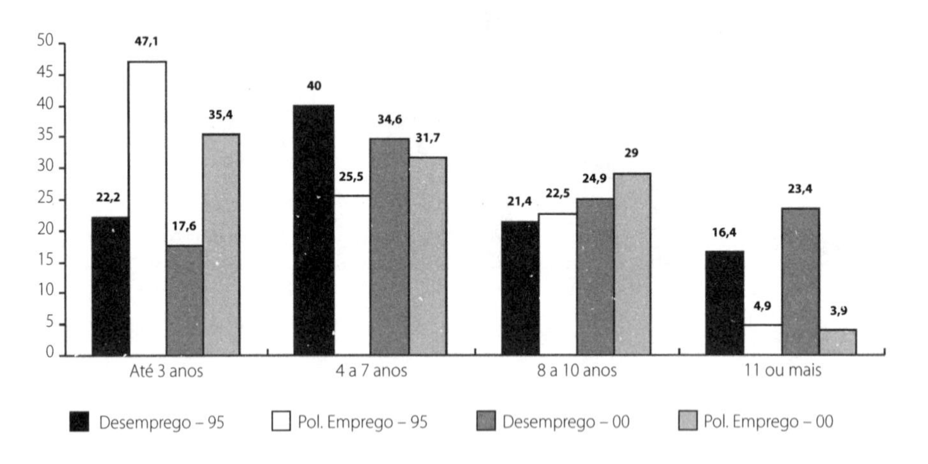


*Fonte*: IBGE e MTE, vários anos.

No que tange à escolaridade do conjunto dos trabalhadores empregados também se pode notar a baixa sensibilidade das políticas ativas de emprego para a composição do desemprego nacional. Para os trabalhadores com menor escolaridade, houve maior participação relativa no total dos gastos das políticas ativas do governo federal, embora o maior peso de desemprego estivesse associado à maior escolaridade.

Entre os anos de 1995 e 2000, o volume de recursos comprometidos com as políticas ativas cresceu quase 50%. Apesar deste esforço de parte do governo federal, a expansão da ocupação foi de apenas 2,9%.

Para o mesmo período de tempo, a região Sudeste foi a que registrou maior elevação no total de recursos aplicados pelas políticas ativas de emprego do governo federal, embora tenha apresentado a menor variação na ocupação.

Situação também interessante pode ser registrada entre a evolução dos gastos com as políticas ativas de emprego do governo federal e a variação da ocupação por setores de atividade no período de 1995 a 2000. No setor agropecuário, onde houve maior variação dos recursos aplicados pelas políticas ativas de emprego, o nível ocupacional caiu 4,3%. Somente no setor terciário houve variação positiva das ocupações.

Na comparação entre a distribuição do total dos recursos das políticas ativas de emprego e a composição das ocupações em 2000 também se verifica uma baixa sensibilidade. O setor terciário recebeu em 2000 menos de 32% do volume global dos recursos aplicados pelas políticas ativas de emprego do governo federal, apesar de responder por 64,2% do total da ocupação.

GRÁFICO 7

Brasil — Variação da ocupação gerada e dos recursos aplicados segundo região geográfica pelas políticas ativas de emprego entre 1995 e 2000 (em %)

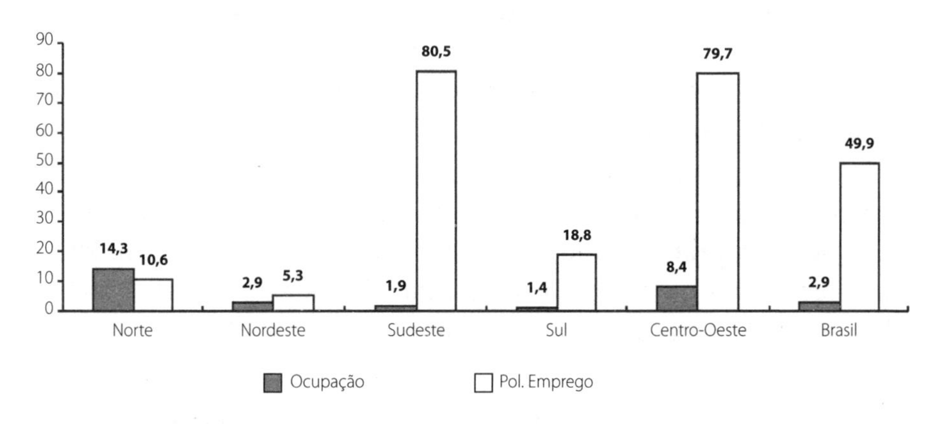


*Fonte*: IBGE e MTE, vários anos.

GRÁFICO 8

Brasil — Variação da ocupação gerada e dos recursos aplicados por setor de atividade econômica pelas políticas ativas de emprego entre 1995 e 2000 (em %)

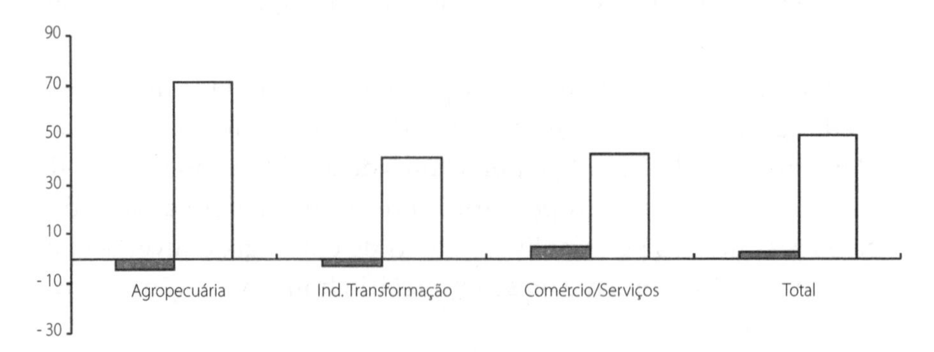


*Fonte*: IBGE e MTE, vários anos.

As políticas passivas de emprego não apresentam uma melhor performance do que as políticas ativas de emprego do governo federal. Nota-se que, para a faixa de até 24 anos de idade, apenas 23% do total dos desempregados foram beneficiados pelas políticas passivas do governo federal em 2000. Somente a faixa de 25 a 39 anos de idade teve maior cobertura, mesmo assim, com menos de 2/3 do total dos desempregados beneficiados.

Em relação ao sexo, percebe-se que os homens foram os mais protegidos pelas políticas passivas de emprego do governo federal. Enquanto 55% dos homens desempregados foram beneficiados pelas políticas passivas de emprego, somente 22% das mulheres desempregadas tiveram alguma assistência pública.

Todos esses indicadores que apontam para um conjunto de equívocos no comportamento geral das políticas de emprego adotadas no país seguem praticamente inalterados até os dias de hoje. Em 2004, por exemplo, o gasto social real *per capita* direcionado à área do trabalho registrou uma queda de 8,8% em relação ao ano de 2001.[1]

1. Não obstante a mesmice no âmbito das políticas de emprego no governo federal, chama-se a atenção para medidas inovadoras introduzidas no plano local das políticas públicas. Um

GRÁFICO 9

Brasil — Taxa de cobertura dos beneficiários das políticas passivas de emprego em relação ao desemprego por faixa etária em 2000 (em %)

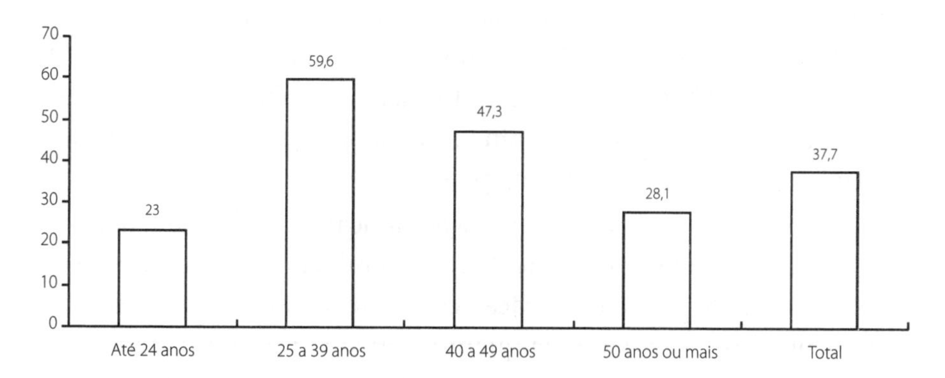


*Fonte*: IBGE e MTE, vários anos.

# Considerações finais

De acordo com as páginas anteriores, foi possível tratar de uma breve recuperação dos principais movimentos históricos do trabalho no Brasil. Notou-se que, durante o ciclo da industrialização nacional, o trabalho encontrou o ambiente mais favorável para sua valorização.

Desde 1980, contudo, o ciclo de financeirização da riqueza vem promovendo uma maior desvalorização do trabalho. A desestruturação do mercado de trabalho, caracterizada pelo crescente desemprego aberto, pelo desassalariamento e pela maior geração de postos de trabalho precário, constitui um cenário que exige uma alteração radical nos rumos das políticas públicas de emprego.

---

exemplo disso foi a estratégia de inclusão social adotada no município de São Paulo durante os anos de 2001 e 2004. Sobre isso ver: POCHMANN, M. *Outra cidade é possível*. São Paulo: Cortez, 2003; e POCHMANN, M. *Políticas de inclusão social*. São Paulo: Cortez, 2004.

Isso porque o curso das políticas de emprego adotadas desde 1990 no Brasil aprofunda a desestruturação do mercado de trabalho. Dessa forma, a regulação pública do trabalho passou a dar sinais inequívocos de limitação de sua efetividade na proteção social, bem como o quadro geral de condução da política de emprego permaneceu inalterado. Os princípios neoliberais de redução do custo do trabalho, como a flexibilização dos contratos de trabalho ou a diminuição dos gastos sociais, permanecem ainda em vigor no país.

A exigência de uma reformulação radical nas políticas de emprego segue atual, embora o contexto mais geral da regulação pública do trabalho aponte para a focalização crescente das ações na aristocracia dos ocupados assalariados, enquanto amplia-se uma verdadeira massa de agregados sociais em inúmeras formas de exercício do trabalho totalmente subordinados à dinâmica selvagem do mercado. Em síntese, novos rumos são necessários à política pública do trabalho, assim como um novo modelo econômico deve ser urgentemente implantado no Brasil.

# CAPÍTULO 3

## As formas contemporâneas de trabalho e a desconstrução dos direitos sociais

*Ricardo Antunes*

Foi em meados da década de 1970 que um conjunto muito grande de mudanças foram desencadeadas, de modo mais ou menos simultâneo, afetando fortemente o capitalismo e o sistema de produção de mercadorias, objetivando tanto recuperar os seus níveis de acumulação e reprodução do capital quanto repor a hegemonia que vinha perdendo, no interior do espaço produtivo, desde as explosões do final da década de 1960, quando as lutas sociais do trabalho passaram a reivindicar diretamente o controle social da produção.

Estas mudanças acarretaram profundas repercussões no universo do trabalho e das classes trabalhadoras. Podemos dizer que o mundo do trabalho sofreu uma mutação de forte envergadura. E a empresa dita "moderna", seja ela uma fábrica, uma escola, um banco, ao alterar seu modo de operação, gerou fortes consequências, tanto no que concerne ao trabalho quanto ao mundo do capital.

Todos sabemos que foi a partir daqueles anos que se aprofundou o processo de financeirização da economia — traço marcante da chamada *mundialização do capital*, para lembrar a tese de François Chesnais — financeirização que é expressão de uma crise estrutural mais profunda, normalmente simplificada sob a denominação de crise do *taylorismo e fordismo* (Chesnais, 1996).

Tal fenômeno tem uma dimensão mais complexa, presente no próprio movimento de acumulação e crise. Estávamos concluindo, então, os chamados *anos dourados*, os anos 1940/60, marcados pela vigência do *welfare state*, que atingiu uma parcela de países centrais importantes, principalmente da Europa Ocidental, período em que houve uma clara simbiose entre o *welfare state* e o padrão *taylorista e fordista*, em ascensão nos Estados Unidos desde os anos 1920.

Como funcionava a empresa *taylorista* e *fordista* em seu processo produtivo? Tratava-se de uma produção cronometrada, com ritmo controlado, produção homogênea, buscando, como disse Ford, que a opção do consumidor fosse escolher entre um carro Ford preto modelo T ou um carro Ford preto modelo T. A produção, por ser homogênea, produzida em ritmo seriado e em linhas rígidas, geraria uma produção em massa, tendendo a um barateamento dos preços e desse modo ampliando o consumo também de massa, cujos salários operários também foram incrementados.

Isso foi dominante até o início dos anos 1970, quando ocorreu a crise estrutural do sistema produtivo. Aquilo que a imprensa na época denominou como "crise do petróleo", em verdade foi expressão de uma turbulência muito mais intensa que, de certo modo, se prolonga até os dias de hoje, uma vez que o vasto e global processo de reestruturação produtiva ainda não encerrou seu ciclo.

Pois bem, nessas mudanças todas, a empresa *taylorista* e *fordista* mostrou que tinha cumprido a sua trajetória. Tratava-se, então, de implementar novos mecanismos e formas de acumulação, capazes de oferecer respostas ao quadro crítico que se desenhava.

Foram várias experiências: na Suécia (em Kalmar); no norte da Itália, através da chamada "Terceira Itália"; na Califórnia, nos Estados Unidos; no Reino Unido; na Alemanha e em outros diversos países e regiões. Estávamos presenciando, a partir de 1970, a experimentação daquilo que o cientista social e geógrafo norte-americano, David Harvey, chamou de era da "acumulação flexível". Tratava-se de garantir a *acumulação*, porém de modo cada vez mais *flexível*. Daí é que se gestou a chamada empresa flexível.

Essa transformação estrutural — que deslanchou a chamada reestruturação produtiva do capital — teve forte incremento após as vitórias do neoliberalismo de Margareth Thatcher, na Inglaterra e de Ronald Reagan, nos Estados Unidos, quando um novo receituário, um novo desenho ideo-político (bem como uma nova pragmática) se apresentou como alternativa em substituição ao *Welfare State*. Começava a se expandir a pragmática neoliberal.

Regido pelo mundo do mercado, incentivaram-se as privatizações e as desregulamentações de todo tipo, da economia às relações trabalhistas, do mundo financeiro às leis fiscais. Foi assim que se expandiu o neoliberalismo. Vale lembrar, entretanto, que a redução do Estado no âmbito produtivo e na prestação de serviços públicos foi substituída pelo fortalecimento da ênfase privatista do aparato estatal, de que foi exemplo o governo Margareth Thatcher, que foi altamente intervencionista, com a clara finalidade de *desregulamentar* a economia, privatizá-la, além de impedir a atuação dos sindicatos no âmbito das comissões estatais, prática largamente utilizada durante a fase trabalhista anterior.

O Brasil, cuja industrialização se desenvolveu influenciada pelo taylorismo e pelo fordismo desde os anos 1930, presenciou também, ao longo dos anos 1980 e especialmente nos anos 1990, alterações significativas, inicialmente com Collor e depois com FHC e agora com o governo Lula, uma vez que, conforme procurei mostrar em *A desertificação neoliberal no Brasil*, há mais *continuidade* que *descontinuidade* entre estes distintos governos.

E as consequências em nosso país são tão intensas que estudiosos têm afirmado que parcela significativa do PIB (Produto Interno Bruto) brasileiro transferiu-se do setor produtivo estatal para o capital privado, especialmente transnacional, em função do intenso processo de privatização ocorrido nos anos 1990. Na Inglaterra, nós sabemos que, à exceção dos Correios, privatizou-se quase tudo. Por isso a Inglaterra foi, até certo ponto, laboratório desse experimento. Posteriormente, vieram os Estados Unidos, com Ronald Reagan, a Alemanha, e pouco a pouco, esse ideário e essa pragmática tornaram-se dominantes, e em alguns casos a única alternativa. Mas vale também lembrar que antes deles, a ditadura militar chilena de Pinochet também estruturou sua economia em moldes neoliberais, o que, aliás, mostra bem até onde é capaz de chegar a barbárie neoliberal.

Tudo isso alterou muito o mundo do trabalho, como se pode ver pelos exemplos que seguem: em meados dos anos 1980, havia cerca de 850 mil bancários, no Brasil. Em 2006, são pouco menos de 400 mil bancários. O ABC paulista tinha, no mesmo período, cerca de 240 mil trabalhadores metalúrgicos; hoje tem menos de 100 mil. A região de Campinas teve 70 mil metalúrgicos, em 2006 tem perto de 40 mil. Só para dar esses exemplos (Antunes e Silva, 2004).

Por outro lado, expandiram-se os setores do *telemarketing*, as terceirizações, os assalariados do setor de serviços, todos crescentemente inseridos na lógica da acumulação, como também os trabalhadores em turismo, hotelaria, hipermercados etc. (Nogueira, 2005).

Essa reestruturação produtiva fundamentou-se ainda no que o ideário dominante denominou como *empresa enxuta*. A empresa enxuta, a empresa moderna, *lean production*, a empresa que constrange, restringe, coíbe, limita o *trabalho vivo*, ampliando o maquinário tecnocientífico, que Marx denominou como *trabalho morto*. E redesenha cada vez mais a planta produtiva, reduzindo força de trabalho e ampliando a sua produtividade.

O resultado está em toda parte: desemprego explosivo, precarização ilimitada, rebaixamento salarial, perda de direitos etc. Esse é o desenho do *admirável mundo* do capital. Verifica-se a expansão daquilo que Juan Castillo cunhou como *liofilização organizacional*. É um processo no qual substâncias vivas são eliminadas — trata-se do *trabalho vivo* — que é substituído pelo maquinário tecnocientífico, pelo *trabalho morto*. A *liofilização organizacional* não é outra coisa senão o processo de "enxugamento" das empresas (Castillo, 1996; Antunes, 1999).

Desse modo, aqueles setores que eram os pilares da economia produtiva no século XX, de que é melhor exemplo a indústria automobilística, sofreram fortes mutações. E, nessa nova empresa, liofilizada, é necessário um novo tipo de trabalho, um novo tipo do que antes se chamava de trabalhador e atualmente os capitais denominam, de modo mistificado, como "colaborador".

E qual é esse novo tipo de trabalho? Primeiro, ele deve ser mais "polivalente" do que o trabalhador da empresa de tipo *taylorista* e *fordista*. O trabalho moderno, que cada vez mais as empresas buscam, não é mais aquele fundamentado na especialização *taylorista* e *fordista* do passado, quando uma profissão era centrada numa determinada atividade. Deu origem à chamada "desespecialização multifuncional", ao "trabalho multifuncional", que em verdade expressa a enorme intensificação dos ritmos, tempos e processos de trabalho.

Por isso o trabalho dos nossos dias é um trabalho mais *desespecializado* e *multifuncional*, de fato mais intensamente explorado. Perdeu a *especialização* adquirida em décadas anteriores, quando havia o predomínio da empresa de tipo taylorista e fordista e tornou-se cada vez mais *multifuncional, polivalente,* segundo a terminologia patronal. E isso inclui tanto o mundo fabril, industrial, quanto o chamado setor de serviços, ainda que seja importante dizer que essa divisão "setorial", dada a penetração do capital em todos os setores, é cada vez mais inexistente: vejam-se as expressões *indústria de serviços, serviços industriais, agronegócios*, que são exemplos da imbricação crescente entre os três setores (Lojkine, 1995).

Os serviços públicos, como os serviços de saúde, energia, telecomunicações, previdência etc., sofreram um significativo processo de mercantilização, de *mercadorização,* que afetou ainda mais fortemente a classe trabalhadora também em seu universo estatal e público.

As empresas passaram, inicialmente nos países centrais e posteriormente nos países dependentes, a assimilar muitos aspectos do toyotismo, variante que se originou no Japão do pós Segunda-Guerra. Esse sistema, por sua vez, teve sua origem a partir da experiência norte-americana dos supermercados, mantendo estoques os menores possíveis (o chamado estoque mínimo) e originou-se ainda tomando como base a indústria têxtil, onde os trabalhadores operavam com várias máquinas simultaneamente, ao contrário da relação um trabalhador, uma máquina, como era no sistema taylorizado e fordizado (Antunes, 1995).

Além de operar através de várias máquinas (por isso se fala em "especialização multifuncional") no mundo do trabalho atual tem-se também a intensificação do trabalho *imaterial*, como se não bastasse a enorme exploração, ainda dominante, do trabalho *material*. É o que hoje o discurso dominante denomina como "sociedade do conhecimento", dada pelo exercício do trabalho nas esferas de comunicação, nas esferas de *marketing* etc., uma vez que estamos presenciando a sociedade do *logos*, da marca, do simbólico.

Hoje, o *design* da Nike, a concepção de um novo software da Microsoft, o modelo novo da Benetton resultam do labor chamado imaterial que, articulado com o trabalho material, expressam vivamente as formas contemporâneas da criação do valor. São novas formas de trabalho e novas formas da criação do valor.

Mas há um outro traço central das novas modalidades de trabalho, que é dado pela crescente *informalização* do trabalho, isto é, o trabalho desprovido de regulamentação, com redução (quando não eliminação) de direitos que foram conquistados através de duras e longas lutas sociais.

No exemplo da Toyota, que demos acima, um núcleo estável de força de trabalho, dotado de qualificação técnica, era preservado, para poder manter a produção, sendo que se recorria à terceirização sempre que se precisava ampliar a produção. Se o mercado necessita, aumenta-se a produção e ampliam-se os terceirizados; se o mercado se retrai, reduz-se a produção e os terceirizados são reduzidos. Pode-se compreender, portanto, o porquê da exigência mundial dos capitais pela legislação flexibilizada do trabalho, visando torná-la "compatível" com a flexibilização produtiva vigente nas empresas.

Vale lembrar que, até recentemente, cerca de 25% a 30% da classe trabalhadora japonesa tinham "emprego vitalício", obtido, aliás, não por uma legislação, mas por um direito consuetudinário. Com a ocidentalização do *toyotismo* a partir dos anos 1970, esse traço fundamental do "modelo japonês" ficou restrito ao Japão e, nos últimos anos, ele está sendo fortemente questionado também no seu país de origem, uma vez que o Ocidente *toyotizado* tornou-se mais produtivo e acabou por afetar as próprias condições de trabalho no Japão. Por isso se pode também compreender a atual crise japonesa.

O resultado, todos estamos presenciando: intensificam-se as formas de extração de trabalho, ampliam-se as terceirizações, as noções de tempo e de espaço também são profundamente afetadas e tudo isso muda muito o modo do capital produzir as mercadorias e valorizar-se. Hoje, onde havia uma empresa concentrada, pode-se, através do incremento tecnológico-informacional, criar centenas de pequenas unidades interligadas pela rede, com número muito mais reduzido de trabalhadores e produzindo muitas vezes mais. O trabalho torna-se (quase) virtual num mundo real, conforme pude desenvolver recentemente em *O caracol e sua concha* (Huws, 2003; Antunes, 2005).

É por isso que estamos vivenciando a erosão do trabalho estável, com profundas consequências sociais. Foi por estar atento a este complexo que Sennet, em *A corrosão do caráter*, afirmou:

> Como se podem buscar objetivos de longo prazo, numa sociedade de curto prazo? Como se podem manter relações sociais duráveis? Como pode um ser humano desenvolver uma narrativa de identidade e história de vida, numa sociedade composta de episódios e fragmentos? As condições da nova economia alimentam, ao contrário, a experiência, como a deriva no tempo, de lugar em lugar, de emprego em emprego.

E acrescenta:

> o capitalismo de nossos dias, de "curto prazo", tende à *corrosão do caráter dos indivíduos*. Sobretudo, das qualidades de caráter que ligam os seres humanos uns aos outros, e dão a cada um deles um senso de solidariedade e identidade. (Sennet, 1999)

Trata-se, em verdade, de um crescente processo de *desconstrução* do trabalho, típico de nossa sociedade involucral, do desperdício, da mercadoria crescentemente desprovida de utilidade social. E, quando olhamos para o chão produtivo, o que se vê é um mundo do trabalho crescentemente precarizado.

Foi neste contexto que proliferaram também as distintas formas de "empreendedorismo", "cooperativismo", "trabalho voluntário" etc., dentre as mais distintas formas alternativas daquilo que Vasapollo (2005) denominou como sendo expressões diferenciadas de *trabalho atípico*. E os capitais utilizaram-se de elementos que de certo modo estiveram presentes nas lutas sociais dos anos 1960, como controle operário, participação social, para dar-lhe uma outra configuração, muito distinta, eminentemente *patronal*, de modo a incorporar elementos do discurso operário, agora sob clara condução do capital (Bernardo, 2000, 2004).

O exemplo das cooperativas talvez seja o mais eloquente, uma vez que, em sua origem, as cooperativas nasceram como reais instrumentos de luta e defesa dos trabalhadores contra a precarização do trabalho e o desemprego.

Em contrapartida, dadas as mutações que estamos analisando, os capitais vêm, em escala global, criando cooperativas falsas, como forma de precarizar ainda mais os direitos do trabalho, visando até mesmo sua redução e destruição. Sabemos que as cooperativas originais, criadas autonomamente pelos trabalhadores, têm um sentido muito menos despótico e mais autônomo, em oposição ao despotismo fabril e ao planejamento gerencial, sendo por isso um real instrumento de minimização da barbárie, do desemprego estrutural, consistindo também num efetivo embrião de exercício autônomo do trabalho.

As "cooperativas" de sentido patronal têm, ao contrário, sentido completamente inverso. Na fase capitalista das megafusões, os capitais frequentemente denominam como "cooperativas", verdadeiros empreendimentos patronais para destruir direitos sociais do trabalho e precarizar ainda mais a classe trabalhadora. Transfiguraram muitas destas experiências, utilizando-se de suas autênticas denominações, convertendo-as, então, em instrumental de destruição dos direitos visando à intensificação das formas de exploração da força de trabalho.

Outro exemplo forte desse processo é o chamado empreendedorismo, o qual Vasapollo (2005) caracteriza de modo claro:

> As novas figuras do mercado de trabalho, os novos fenômenos do empreendedorismo, cada vez mais se configuram em formas ocultas de trabalho assalariado, subordinado, precarizado, instável, trabalho "autônomo" de última geração, que mascara a dura realidade da redução do ciclo produtivo. Na verdade, trata-se de uma nova marginalização social e não de um novo empresariado.

O mesmo quadro de precarização se pode presenciar quando se analisam, no contexto europeu, as diversas modalidades de "flexibilização" do trabalho, que sempre acabam trazendo, de modo embutido, diferentes formas de "precarização". Ainda nas palavras do autor:

> A nova condição de trabalho está sempre perdendo mais direitos e garantias sociais. Tudo se converte em precariedade, sem qualquer garantia de continuidade: o trabalhador precarizado se encontra, ademais, em uma fronteira incerta entre ocupação e não ocupação e também em um não menos incerto reconhecimento jurídico diante das garantias sociais. Flexibilização, desregulação da relação de trabalho, ausência de direitos. Aqui a flexibilização não é riqueza. A flexibilização, por parte do contratante mais frágil, a força de trabalho, é um fator de risco e a ausência de garantias aumenta essa debilidade. Nessa guerra de desgaste, a força de trabalho é deixada completamente descoberta, seja em relação ao próprio trabalho atual, para o qual não possui garantias, seja em relação ao futuro, seja em relação à renda, já que ninguém a assegura nos momentos de não ocupação.
>
> Proliferam, neste cenário aberto pelo neoliberalismo e pela reestruturação produtiva de amplitude mundial, as distintas formas de flexibilização: salarial, de horário, funcional ou organizativa, dentre outros exemplos. Desse modo, a flexibilização pode ser entendida como liberdade da empresa para desempregar trabalhadores; sem penalidades, quando a produção e as vendas diminuem; liberdade, sempre para a empresa,

> para reduzir o horário de trabalho ou de recorrer a mais horas de trabalho; possibilidade de pagar salários reais mais baixos do que a paridade de trabalho exige; possibilidade de subdividir a jornada de trabalho em dia e semana segundo as conveniências das empresas, mudando os horários e as características do trabalho (por turno, por escala, em tempo parcial, horário flexível etc.), dentre tantas outras formas de precarização da força de trabalho. (Vasapollo, 2005)

É por isso que, acrescenta ainda o autor, a flexibilização, definitivamente, não é solução para aumentar os índices de ocupação. Ao contrário, é uma imposição à força de trabalho para que sejam aceitos salários reais mais baixos e em piores condições. É nesse contexto que estão sendo reforçadas as novas ofertas de trabalho, por meio do denominado mercado ilegal, no qual está sendo difundido o trabalho irregular, precário e sem garantias. Com o pós-fordismo e a mundialização econômico-produtiva, o trabalho ilegal vem assumindo dimensões gigantescas, também porque os países industrializados deslocaram suas produções para além dos limites nacionais e, sobretudo, vêm investindo em países nos quais as garantias trabalhistas são mínimas e é alta a especialização do trabalho, conseguindo, assim, custos fundamentalmente mais baixos e aumentando a competitividade (Vasapollo, 2005).

É nesta contextualidade crítica para o universo do trabalho, caracterizada por uma espécie de *processo de precarização estrutural do trabalho*, que os capitais globais estão exigindo também o desmonte da legislação social protetora do trabalho. As mutações que vêm ocorrendo no universo produtivo, em escala global, sob comando do chamado processo de globalização ou de mundialização do capital, vem combinando, de modo aparentemente paradoxal, a "era da informatização", através do avanço tecnocientífico, com a "época da informalização", isto é, uma precarização ilimitada do trabalho, que também atinge uma amplitude global.

Os capitais passaram, então, a exigir a flexibilização dos direitos do trabalho, forçando os governos nacionais a ajustarem-se à fase da acumulação flexível. Flexibilizar a legislação social do trabalho significa não ser possível nenhuma ilusão sobre isso, aumentar ainda mais os mecanismos de extração do sobretrabalho, ampliar as formas de precarização e destruição dos direitos sociais que foram arduamente conquistados pela classe trabalhadora, desde o início da Revolução Industrial, na Inglaterra, e especialmente pós-1930, quando se toma o exemplo brasileiro.

Como a lógica capitalista é acentuadamente destrutiva, os governos nacionais são cada vez mais pressionados a adaptar a legislação social nacional, existente nos respectivos países, às exigências do sistema global do capital, aos imperativos do mercado, destruindo profundamente os direitos do trabalho onde eles ainda se mantêm. Por causa disso é que a legislação social do trabalho está sendo desmontada onde as resistências não têm a força suficiente para impedi-lo. E é também por isso que estão ocorrendo greves e manifestações em vários países, como Itália, Espanha, Alemanha etc., desencadeando ações coletivas contrárias à política de destruição dos direitos públicos e sociais.

> É exatamente neste cenário que, depois de inúmeras tentativas feitas durante o período FHC, ao longo dos anos 90, os capitais transnacionais exigem do governo Lula a flexibilização de nossa legislação sindical e trabalhista. Se coube ao bonapartismo aventureiro de Collor iniciar o processo de destruição dos direitos do trabalho, com a racionalidade burguesa de FHC essa tendência se acentuou. Mas, o governo FHC encontrou forte oposição dos sindicatos, especialmente vinculados à CUT e ao PT, não conseguindo destruir num só golpe nossa legislação social. Optou, então, por desmontá-la aos poucos. E o fez, sistematicamente, ao longo dos oito anos do seu reinado. (Antunes, 2005)

Com Lula e o PT no poder, é chegada a hora de destruir a coluna vertebral de nossa legislação social, no que ela ainda tem de positivo.

Sabemos que a

> [...] globalização neoliberal e a internacionalização dos processos produtivos estão acompanhadas da realidade de centenas e centenas de

> milhões de trabalhadores desempregados e precarizados no mundo inteiro. O sistema fordista nos havia acostumado ao trabalho pleno e de duração indeterminada. Agora, ao contrário, um grande número de trabalhadores tem um contrato de curta duração ou de meio expediente; os novos trabalhadores podem ser alugados por algumas poucas horas ao dia, por cinco dias da semana ou por poucas horas em dois ou três dias da semana. (Vasapollo, 2005)

Vale, então, concluir com uma indagação: será que cabe ao governo Lula fazer essa triste lição, qual seja, avançar no processo de desconstrução do trabalho e no desmonte dos direitos sociais?

Se a impulsão pela flexibilização do trabalho é uma exigência dos capitais em escala cada vez mais global, as respostas do mundo do trabalho devem, também, configurarem-se como crescentemente internacionalizadas, articulando intimamente as ações nacionais com seus nexos internacionais. Se a era da mundialização do capital se realizou, entramos também na era da mundialização das lutas sociais, das forças do trabalho, ampliadas pelas forças do não trabalho, expressas nas massas de desempregados que se esparramam pelo mundo. E uma forma de realizá-las é impedindo a desconstrução dos direitos sociais e obstando a expansão das formas diferenciadas de precarização do trabalho. Travando a *desconstrução* do trabalho realizada pelo capital e recuperando e/ou criando uma nova forma de sociabilidade do trabalho efetivamente dotada de sentido.

## Referências bibliográficas

ANTUNES, Ricardo. *Adeus ao trabalho? Ensaio sobre as metamorfoses e a centralidade do mundo do trabalho*. São Paulo/Campinas: Cortez/Ed. Unicamp, 1995.

______. *O caracol e sua concha*: ensaios sobre a nova morfologia do trabalho. São Paulo: Boitempo, 2005.

______. *A desertificação neoliberal no Brasil*. Campinas: Autores Associados, 2004.

ANTUNES, Ricardo. O estancieiro, o príncipe e o artífice: construção e desconstrução da legislação social no Brasil. *Margem Esquerda*, São Paulo, Boitempo, n. 5, 2005.

______. *Os sentidos do trabalho*. São Paulo: Boitempo, 1999.

______; SILVA, M. A. M. *O avesso do trabalho*. São Paulo: Expressão Popular, 2004.

BERNARDO, João. *Democracia totalitária*: teoria e prática da empresa soberana. São Paulo: Cortez, 2004.

______. *Transnacionalização do capital e fragmentação dos trabalhadores*. São Paulo: Boitempo, 2000.

CASTILLO, Juan J. *Sociologia del trabajo*. Madri: CIS, 1996.

CHESNAIS, François. *A mundialização do capital*. São Paulo: Xamã, 1996.

HARVEY, David. *A condição pós-moderna*. São Paulo: Loyola, 1992.

HUWS, Ursula. The making of a cybertariat: virtual work in a real world. *Monthly Review Press*, New York, The Merlin Press, 2003.

LOJKINE, Jean. *A revolução informacional*. São Paulo: Cortez, 1995.

NOGUEIRA, Claudia. *O trabalho duplicado*. Tese (Doutorado em Serviço Social) — PUC, São Paulo, 2005.

SENNET, R. *A corrosão do caráter*. Rio de Janeiro: Record, 1999.

VASAPOLLO, L. *O trabalho atípico e a precariedade*. São Paulo: Expressão Popular, 2005.

# CAPÍTULO 4

# O trabalho feminino e as desigualdades no mundo produtivo do Brasil

*Cláudia Mazzei Nogueira*

## Uma breve evolução do trabalho feminino

Com a emergência da sociedade capitalista, o trabalho feminino assume plenamente a forma de trabalho assalariado, transformando a mulher em significativo contingente da classe trabalhadora. Aparentemente, é na sociedade capitalista que o trabalho feminino mais se projeta. Mas, a esse respeito, Saffioti (1976, p. 235) assim se manifesta:

> As mudanças operadas com o advento do capitalismo industrial não fizeram senão tornar evidentes as funções econômicas das mulheres que desempenham atividades ocupacionais fora do lar, obscurecendo, portanto, seu papel nas indústrias domésticas, que antecederam o regime das fábricas gigantescas e, simultaneamente, marginalizar um grande contingente feminino do sistema dominante de produção de bens e serviços.

E complementa:

> O engajamento de certo número de mulheres em ocupações remuneradas e desempenhadas fora do lar constitui suficiente evidência da ampla aceitação de que supostamente goza o trabalho feminino e da liberdade que a sociedade de classes deixa à mulher para, numa pretensa determinação pessoal e voluntária de sua existência, escolher uma carreira profissional ou o casamento ou ainda a conjunção de ambos. (Saffioti, 1976, p. 235)

Dessa forma, pode-se afirmar que a família, no modo de produção capitalista, tem agora as funções reprodutivas (domésticas) bem definidas e separadas das funções diretamente produtivas. Essa diferenciação sugere o aparecimento da autonomia econômica individual ainda que mais acentuada para o homem que para a mulher trabalhadora.

No contexto das primeiras etapas do processo de industrialização no Brasil, dada a necessidade de redução dos custos de produção pelo capitalismo, a substituição da força de trabalho masculina pela feminina foi realizada com muitos benefícios para o capital, especialmente pela baixa remuneração oferecida à mulher. Não foi por acaso que a industrialização se desenvolveu no Brasil utilizando-se prioritariamente do trabalho feminino (e infantil).

Foi com essa alternativa de força de trabalho que as primeiras unidades fabris foram operadas. Convém lembrar que a conjuntura econômica nessa época girava em torno de uma escassez de força de trabalho, o que levou o trabalho infantil e feminino a ser incorporado pelo setor produtivo, na utilização do que Marx designou como exército industrial de reserva.

É difícil realizar estudos sobre a distribuição do trabalho feminino nos ramos de atividades econômicas nos inícios da produção no Brasil. Somente em 1872, com o primeiro recenseamento brasileiro,[1]

1. O censo de 1872 obedeceu a critérios de difícil aplicação na atualidade. As dificuldades de comparação surgem em virtude de serem diversos os critérios utilizados em diferentes censos, pelo menos no que diz respeito à categorização das funções econômicas desempenhadas pela

que se pode analisar mais seguramente o processo de formação da força de trabalho feminina. Segundo os dados oferecidos por esse censo, as mulheres representavam 45,5% da classe trabalhadora, sendo que, do total, aproximadamente 1/3 se encontrava trabalhando no emprego assalariado doméstico (Saffioti, 1976, p. 238).

Vale a pena ressaltar que a estrutura da economia no Brasil nessa época era pouco diversificada, tendo os seus trabalhadores vinculados em primeiro lugar à agricultura e em segundo lugar aos serviços domésticos (neste caso prioritariamente a força de trabalho feminina). Do contingente masculino, 68% se encontravam trabalhando na agricultura. Já das mulheres que trabalhavam, 35% se dedicavam à agricultura, 33% aos serviços domésticos, 20% à costura, 5,3% às indústrias têxteis e 6,7% a outras atividades (Saffioti, 1976, p. 238).

Essa forte presença feminina nas atividades econômicas se mantém no censo de 1900, resultando em 45,3% da força de trabalho efetiva total do Brasil. No entanto, ocorreu uma alteração nos espaços onde as mulheres desenvolviam seu trabalho: da totalidade das mulheres economicamente ativas, 52,6% se encontravam em serviços domésticos, 24,6% se dedicavam à agricultura, 14,2% às artes e ofícios e somente 4,2% às indústrias manufatureiras, sendo que o restante das mulheres (4,4%) trabalhava no comércio e em outras atividades (Saffioti, 1976, p. 239).

Se as mulheres totalizavam 45,3% da força de trabalho no censo de 1900, os homens compunham 54,7%, sendo que essa realidade de quase paridade em relação à população economicamente ativa entre ambos os sexos não se manteria por muito tempo.

No censo de 1920, a participação feminina na população economicamente ativa ficaria reduzida a 15,3%.[2] Em relação ao setor primário, as mulheres representavam 9,4% do contingente dos trabalhadores;

---

população, unindo-se, várias vezes, segmentos que deveriam estar individualizados (Saffioti, 1976, p. 238).

2. Excluem-se aqui as pessoas que viviam de suas rendas, as de profissões não declaradas e as sem profissões (Saffioti, 1976, p. 239).

no setor secundário houve um declínio, atingindo 27,9% do total da força de trabalho empregada; no setor terciário a sua representação ficava na marca dos 22,2% da força de trabalho. A justificativa para a queda da feminização do trabalho em 1920, em contraponto a 1900, foi o primeiro surto de desenvolvimento industrial, principalmente em decorrência da guerra de 1914-1918 que, segundo Saffioti (1976, p. 239) "[...] permitiu um aumento de 83,3% da população operária".[3] Essa população então passou de 150.841 trabalhadores para 275.512, sendo que desse total 182.670 eram homens e 92.842 eram mulheres.

Já no início dos anos 1930, com Getúlio Vargas, o desenvolvimento industrial veio acentuar ainda mais o declínio do número (em porcentagem) das trabalhadoras no setor industrial. Em 1940, o declínio se mantém, atingindo o índice de 25,3% da força de trabalho existente na indústria; no setor de serviços e comércio houve um ligeiro crescimento, passando de 22,2% para 22,7%; nas atividades relacionadas com a agricultura a elevação da participação feminina é um pouco maior, saindo da marca de 9,4% para a de 13,3%. Cabe salientar que o contingente das trabalhadoras passou de 15,3% em 1920 para 15,9% em 1940 (Saffioti, 1976, p. 240).

Em 1950, prioritariamente na sua primeira metade, a tendência de declínio da força de trabalho feminina no setor industrial se mantém, chegando a 17,4%. Porém, com a entrada de Juscelino no governo, uma grande expansão industrial é presenciada, acarretando uma ligeira elevação da força de trabalho feminina industrial que passou para 17,9% em 1960 (Saffioti, 1976, p. 241).

Ainda nos anos 1950, no setor de serviços e comércio, as mulheres passaram a representar 32,2% do total de trabalhadores dessa área, indicando uma elevação de 9,5%. Nessa época, do total das trabalhadoras (maiores de 10 anos) apenas 10% se encontravam desenvolvendo atividades fora do espaço reprodutivo; 84,1% dedicavam-se aos trabalhos domésticos ou estudavam, sendo que 5,9% das mulheres eram inativas, totalizando 90%. Do total da população economicamen-

3. A autora está se referindo ao período de 1907-1920 (Saffioti, 1976, p. 240).

te ativa, as mulheres atingiam no máximo 14,7% de participação. Segundo Saffioti (1976, p. 241),

> como a economia não conseguia absorver a totalidade da força de trabalho potencial da nação, as mulheres foram grandemente marginalizadas do processo produtivo de bens e serviços, justificando-se esta marginalização em termos de concepções tradicionais dos papéis femininos.

Em 1960, a força de trabalho feminina atinge 17,9% do total de trabalhadores, indicando uma ligeira elevação de 3,2%, em relação a 1950. No setor terciário, nesse mesmo período, o número de trabalhadoras cai de 32,2% para 30,7% e no espaço industrial a participação feminina teve um pequeno aumento, passando de 17,4% para 17,9% (Saffioti, 1976, p. 241).

É importante lembrar que uma comparação rigorosa entre os dados referentes ao período entre 1872 e 1960 é praticamente impossível, em razão dos diferentes critérios utilizados pelos diversos censos. De qualquer forma, esses dados permitem afirmar que a força de trabalho feminina se manteve em grande medida restrita ao espaço reprodutivo, desenvolvendo as atividades domésticas.

Já o censo de 1970 apresentou um crescimento em relação à força de trabalho feminina, chegando a alcançar 21% do total da população economicamente ativa. A inserção feminina assim se apresentava: no setor agrário, a participação encontrava-se na marca dos 9,7% do total dos efetivos, atingindo 24,7%, se se considerar somente a categoria das sem remuneração, e caindo para 6,5% se se reunirem os índices dos empregados, dos autônomos e dos empregadores; nas atividades secundárias, as trabalhadoras representavam 12,2% da totalidade dos trabalhadores, atingindo 24,7% dos não remunerados e caindo para 12,1%, se se considerarem os autônomos, empregados remunerados e empregadores; no setor de serviços e comércio, a presença feminina se encontrava na casa dos 37,8% da população economicamente ativa, sendo que esse número diminui para 23,5%, na categoria dos sem remuneração, subindo para 38,3% no total do conjunto das outras três categorias (Saffioti, 1976, p. 242).

Os anos 1970 foram, também, um marco para o movimento feminista. Desenvolveu-se um novo processo de conscientização da luta pela emancipação da mulher, sendo que nessa época a mulher trabalhadora acentuava a sua participação nas lutas de sua classe e na organização política e sindical. Mantinha-se o enfrentamento em relação ao discurso conservador que preconizava um destino natural para a mulher: ser mãe e esposa, mantendo o conceito de *família* como instituição básica e universal.

Era preciso, mais do que nunca, lutar pela emancipação econômica e social, pelo direito ao trabalho, com todas as especificidades que isso implicava, como, por exemplo, salários iguais para trabalhos iguais, além da reivindicação de uma divisão mais justa no trabalho doméstico, na esfera reprodutiva.

## A feminização do trabalho no Brasil recente

É a partir da década de 1980 que a tendência de menor participação da mulher no mundo produtivo se inverterá. Essa inversão será mantida até os dias de hoje, sendo esse momento denominado por algumas pesquisadoras como o da *feminização do mundo do trabalho*.[4] Desde então vem ocorrendo um constante crescimento da população feminina economicamente ativa, alcançando entre 1981 e 1998, 111,5%, acentuadamente maior que o masculino. Em relação à taxa de atividade, a evolução feminina continua crescente, saltando de 32,9%, em 1981, para 47,5%, em 1998. Em contrapartida, a taxa masculina de atividade mantém-se alta, mas estável, indicando até mesmo um leve declínio em 1998. Comparativamente, é nítido o crescimento da participação das mulheres entre os trabalhadores. Esse crescimento mostra um percentual de 31,3%, em 1981, e de 40,6%, em 1998. Nessa mesma

4. Esses pontos encontram-se mais amplamente desenvolvidos no livro *A feminização no mundo do trabalho*.

época, o contrário ocorreu com os homens, que passaram de 68,7%, em 1981, para 59,3%, em 1998[5] (Nogueira, 2004, p. 69).

Em junho de 2005, em um contingente de 21,9 milhões de pessoas economicamente ativas (voltadas para o mercado de trabalho), constatou-se, em pesquisa do IBGE, que os homens representavam 54,9% dessa população, enquanto as mulheres representavam 45,1% (<http://www.ibge.gov.br>).

QUADRO 1

População economicamente ativa, por gênero (junho de 2005)

| População economicamente ativa | Total | Recife | Salvador | Belo Horizonte | Rio de Janeiro | São Paulo | Porto Alegre |
|---|---|---|---|---|---|---|---|
| PEA — Masculina | 54,9 | 55,2 | 53,1 | 54,3 | 56,0 | 54,8 | 54,5 |
| PEA — Feminina | 45,1 | 44,8 | 46,9 | 45,7 | 44,0 | 45,2 | 45,5 |

*Fonte*: Indicadores IBGE (adaptado por Cláudia Mazzei Nogueira).

Essa tendência de feminização no mundo do trabalho também se efetivou em muitos segmentos do universo operário industrial. Nas

5. Segundo Cristina Bruschini, parte desse aumento, de 1993 em diante, foi provocado pela ampliação do conceito de trabalho adotada pelo IBGE. Este passou, desde 1992, a incluir atividades para o autoconsumo, para a produção familiar e para outras até então não consideradas como trabalho. Como essas atividades sempre foram realizadas por mulheres, os efeitos da nova metodologia incidiram sobre elas, enquanto as taxas masculinas permaneceram inalteradas no período. A nova metodologia, no entanto, ainda não avançou suficientemente a ponto de incluir a atividade doméstica realizada pelas donas de casa, que continua a ser classificada como inatividade econômica. Agora, mais visíveis e em maior número, as trabalhadoras passam a representar, em 1998, uma parcela de 40,6% da força de trabalho brasileira. Diz a autora: "O novo conceito de trabalho inclui: a) ocupações remuneradas em dinheiro, mercadorias ou benefícios (moradia, alimentação, roupas etc.), na produção de bens ou serviços; b) ocupações remuneradas em dinheiro ou benefícios no serviço doméstico; c) ocupações sem remuneração na produção de bens e serviços, desenvolvidas durante pelo menos uma hora na semana; em ajuda a membro da unidade domiciliar, conta-própria ou empregador; em ajuda a instituição religiosa, beneficente ou de cooperativismo; como aprendiz ou estagiário; d) ocupações desenvolvidas pelo menos uma hora por semana na produção de bens e na construção de edificações e benfeitorias para o uso próprio ou de pelo menos um membro da unidade domiciliar" (Bruschini e Lombardi).

indústrias têxteis (fio/tecido, vestuário) e de calçados, que ainda permanecem como os espaços fortemente femininos, cerca de 50% ou mais do contingente do operariado de cada uma dessas indústrias é composto por trabalhadoras.

Como se pode ver, essa tendência de feminização no mundo do trabalho também se efetivou no universo operário industrial. Ver o Quadro 2.

QUADRO 2

Distribuição percentual do pessoal ocupado em indústria de transformação, segundo o sexo — Brasil (1985/1993/1997)

| SETOR | 1985 | | 1993 | | 1997 | |
|---|---|---|---|---|---|---|
| | **91,48** | **8,52** | **89,00** | **11,00** | **89,62** | **10,38** |
| Metalurgia | 91,48 | 8,52 | 89,00 | 11,00 | 89,62 | 10,38 |
| Mat. elétrico /comunic. | 67,54 | 32,46 | 70,65 | 29,35 | 71,25 | 28,75 |
| Prod. Alimentícios | 75,90 | 24,10 | 67,45 | 32,55 | 64,39 | 35,61 |
| Bebidas | 90,95 | 9,05 | 90,92 | 9,08 | 85,13 | 14,87 |
| Fumo | 65,92 | 34,08 | 57,02 | 42,98 | 60,97 | 39,03 |
| Química | 82,96 | 17,04 | 81,54 | 18,46 | 82,06 | 17,94 |
| Farmacêutico | 67,16 | 32,84 | 64,07 | 35,93 | 64,11 | 35,89 |
| Cosméticos/Perfumaria | 66,80 | 33,20 | 59,38 | 40,62 | 61,63 | 38,37 |
| Mat. Plástico | 70,87 | 29,13 | 72,07 | 27,93 | 69,05 | 30,95 |
| Editorial/Gráfica | 78,23 | 21,77 | 73,27 | 26,73 | 67,96 | 32,04 |
| Mecânica | 91,79 | 8,21 | 84,74 | 15,26 | 82,89 | 17,11 |
| Mat. Transporte | 89,72 | 10,28 | 87,88 | 12,12 | 84,35 | 15,65 |
| Borracha | 85,29 | 14,71 | 87,07 | 12,93 | 77,45 | 22,55 |
| Fio/Tecido | 49,24 | 50,76 | 51,17 | 48,83 | 50,35 | 49,65 |
| Vestuário | 22,04 | 77,96 | 23,34 | 76,66 | 27,59 | 72,41 |
| Calçado | 54,74 | 45,26 | 49,50 | 50,50 | 50,70 | 49,30 |
| Outros | 80,11 | 19,89 | 82,48 | 17,52 | 83,53 | 16,47 |
| **Total** | **73,65** | **26,35** | **71,67** | **28,33** | **71,87** | **28,13** |

*Fonte*: IBGE/PNAD, 1985, 1993 e 1997 (Melo, 2002, p. 36).

Entre os anos de 1985 e 1997, nota-se que os setores químico, farmacêutico, cosmético e plástico absorvem a segunda grande concentração da força de trabalho feminina. No segmento da indústria metalúrgica, o percentual feminino ampliou-se de 8,52%, em 1985, para 10,38%, em 1997, sendo, entretanto, ainda considerada como a menor taxa de participação feminina na indústria.[6] Na indústria de alimentos, fumo e editorial/gráfica, a presença feminina oscila entre 30% e 40%, se se tomar como base o ano de 1997 (Melo, 2002, p. 36).

No total dos trabalhadores desse segmento das indústrias de transformação, em 1997 obtém-se a cifra de 71,87% da força de trabalho masculina e 28,13% da força de trabalho feminina. Mantendo a tendência de feminização no mundo do trabalho, a PNAD de 2003 apresenta um declínio do número de trabalhadores, que decai para 62,87%, e do de trabalhadoras, que sobe para 37,13% do total desse mesmo segmento (<http://www.ibge.gov.br>).

Se a presença feminina no mundo do trabalho é cada vez mais intensa e positiva, *permitindo à mulher dar um enorme passo (ainda que certamente bastante parcial) em seu processo de emancipação*, o mesmo não pode ser afirmado sobre a sua remuneração, conforme mostra o Quadro 3.

Pode-se constatar que a mulher, quando comparada aos homens, é predominante nas faixas de rendimentos mais baixos, apontando, assim, para uma acentuada desigualdade em relação aos valores médios pagos para os trabalhos realizados conforme o sexo.

Em 2003, a situação se mantém praticamente a mesma, como se pode ver no Quadro 4.

---

6. Em entrevista realizada com a diretora do Sindicato dos Metalúrgicos de Campinas e Região coletou-se, em depoimento, a hipótese de que a mulher trabalhadora, no setor da metalurgia, tem muito menos tempo disponível para qualificar-se uma vez que, fora da jornada de trabalho produtivo, a mulher operária realiza um conjunto de atividades reprodutivas, no espaço doméstico, que a impossibilitam de buscar uma melhor qualificação. Nas palavras da dirigente sindical: "É muito mais fácil para um homem, mesmo sendo casado, sair à noite para fazer um curso. As companheiras têm filhos para cuidar, têm a janta [...]" (ago. 2002).

QUADRO 3
Distribuição dos ocupados por sexo e faixas de rendimento — Brasil, 1990, 1993, 1995, 1998

| Classes de rendimento mensal (em salários mínimos) | 1990 | | 1993 | | 1995 | | 1998 | |
|---|---|---|---|---|---|---|---|---|
| | Homem | Mulher | Homem | Mulher | Homem | Mulher | Homem | Mulher |
| Até 1 s.m. | 19,9 | 33,3 | 25,5 | 35,7 | 19,0 | 28,2 | 18,4 | 25,8 |
| De 1 a 2 s.m. | 20,3 | 20,8 | 22,3 | 18,9 | 21,0 | 19,7 | 20,7 | 21,0 |
| De 2 a 5 s.m. | 29,3 | 21,9 | 25,1 | 14,3 | 28,1 | 18,5 | 29,7 | 21,3 |
| Mais de 5 s.m. | 22,8 | 12,5 | 15,0 | 6,4 | 20,3 | 10,1 | 19,6 | 11,0 |
| Sem rendimento | 7,0 | 11,0 | 10,9 | 23,8 | 10,3 | 22,7 | 10,0 | 19,9 |
| Total (%) | 100,0 | 100,0 | 100,0 | 100,0 | 100,0 | 100,0 | 100,0 | 100,0 |

*Fonte*: FIBGE, PNAD's (Bruschini e Lombardi, 2001, 2002, p. 195).

QUADRO 4
Distribuição dos ocupados por sexo e faixas de rendimento — Brasil, 2003

| Classes de rendimento mensal (em salários mínimos) | 2003 | |
|---|---|---|
| | Homens | Mulheres |
| Até 1/2 salário mínimo | 47,51 | 52,49 |
| De 1 a 2 salários mínimos | 59,38 | 40,62 |
| De 2 a 5 salários mínimos | 68,89 | 31,11 |
| De 5 a 10 salários mínimos | 68,90 | 31,10 |
| Mais de 20 salários mínimos | 81,06 | 18,94 |
| Sem rendimento | — | — |
| Total (%) | 100,0 | 100,0 |

*Fonte*: PNAD 2003 — IBGE (adaptado por Cláudia Mazzei Nogueira).

No Quadro 5, a seguir, pode-se notar que a mulher é praticamente majoritária em todos os setores de atividades cuja remuneração está estipulada em até dois salários mínimos. A única exceção é em relação ao setor agrícola onde, por exemplo, encontra-se a cifra de 16% de

QUADRO 5

Rendimento dos ocupados e ocupadas por setor de atividade — Brasil, 1995

| Sexo e ramos de atividade econômica | Total | | Classes de rendimento mensal (salários-mínimos) | | | | | |
|---|---|---|---|---|---|---|---|---|
| | (milhões) | % | Até 2 sm | Mais de 2 a 5 sm | Mais de 5 a 10 sm | Mais de 10 sm | Sem rendimento | Sem declaração |
| **Homens** | **41 863 309** | **100** | **40,0** | **28,1** | **12,0** | **8,3** | **10,3** | **1,2** |
| Agrícola | 11 907 665 | 100 | 55,0 | 11,2 | 2,6 | 1,7 | 27,9 | 1,5 |
| Indústria | 11 055 803 | 100 | 33,4 | 38,4 | 14,7 | 8,7 | 3,0 | 0,9 |
| Comércio de mercadorias | 5 552 828 | 100 | 38,4 | 31,5 | 13,3 | 9,9 | 5,7 | 1,1 |
| Prestação de serviços | 5 023 234 | 100 | 42,5 | 34,1 | 12,6 | 5,1 | 4,8 | 0,9 |
| Serv. Aux. da atividade econômica | 1 468 001 | 100 | 23,7 | 25,8 | 19,6 | 27,5 | 1,1 | 2,4 |
| Transporte e comunicações | 2 327 137 | 100 | 22,2 | 44,7 | 20,9 | 10,6 | 0,9 | 0,8 |
| Social | 1 516 906 | 100 | 28,9 | 28,5 | 19,4 | 19,6 | 2,3 | 1,4 |
| Administração Pública | 2 104 046 | 100 | 28,9 | 34,8 | 19,8 | 15,3 | 0,2 | 1,0 |
| Outr. Ativ., ativ. Mal-def. ou não declarada | 871 689 | 100 | 26,5 | 17,3 | 24,1 | 28,9 | 0,6 | 2,5 |
| **Mulheres** | **27 765 299** | **100** | **47,9** | **18,5** | **6,6** | **3,5** | **22,7** | **0,8** |
| Agrícola | 6 246 577 | 100 | 16,0 | 1,2 | 0,2 | 0,1 | 81,9 | 0,6 |
| Indústria | 2 584 601 | 100 | 49,1 | 30,7 | 7,5 | 4,5 | 7,2 | 1,0 |
| Comércio de mercadorias | 3 563 812 | 100 | 47,7 | 25,8 | 7,9 | 3,5 | 14,2 | 1,1 |
| Prestação de serviços | 8 283 126 | 100 | 77,9 | 13,7 | 2,5 | 0,8 | 4,5 | 0,6 |
| Serv. Aux. da atividade econômica | 812 032 | 100 | 34,3 | 29,2 | 18,1 | 12,2 | 3,7 | 2,3 |
| Transporte e comunicações | 215 653 | 100 | 26,7 | 36,7 | 20,9 | 11,9 | 2,5 | 1,2 |
| Social | 4 527 094 | 100 | 45,2 | 32,8 | 13,5 | 6,2 | 1,5 | 0,7 |
| Administração Pública | 1 070 120 | 100 | 37,7 | 27,5 | 19,3 | 13,9 | 0,2 | 1,5 |
| Outr. Ativ., ativ. Mal-def. ou não declarada | 462 284 | 100 | 19,6 | 27,2 | 26,8 | 22,2 | 1,5 | 2,6 |

*Fonte*: FIBGE, PNAD 1995 (Bruschini, 2000, p. 45).

mulheres e de 55% de homens que ganham até dois salários mínimos. No entanto, essa discrepância é amplamente elucidada quando se observa a coluna que se refere aos trabalhadores(as) agrícolas sem nenhum rendimento, indicando que 81,9% das mulheres encontram-se nessa situação, contra 27,9% dos homens, *uma verdadeira radiografia do espaço agrário brasileiro*.

Em grande medida, esses dados permitem afirmar que, se o valor pago para a força de trabalho feminina é, na maioria das vezes, muito menor do que o pago para a masculina, *a precarização no mundo do trabalho está atingindo muito mais a mulher trabalhadora, acarretando uma acentuação das desigualdades entre os sexos.*

Dados recentes mostram que poucas mudanças ocorreram nesta realidade. A desigualdade salarial nos mesmos ramos de atividade entre trabalhadoras e trabalhadores continua muito acentuada, como poderemos verificar no próximo quadro que retrata o ano de 2003.

Essa questão também foi estudada por Hirata e Doaré (1999, p. 17-18), que afirmaram estarem as diferenças salariais relativas a trabalho igual, até mesmo em países que assinaram as convenções da Organização Internacional do Trabalho (OIT), que em tese proíbem as diferenças salariais. No setor industrial dos países de economia avançada, o salário médio das mulheres representa três quartos do salário dos homens, devido, em grande medida, a uma menor qualificação do posto de trabalho e, também, a uma divisão desigual entre os ramos econômicos e os espaços ocupados de trabalho.

A divisão sexual do trabalho existente é, portanto, central para a manutenção dessas desigualdades. Por exemplo, a divisão sexual do trabalho doméstico, com a ausência da remuneração, funda e legitima socialmente as disparidades de salários citadas acima. Pode-se, além disso, ressaltar que essas desigualdades são reforçadas pela representação do trabalho masculino como de maior importância e de valor superior à do trabalho e das "qualidades" femininas.[7]

7. Sobre a divisão sexual do trabalho, ver também *O trabalho duplicado: a divisão sexual no trabalho e na reprodução — um estudo das trabalhadoras do telemarketing* (Nogueira, 2006).

QUADRO 6

Rendimento dos ocupados e ocupadas por setor de atividade — Brasil, 2003

| Sexo e ramos de atividade econômica | Total | | Classes de rendimento mensal (salários-mínimos) | | | | | |
|---|---|---|---|---|---|---|---|---|
| | (milhões) | % | Até 2 sm | Mais de 2 a 5 sm | Mais de 5 a 10 sm | Mais de 10 sm | Sem rendimento | Sem declaração |
| **Homens** | **46 401 003** | **100** | **51,52** | **27,03** | **6,90** | **4,99** | **8,14** | **1,42** |
| Agrícola | 11 118 218 | 100 | 60,30 | 8,70 | 1,78 | 1,20 | 26,85 | 1,16 |
| Indústria | 7 309 354 | 100 | 46,67 | 35,77 | 8,51 | 6,25 | 1,69 | 1,12 |
| Comércio de mercadorias | 8 818 184 | 100 | 52,82 | 29,41 | 7,85 | 4,56 | 3,73 | 1,64 |
| Prestação de serviços | — | — | — | — | — | — | — | — |
| Serv. Aux. da atividade econômica | — | — | — | — | — | — | — | — |
| Transporte e comunicações | 3 262 334 | 100 | 39,94 | 43,18 | 9,39 | 5,41 | 0,76 | 1,32 |
| Social | 1 601 705 | 100 | 35,57 | 32,86 | 13,56 | 14,86 | 1,28 | 1,80 |
| Administração Pública | 2 488 809 | 100 | 34,22 | 37,96 | 16,68 | 9,74 | 0,25 | 1,14 |
| Outr. Ativ., ativ. Mal-def. ou não declarada | 3 658 730 | 100 | 38,62 | 32,71 | 11,85 | 13,62 | 0,60 | 2,59 |
| **Mulheres** | **32 849 624** | **100** | **58,54** | **17,28** | **4,40** | **2,18** | **16,60** | **0,99** |
| Agrícola | 5 291 165 | 100 | 17,58 | 1,0 | 0,16 | 0,13 | 80,66 | 0,47 |
| Indústria | 4 077 662 | 100 | 72,10 | 16,73 | 3,76 | 1,83 | 4,70 | 0,87 |
| Comércio de mercadorias | 5 229 293 | 100 | 62,78 | 20,14 | 4,23 | 1,53 | 10,22 | 1,10 |
| Prestação de serviços | — | — | — | — | — | — | — | — |
| Serv. Aux. da atividade econômica | — | — | — | — | — | — | — | — |
| Transporte e comunicações | 418 275 | 100 | 45,37 | 38,11 | 7,48 | 4,61 | 3,19 | 1,24 |
| Social | 5 485 592 | 100 | 50,06 | 34,32 | 9,02 | 3,81 | 1,33 | 1,10 |
| Administração Pública | 1 453 387 | 100 | 48,83 | 27,44 | 13,40 | 9,66 | 0,38 | 0,99 |
| Outr. Ativ., ativ. Mal-def. ou não declarada | 1 993 131 | 100 | 45,77 | 31,88 | 11,04 | 7,14 | 1,96 | 2,22 |

*Fonte*: FIBGE, PNAD 1995 (Bruschini, 2000, p. 45).

Bruschini (2000), utilizando-se dos dados da OIT, também confirma essa tendência à desigualdade salarial entre homens e mulheres trabalhadoras como sendo generalizada, logo, recorrente não só no Brasil. Em suas palavras:

> Segundo a OIT/Organização Internacional do Trabalho, para o período 1991-1996, no Brasil, o rendimento recebido pelas mulheres em trabalhos não agrícolas correspondia a 72% daquele recebido pelos homens; na França, a 81% do masculino e no Japão a 62%. (Bruschini, 2000, p. 181)

Uma outra questão muito importante (apesar de não ser objeto desse estudo), que também é indicada por Bruschini (2000), diz respeito à intensificação da precarização no mundo do trabalho, quando se soma à questão de gênero a dimensão de raça/cor. Afirma a autora que, em primeiro lugar, a situação desfavorável é a dos trabalhadores da raça negra no mercado de trabalho e, em segundo, a posição duplamente desfavorável das mulheres negras. Num contínuo decrescente de rendimentos, os homens brancos vêm em primeiro lugar, seguidos das mulheres brancas, dos homens negros e, por último, das mulheres negras (Bruschini, 2000, p. 182).

A comprovação dessa situação pode ser encontrada também em uma pesquisa feita na região metropolitana de Salvador, com dados coletados junto ao Instituto Sindical Interamericano pela Igualdade Racial (Inspir) e ao Departamento Intersindical de Estatística e Estudos Sócio-Econômicos (Dieese), referentes a 1999:

> [...] na região metropolitana de Salvador — onde 81% da população economicamente ativa é negra — ganham mais de cinco salários mínimos 54% dos brancos, 32% das brancas, 19% dos negros, e 9% das negras. Na região de São Paulo, 51% dos homens brancos ganhavam mais de cinco SM, 34% das mulheres brancas e apenas 28% dos homens negros e 10% das mulheres negras. É verdade que essa acentuada precarização, presente no mercado de trabalho, só pode ser indicada com amplitude de esclarecimento, através de estudos mais aprofundados, que contemplem as raízes históricas dessa questão, proporcionando, além de uma análise da discriminação de raça e gênero, um enfoque das diferenças nas

inserções socioeconômicas que se relacionam com inúmeras formas de acesso à riqueza, à cultura, à educação etc. (Inspir; Dieese *apud* Bruschini, 2000, p. 182)

Uma outra dimensão que acentua as diferenças de gênero é a relação de tempo das jornadas de trabalho. Em geral, quanto menor é a duração do tempo de trabalho, maior é a presença feminina. No Quadro seguinte, de número 7, pode-se comprovar essa tendência do mercado de trabalho.

QUADRO 7

Total de ocupados e ocupadas, por horas semanais trabalhadas — Brasil, 1995

| Grupos de horas semanais trabalhadas no trabalho principal | Total (milhões) |
|---|---|
| **Homens** | **41 849 785** |
| Até 14 | 1 001 056 |
| 15 a 39 | 6 546 326 |
| 40 a 44 | 14 882 407 |
| 45 a 48 | 8 774 228 |
| 49 ou mais | 10 645 768 |
| **Mulheres** | **27 758 501** |
| Até 14 | 3 414 902 |
| 15 a 39 | 9 620 116 |
| 40 a 44 | 7 760 331 |
| 45 a 48 | 3 273 359 |
| 49 ou mais | 3 689 793 |

*Fonte*: FIBGE, PNAD 1995 (Tabela 4.27) (Bruschini, 2000, p. 46). Adaptado por Cláudia Mazzei Nogueira.

Obs.: Excluídos casos de "Sem declaração" nos totais das categorias.

Através dos dados referidos no Quadro 7 percebe-se que na jornada de trabalho de 40 a 44 horas de trabalho semanais, encontram-se presentes 7.760.331 mulheres. Para a mesma quantidade de horas trabalhadas, a presença masculina é quase o dobro, totalizando a cifra de 14.882.407. Se se aumentarem ainda mais as horas trabalhadas, para 49 horas ou mais, observar-se-á que a relação praticamente triplica: os homens se encontram na faixa de 10.645.768 e as mulheres na faixa de 3.689.793. As exceções, neste quadro, são dadas pela presença majoritária das mulheres nos trabalhos de até 14 horas semanais e nos de 15 a 39 horas, já que os dados mostram que são 3.414.902 mulheres, contra 1.001.056 homens e 9.620.116 mulheres, contra 6.546.326 homens, respectivamente.

Quase uma década depois, a situação continua praticamente a mesma, conforme se pode perceber no Quadro 8, a seguir.

**QUADRO 8**
Total de ocupados e ocupadas, por horas semanais trabalhadas — Brasil, 2003

| Grupos de horas semanais trabalhadas no trabalho principal | Total (milhões) |
|---|---|
| **Homens** | **46 372 747** |
| Até 14 | 1 566 407 |
| 15 a 39 | 7 544 185 |
| 40 a 44 | 16 260 059 |
| 45 a 48 | 9 416 329 |
| 49 ou mais | 11 585 767 |
| **Mulheres** | **32 841 328** |
| Até 14 | 3 882 114 |
| 15 a 39 | 10 640 133 |
| 40 a 44 | 10 000 730 |
| 45 a 48 | 4 132 381 |
| 49 ou mais | 4 185 970 |

*Fonte*: FIBGE, PNAD 2003 (adaptado por Cláudia Mazzei Nogueira).
Obs.: Excluídos casos de "Sem declaração" nos totais das categorias.

Podemos afirmar, então, que essa realidade é mais um elemento que sugere uma maior precarização da força de trabalho feminina, pois, na maioria das vezes, os trabalhos de pequenas jornadas são aqueles que têm também uma menor remuneração salarial.

Quando se constata que a tendência do trabalho em tempo parcial está reservada mais para a mulher trabalhadora, levanta-se a hipótese de que essa situação ocorre porque o capital necessita também do tempo de trabalho das mulheres na esfera reprodutiva, sendo isso imprescindível para o processo de valorização, uma vez que seria impossível para o capital realizar seu ciclo produtivo sem o trabalho feminino realizado na esfera doméstica (Antunes, 1999, p. 110).

Apesar de se entender que a forte inserção no mundo do trabalho tenha significado um avanço real para a mulher trabalhadora, percebe-se também que essa *acentuada participação feminina no espaço produtivo tem sido marcada pela precariedade*. Por exemplo, o Quadro 9 mostra que, na distribuição dos trabalhos precários, a quantidade de mulheres que se encontra nessa condição é três vezes superior à masculina.

**QUADRO 9**

Distribuição de homens e mulheres em posições precárias — Brasil

| Totais e alguns indicadores | 1993 | 1998 | 2003 |
|---|---|---|---|
| Total de Homens em posições precárias | 11,2 | 10,1 | — |
| Total de Mulheres em posições precárias | 40,0 | 36,4 | — |
| Trabalhadoras domésticas | 16,6 | 16,9 | 7,17 |
| Não possuem carteira de trabalho | 83,9 | 76,4 | 69,03 |
| Ganham até 2 salários-mínimos | 96,5 | 88,5 | 24,64 |
| Não remuneradas | 13,5 | 11,4 | — |
| Consumo próprio | 9,9 | 8,1 | — |

*Fonte*: FIBGE, PNAD's (Bruschini e Lombardi, 2001, 2002, p. 193).

Constata-se, no quadro anterior, que entre os anos de 1993 e 1998 há um pequeno declínio relativo à força de trabalho feminina em empregos precários, mas, mesmo assim, em 1998, 36,4% das mulheres (o que significa, mais ou menos, 10 milhões de trabalhadoras) ocupam espaços precários no mercado de trabalho. Dentre eles, por exemplo, pode-se lembrar o trabalho doméstico (sem registro em carteira ou que recebem até 2 salários mínimos), ou ainda as atividades sem remuneração e trabalhos destinados ao consumo próprio.

Nota-se no Quadro 10, a seguir, que nos anos noventa do século passado, o maior declínio de empregos com carteira registrada ocorre entre os homens (61% em 1990 e 54,4% em 1998), se comparados às mulheres (55,1% em 1990 e 53,5% em 1998) sendo que, nos últimos anos da década anterior, o percentual de registro havia aumentado para ambos os sexos. (Bruschini, Lombardi, 1996)

**QUADRO 10**
Empregados por sexo e carteira de trabalho assinada — Brasil

| Sexo e tipo de vínculo | 1990 | 1995 | 1998 | 2003 | Proporção de empregados com carteira | | | |
|---|---|---|---|---|---|---|---|---|
| | | | | | 1990 | 1995 | 1998 | 2003 |
| | (em milhões) | | | | % | | | |
| Total de empregados | 40,1 | 35,6 | 36,7 | 37,8 | — | — | — | — |
| — com carteira assinada | 23,6 | 19,6 | 19,9 | 23,7 | 58,8 | 55,1 | 54,1 | 62,7 |
| Homens empregados | 25,4 | 24,0 | 24,3 | 25,1 | — | — | — | — |
| — com carteira assinada | 15,5 | 13,3 | 13,2 | 15,2 | 61,0 | 55,6 | 54,4 | 60,6 |
| Mulheres empregadas | 14,7 | 11,6 | 12,5 | 12,7 | — | — | — | — |
| — com carteira assinada | 8,1 | 6,3 | 6,7 | 8,4 | 55,1 | 54,2 | 53,5 | 66,1 |

*Fonte*: FIBGE: PNAD's.
* Estão excluídos empregados domésticos.

Cabe lembrar que no período considerado, além da perda dos postos formais de trabalho ter sido mais intensa entre os homens do que entre as mulheres, a sua recuperação, até 1998, também foi bem menor do que a feminina, sendo mantida essa tendência também em 2003.

Ainda segundo Bruschini e Lombardi (1996), esse processo de flexibilização das relações de trabalho no mercado global e a perda de postos de trabalho no mercado formal, que teriam atingido principalmente os homens, poderia vir a deslocar as trabalhadoras de alguns de seus mais tradicionais espaços de trabalho. Entretanto, como elas sempre estiveram mais concentradas em atividades do setor terciário, que tem como uma de suas características a incorporação da população economicamente ativa, em virtude da queda de capacidade da indústria de gerar novos postos de trabalho, isso poderia ser visto como um processo mais benéfico para as mulheres, justificando a maior facilidade que elas vêm encontrando para se inserirem no mercado de trabalho.

Esses elementos podem ser observados de modo mais detalhado no Quadro 11, a seguir, que fornece o perfil das atividades femininas e seus respectivos setores (com exceção do setor agrícola).

Neste quadro pode-se identificar que as áreas de maior incidência da força de trabalho feminina são realmente as que se concentram nas atividades do setor de serviços. Entre elas destacam-se: os serviços *domésticos* (25,24%, em 1997), de escritório (14,83% em 1997), judiciários, ensino e saúde (12,85%, em 1997) e o comércio varejista e atacadista (6,52% em 1997). Na área da indústria, os destaques são: confecção de vestuário (9,54% em 1997), setor têxtil (1,70% em 1997), e confecção de sapatos e acessórios (1,45% em 1997).

Tratando também dessa questão, Laís Abramo lembra que a segmentação ocupacional de gênero reflete a concentração do emprego feminino em um número pequeno e específico de setores e ocupações que são consideradas tradicionalmente femininas, restringindo o seu acesso a outras profissões além também de outras qualificações. (Abramo apud Cunha, 1999, 2000, p. 132).

E complementa que a essa segmentação horizontal soma-se uma segregação vertical, ou seja, a concentração das mulheres em patama-

QUADRO 11

Perfil das mulheres economicamente ativas ocupadas em atividades não agrícolas por atividade

| Especificação | 1997 (em %) | 1990 (em %) | 1981 (em %) |
|---|---|---|---|
| Serviços domésticos | 25,24 | 20,02 | 23,14 |
| Escritório | 14,83 | 13,53 | 12,39 |
| Serviços judiciários, ensino e saúde | 12,85 | 12,21 | 12,27 |
| Comércio varejo e atacadista | 6,52 | 7,26 | 8,60 |
| Confecção de vestuário | 9,54 | 8,33 | 6,42 |
| Serviços de hotel, bares e restaurantes | 3,75 | 5,07 | 5,12 |
| Serviços auxiliares | 4,84 | 6,30 | 4,59 |
| Comerciante por conta própria | 2,45 | 3,82 | 4,47 |
| Comerciante ambulante | 2,30 | 3,24 | 3,61 |
| Técnicos e profissionais de escritório e laboratório | 2,24 | 2,75 | 2,75 |
| Serviços de barbearia e beleza | 1,56 | 1,90 | 2,25 |
| Outros proprietários | 0,92 | 2,14 | 2,17 |
| Ocupações genéricas de produção | 1,68 | 1,63 | 1,41 |
| Ministro, diretores e assessores | 0,72 | 0,90 | 1,01 |
| Serviço de comunicações | 0,77 | 0,76 | 0,75 |
| Confecção de sapatos e acessórios | 1,45 | 1,05 | 0,68 |
| Serviços de recreação e artesanato | 0,31 | 0,63 | 0,65 |
| Serviços financeiros, corretagem e seguros | 0,25 | 0,33 | 0,57 |
| Indústria de cerâmica, artigos de borracha, cimento e madeira | 0,67 | 0,49 | 0,49 |
| Indústria têxtil | 1,70 | 1,17 | 0,47 |
| Funcionário público | 0,32 | 0,50 | 0,41 |
| Indústria de alimentação e fumo | 0,56 | 0,52 | 0,40 |
| Serviço transporte | 0,21 | 0,15 | 0,28 |
| Proprietários | 0,03 | 0,21 | 0,25 |
| Indústria metalúrgica | 0,35 | 0,25 | 0,20 |
| Esportes | 0,30 | 0,21 | 0,18 |
| Trabalhos braçais | 0,23 | 0,21 | 0,18 |
| Indústria gráfica e papel | 0,11 | 0,16 | 0,18 |
| Serviço de segurança pública | 0,06 | 0,12 | 0,16 |
| Construção civil | 0,06 | 0,15 | 0,12 |
| Serviços de reparação | 0,0028 | 0,0031 | 0,0011 |
| Indústria elétrico e eletrônico | 0,05 | 0,04 | 0,11 |
| Religiosos | 0,06 | 0,10 | 0,07 |
| Sem declaração | 0,04 | 0,05 | 0,01 |
| Outros | 2,78 | 3,53 | 5,56 |
| Total percentual | 100,00 | 100,00 | 100,00 |
| Total de ocupadas | 21 219 298 | 18 542 558 | 10 954 379 |

*Fonte*: PNAD, elaborado por Lavinas (2002, p. 39).

res mais baixos de salários representa postos de trabalho com pior remuneração e maior instabilidade (Id., ibid.).

Dessa forma, pôde-se constatar que a década de 1990 no Brasil foi marcada por uma profunda reestruturação produtiva somada à desregulamentação do trabalho. A acentuada precarização do trabalho, que se mantém no início do século XXI, é fator resultante dessas transformações na organização social do trabalho, na qual o desemprego é um outro forte exemplo.

Nesse sentido, o desemprego assume proporções novas durante a última década, sendo as mulheres trabalhadoras as mais atingidas. É certo que as taxas de desemprego feminino e masculino eram similares em 1991, sendo levemente mais elevadas para as mulheres. Entretanto, no decorrer dessa década, o desemprego tornou-se muito mais acentuado entre as mulheres, cujas taxas se distanciaram do padrão até então existente entre os sexos (Lavinas, 2002, p. 16-17).

Em 1991, o índice de desemprego masculino era de 4,81% e o feminino de 4,89%, indicando um percentual de defasagem de 0,08% a favor das mulheres. Ao longo dessa década, o desemprego foi-se acentuando, chegando o trabalhador a alcançar o índice de 7,17%, em 1998, e as trabalhadoras 8,75%. Esses dados permitem afirmar que o desemprego atingiu mais a força de trabalho feminina, já que, de 1991 a 1998, o crescimento do desemprego atingiu cerca de 2,4% dos homens, enquanto para as mulheres praticamente alcançou a marca dos 4%.

A tendência de crescimento do desemprego se mantém também em 2003, alcançando a cifra de 10,7% para os trabalhadores e de 15,7% para as trabalhadoras. No entanto, a partir de 2004, inicia-se uma tendência decrescente dessa taxa: os homens passam para 9,4% de desemprego e as mulheres para 14,6%. Já em 2005, a diminuição do desemprego para ambos os sexos fica mais evidente, apresentando em junho desse ano uma taxa de 7,3% para a força de trabalho masculina e 11,9% para a força de trabalho feminina[8] (<http://www.ibge.gov.br>).

8. Foram classificadas como desocupadas as pessoas sem trabalho que tomaram alguma providência efetiva de procura de trabalho no período de referência especificado (semana de referência ou período de referência de 365 dias).

Mesmo constatando essa tendência de redução na taxa de desemprego para ambos os sexos, a mulher continua alcançando os maiores índices. Segundo Lavinas (2002), esse crescimento do desemprego feminino parece estar articulado a fenômenos importantes relacionados ao comportamento dos grupos sociais de gênero no mundo do trabalho nacional.

Inicialmente, convém frisar que as mulheres apresentam uma forma de ingresso no mercado de trabalho diferente dos homens. Como já se viu, sua taxa de participação, embora em crescimento acentuado e contínuo, é ainda inferior à dos homens, sendo que entre estes a tendência é de recuo, conforme mostra o Quadro 12 a seguir.

QUADRO 12

Percentual de pessoas ocupadas na semana de referência, na população de 10 anos ou mais de idade, segundo o sexo — Brasil, 1992-2002

| | 1992 | 1993 | 1995 | 1996 | 1997 | 1998 | 1999 | 2001 | 2002 |
|---|---|---|---|---|---|---|---|---|---|
| Total | 57,5 | 57,3 | 57,6 | 55,1 | 55,4 | 54,8 | 55,1 | 54,8 | 55,7 |
| Homens | 72,4 | 71,9 | 71,3 | 69,0 | 69,2 | 68,3 | 67,9 | 67,4 | 67,8 |
| Mulheres | 43,4 | 43,5 | 44,6 | 41,9 | 42,5 | 42,0 | 43,0 | 43,1 | 44,5 |

*Fonte*: IBGE, Pesquisa Nacional por Amostra de Domicílios. (Exclusive as pessoas da área rural de Rondônia, Acre, Amazonas, Roraima, Pará e Amapá.)

Os níveis de ocupação por sexo do período de 1992 a 2002 mostram que o ingresso feminino no mercado de trabalho, que foi acentuado na década de 1980, retomou seu crescimento. O quadro ainda mostra que o nível da ocupação da população masculina manteve-se em queda, com nítida retração em 1996. Em 2002, alcançou 67,8% acima do ano anterior, mas bem abaixo de 1992. Já o nível de ocupação feminino também se retraiu em 1996, mas recuperou-se em 1999 e atingiu 44,5% em 2002, praticamente o mesmo nível de 1995, que foi o topo do período.

O outro fator é fornecido pela existência de um elemento sazonal mais profundo no desemprego das mulheres que no dos homens. Essa característica do desemprego feminino permite inferir que as mulheres estão mais sujeitas aos postos de trabalho temporários e menos estáveis que os homens, sendo, portanto, mais suscetíveis à demanda por força de trabalho sazonal (Lavinas, 2002, p. 18).

Por último, o desemprego feminino é dado pela "heterogeneidade social entre as mulheres", oferecendo destinos diferenciados que surgem em decorrência das transformações da economia dirigidas a uma maior flexibilização dos direitos sociais e, por consequência, a necessidades distintas em termos de políticas públicas[9] (Lavinas, 2002, p. 18).

Tomando-se por base os dados indicados no artigo sobre a precarização do trabalho feminino no Brasil, conclui-se que a flexibilização e a desregulamentação do mundo do trabalho vêm atingindo de forma acentuada toda a classe trabalhadora, *mas de maneira mais intensa e particular quando se trata da mulher trabalhadora.*

Sabe-se que as mulheres já ocupavam, na maioria das vezes, as funções mais precarizadas. Os dados nos mostraram que, com a reestruturação produtiva, elas estão vivenciando taxas ainda maiores de informalidade e condições mais adversas no espaço do trabalho.

Isso faz lembrar Segnini (1999, 2000, p. 37) quando afirmou que as mulheres foram pioneiras na ocupação dos postos de trabalho precários, que vieram, para ambos os sexos, no contexto da reestruturação produtiva. É bom também lembrar que até hoje elas continuam campeãs em informalidade e precariedade e começam a ser, ainda, atingidas intensamente pelo desemprego em vários setores do mundo do trabalho.

---

9. Em relação a essa questão, Lavinas (1999, p. 182) afirma: "No âmbito das políticas públicas de emprego, de implementação bastante recente no Brasil — a mais consolidada sendo o seguro-desemprego — são escassas as informações discriminadas por sexo, apesar de haver conhecimento e consciência acerca das desigualdades de gênero no mercado de trabalho. Se tais informações existem — e devem existir, pois o Brasil tem ratificado várias convenções internacionais, dentre elas algumas da OIT que defendem a geração de informações discriminadas por sexo em todos os níveis — não são objeto de divulgação, limitando-se a uma coleta cadastral. Tornam-se, assim, itens de questionários, onde se mantém uma informação básica, que não tem tratamento, análise e interpretação posteriores que possam orientar a formulação de políticas sociais voltadas para uma maior equidade de gênero. Informação, portanto, que acaba desqualificada não pela falta de virtudes intrínsecas, mas por ser destituída de uso e finalidade". (Ver também Azeredo, 1997, p. 359).

Por fim, este texto procurou mostrar que, apesar de toda a flexibilização do mundo do trabalho, decorrente prioritariamente da reestruturação produtiva, o aumento da inserção das mulheres continua ocorrendo intensamente. Dessa forma, *a questão que ainda persiste é de como compatibilizar o acesso ao trabalho pelas mulheres — um fator importante do seu processo de emancipação — com a eliminação das desigualdades existentes na divisão sexual do trabalho, já que essa situação entre trabalhadores e trabalhadoras vem sendo centralmente voltada para o atendimento dos interesses de valorização do capital.*

## Referências bibliográficas

ABRAMO, L. *Inserción laboral de las mujeres en América Latina*: una fuerza de trabajo secundaria? Trabalho apresentado no Seminário Temático Interdisciplinar: Os estudos do trabalho. São Paulo, 2000. (Mimeo.)

ANTUNES, R. *Adeus ao trabalho?* São Paulo: Cortez, 2000.

______. *Os sentidos do trabalho*. São Paulo: Boitempo, 1999.

AZEREDO, B. *Políticas públicas de emprego no Brasil*: a experiência recente. Tese (Doutorado) — Instituto de Economia, Universidade Federal do Rio de Janeiro, Rio de Janeiro, 1997.

BRUSCHINI, C. Gênero e trabalho no Brasil: novas conquistas ou persistência da discriminação? In: ROCHA, M. I. B. *Trabalho e gênero*: mudanças, permanências e desafios. São Paulo: Ed. 34, 2000.

______. O trabalho da mulher brasileira nos primeiros anos da década de noventa. In: ENCONTRO NACIONAL DE ESTUDOS POPULACIONAIS, 4., *Anais...*, Caxambu: Abep, 1996.

______. *Trabalho feminino no Brasil no final do século*: ocupações tradicionais e novas conquistas. São Paulo: Fundação Carlos Chagas, 1996. (Mimeo.)

______; LOMBARDI, M. R. Instruídas e trabalhadeiras: trabalho feminino no final do século XX. *Cadernos Pagu*, São Paulo, ns. 17-18, p. 157-96, 2001/02.

CUNHA, M. A. Gênero no trabalho: desemprego, exclusão e precariedade. *Trabalho e Educação*, revista do Nete/UFMG, Belo Horizonte, n. 6, p. 125-41, jul./dez. 1999; jan./jun. 2000.

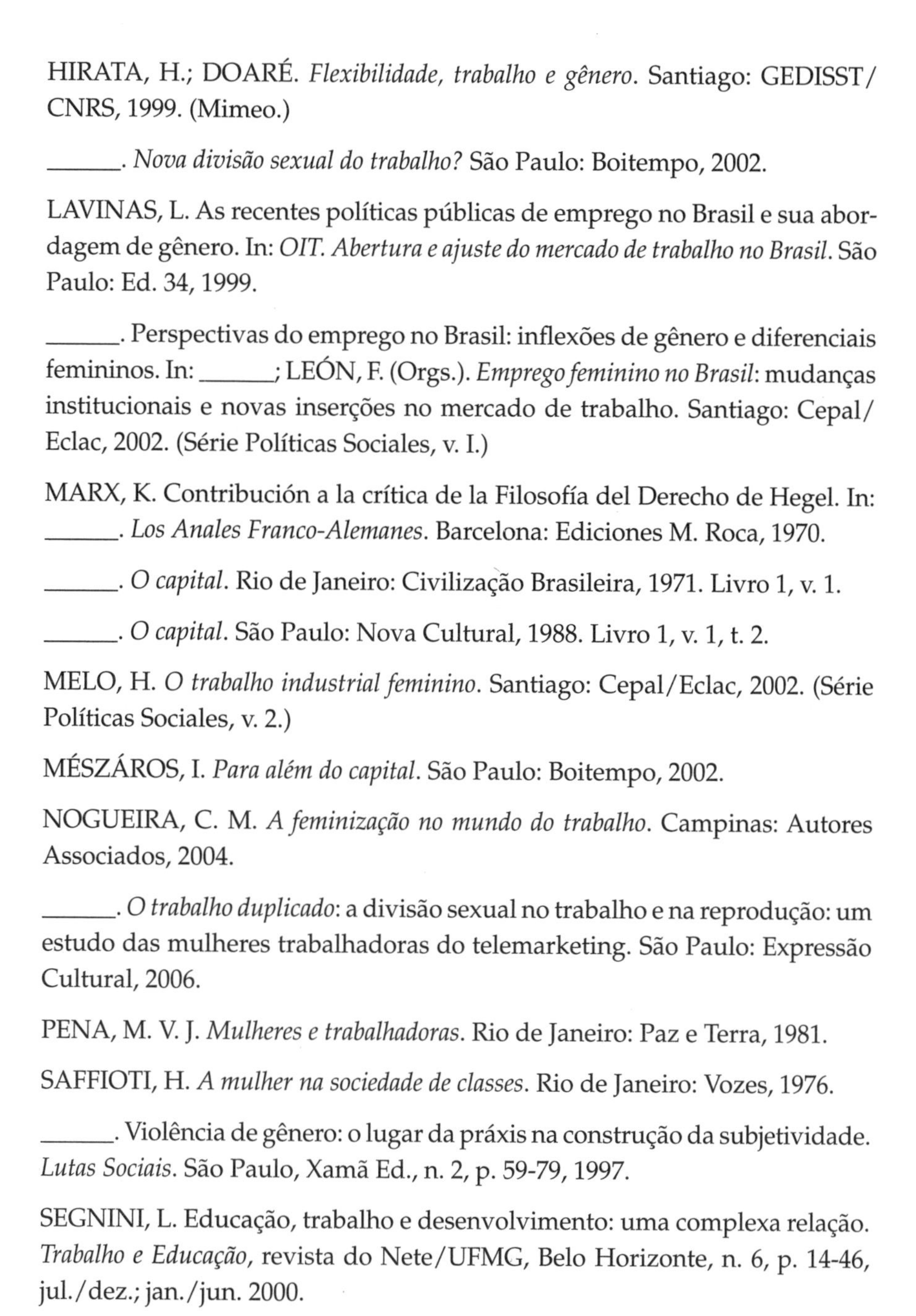

HIRATA, H.; DOARÉ. *Flexibilidade, trabalho e gênero*. Santiago: GEDISST/ CNRS, 1999. (Mimeo.)

______. *Nova divisão sexual do trabalho?* São Paulo: Boitempo, 2002.

LAVINAS, L. As recentes políticas públicas de emprego no Brasil e sua abordagem de gênero. In: *OIT. Abertura e ajuste do mercado de trabalho no Brasil*. São Paulo: Ed. 34, 1999.

______. Perspectivas do emprego no Brasil: inflexões de gênero e diferenciais femininos. In: ______; LEÓN, F. (Orgs.). *Emprego feminino no Brasil*: mudanças institucionais e novas inserções no mercado de trabalho. Santiago: Cepal/ Eclac, 2002. (Série Políticas Sociales, v. I.)

MARX, K. Contribución a la crítica de la Filosofía del Derecho de Hegel. In: ______. *Los Anales Franco-Alemanes*. Barcelona: Ediciones M. Roca, 1970.

______. *O capital*. Rio de Janeiro: Civilização Brasileira, 1971. Livro 1, v. 1.

______. *O capital*. São Paulo: Nova Cultural, 1988. Livro 1, v. 1, t. 2.

MELO, H. *O trabalho industrial feminino*. Santiago: Cepal/Eclac, 2002. (Série Políticas Sociales, v. 2.)

MÉSZÁROS, I. *Para além do capital*. São Paulo: Boitempo, 2002.

NOGUEIRA, C. M. *A feminização no mundo do trabalho*. Campinas: Autores Associados, 2004.

______. *O trabalho duplicado*: a divisão sexual no trabalho e na reprodução: um estudo das mulheres trabalhadoras do telemarketing. São Paulo: Expressão Cultural, 2006.

PENA, M. V. J. *Mulheres e trabalhadoras*. Rio de Janeiro: Paz e Terra, 1981.

SAFFIOTI, H. *A mulher na sociedade de classes*. Rio de Janeiro: Vozes, 1976.

______. Violência de gênero: o lugar da práxis na construção da subjetividade. *Lutas Sociais*. São Paulo, Xamã Ed., n. 2, p. 59-79, 1997.

SEGNINI, L. Educação, trabalho e desenvolvimento: uma complexa relação. *Trabalho e Educação*, revista do Nete/UFMG, Belo Horizonte, n. 6, p. 14-46, jul./dez.; jan./jun. 2000.

# CAPÍTULO 5

## A apropriação da noção de competência nas políticas de educação profissional desenvolvidas no Brasil a partir dos anos 1990

*Salviana de Maria Pastor Santos Sousa*
*Maria Eunice Ferreira Damasceno Pereira*

### Introdução

Neste artigo reflete-se sobre a noção de competência enquanto um conceito fundante das Políticas Públicas de Educação Profissional desenvolvidas no Brasil, a partir dos anos 1990. Essas políticas foram materializadas no Plano Nacional de Formação do Trabalhador (Planfor), criado no governo Fernando Henrique Cardoso e desenvolvido de 1996 a 2002, e no Plano Nacional de Qualificação (PNQ), criado em 2003, no início do governo Lula, abalizado nas denúncias de ineficiência e ineficácia do primeiro.

Pelo seu desenho, as duas políticas buscam responder no país a um duplo propósito: aos efeitos dos processos de globalização da economia, da reestruturação produtiva e da reforma do Estado sobre o mercado de trabalho; e aos dilemas históricos do país no campo da educação profissional.

Nesse sentido, os processos de qualificação e requalificação propostos nessas políticas estão voltados para os trabalhadores, independentemente de sua escolaridade, isto é, para o nível básico da educação profissional, de acordo com o que foi instituído pela Lei de Diretrizes e Bases da Educação Nacional, aprovada em 1996.[1]

Porém, a despeito do reconhecimento de que o governo não pode se abster de atender aos compromissos históricos com a grande massa de despossuídos no país, tendo que abarcar nas políticas duas categorias de demandas com natureza diversa, a qualificação desenhada apresenta um deslocamento gradual da noção tradicional de qualificação, que associa "um saber, uma responsabilidade, uma carreira e um salário" (Holle apud Hirata, 1994, p. 133) à noção de competência, exigência do novo modelo de regulação capitalista, que passa a se difundir a partir da década de 1970.

Nesse contexto, também, vai tomando forma uma nova categoria, a empregabilidade, que, diferentemente da ideia de emprego estável, melhor se conjuga ao movimento de retração do investimento produtivo e, portanto, do crescimento do desemprego, da insegurança e da "desproteção social", típicos do cenário econômico que se foi delineando. *Nele,* a responsabilidade pela inserção profissional *é* transferida de uma perspectiva social para uma individual, embora, como lembra Frigotto (1996), essa revalorização da ética individualista ocorra com o consentimento por parte dos envolvidos. Nas palavras de Paiva (2001, p. 59), "a empregabilidade converte-se, neste caso, num corolário dos conhecimentos, habilidades e esforço individual de adequação".

A configuração das exigências postas aos trabalhadores, nesse novo cenário, contribui, assim, para ocultar a essência do fenômeno *do desemprego, da diferenciação e da exclusão social.* Ainda de acordo com

1. Outros dois níveis previstos na LDB são o técnico, destinado aos alunos egressos do curso médio, e o tecnológico, para os egressos do curso superior. Cf. LDB. In: Saviani (2001).

Paiva (2001), *nessa nova configuração do mercado de trabalho, onde a competência inclui a disposição de mudar constantemente, aprendendo novas técnicas e aceitando novas relações sociais e laborais, indivíduos muito qualificados podem ser pouco empregáveis. Isso porque seus conhecimentos vêm acompanhados de determinado tipo de experiência que abarca direitos e vantagens que estão sendo eliminados.*

O mérito do postulante ao trabalho, portanto, não repousa mais na capacidade de acessar o emprego, mas de se manter em um mercado de trabalho competitivo, o que implica aceitar, considerando a natureza da competição que se configura, que haverá um grande número de inempregáveis. A função da escola, nesse caso, passa a ser a de selecionar para o emprego; uma vez, porém, que seu retorno é incerto, não requer por parte dos Estados Nacionais investimentos de grande porte.

Situando-se nessa nova conjuntura sócio-histórica, as medidas educativas estão desenhadas nas políticas, aqui consideradas em íntima articulação com a ideia de empregabilidade que nelas se caracteriza como a capacidade individual de movimentar-se em um contexto marcado pela retração do investimento produtivo, com normas de contrato flexíveis, configurações heterogêneas de ocupação e constante prenúncio de desemprego.

O conceito de competência subjacente nessas políticas, portanto, envolve atributos que extrapolam o mero desempenho técnico e estão mais ligados a uma dimensão subjetiva e cognitiva do indivíduo que se deve mostrar capaz de abstrair conceitos, incorporar valores e atitudes, enfim, aprendizados novos referentes ao exercício da cidadania.

Entende-se que o deslocamento da tradicional noção de qualificação para a moderna noção de competência pode ser visualizado na concepção da articulação das habilidades (básicas, específicas e de gestão), um dos aspectos apresentados como inovadores das políticas referidas.

Para atender ao seu propósito, o presente artigo comporta, além desta introdução, uma discussão teórico-histórica sobre o conceito de competência, entendida como noção que desloca a ideia de qualificação e passa a referenciar as políticas públicas de educação profissional desenvolvidas no país a partir dos anos 1990. Discute-se, em seguida, a articulação desses conceitos e sua concretude na perspectiva da articulação das habilidades (básicas, específicas e de gestão) proposta pelo Planfor, política que será tomada como principal referência empírica nas reflexões desenvolvidas.

A escolha do Planfor como referência empírica para a análise do deslocamento pretendido da noção de qualificação para a de competência se deu por duas razões básicas: a primeira é o fato de essa política ter completado seu ciclo (em 2002), o que permite um distanciamento crítico em relação à sua prática, diferentemente do PNQ que se encontra em desenvolvimento; a segunda é o fato de as autoras do presente artigo terem sido protagonistas do Planfor, na qualidade de avaliadoras externas da expressão material dessa política no estado do Maranhão (os Planos Estaduais de Qualificação — PEQs). Nessa condição tiveram acesso a documentos e participaram de eventos regionais e nacionais, no contexto dos quais sistematizaram alguns elementos sobre o processo de implementação e sobre os resultados alcançados no país, elementos que servem de subsídios para o desenvolvimento das reflexões aqui efetuadas.

O eixo argumentativo utilizado é que o deslocamento da noção de qualificação para a de competência não se concretizou nas medidas desenvolvidas pelo Planfor em função de três limites principais: a, ainda, lenta incorporação das novas tecnologias organizacionais pelas pequenas empresas; o baixo nível educacional da maioria da força de trabalho contemplada pela política; e a dificuldade de operacionalização dessa perspectiva de deslocamento por diferentes sujeitos envolvidos no processo de ensino-aprendizagem, limitados por uma cultura referenciada na ideia de qualificação, entre eles, secretarias estaduais de trabalho, conselhos do trabalho, entidades contratadas para executar as medidas educativas e os próprios trabalhadores postulantes.

# Metamorfoses no mundo do trabalho: da qualificação ao modelo de competência

A noção de competência profissional tem sido, modernamente, objeto de intenso debate, sendo considerada, em geral, uma atualização (Ferreti, 1997), um rejuvenescimento (Frigotto, 1996) ou um deslocamento da noção de qualificação profissional (Ramos, 2001).

Ramos entende que há um deslocamento porque, ao seu ver, não ocorre, de fato, substituição nem superação do primeiro conceito, mas esforço de adequação às novas exigências societárias, o que se consolida mediante um movimento simultâneo de negação de algumas de suas dimensões e afirmação de outras.

A noção de competência se distancia, assim, da lógica anterior de qualificação desenvolvida no contexto fordista no qual, como refere Ramos (2001, p. 63), a trajetória profissional associava promoção ao aumento do conhecimento técnico e da responsabilidade com uma correspondente elevação na hierarquia salarial.

De fato, a qualificação, que tem suporte na cultura do trabalho como relação social e, portanto, na capacidade do trabalhador referendada por diplomas, remete à existência de práticas educativas que ajudam a legitimar esse estatuto específico. Nesse sentido, na medida em que se vai processando, a partir dos anos 1970, uma mudança na forma de regulação do capitalismo, vão sendo conformadas novas demandas no campo do trabalho e da educação.

De acordo com Arrighi (1996), a marca que dá relevância a esse novo momento do capitalismo é a transição do poder disperso para um poder concentrado. Esse poder tem seu traço mais importante na "fusão singular do Estado com o capital", decorrente da exaustão do padrão "rígido" de regulação fordista-keynesiano que, nas palavras de Netto (1996), sustentou, por "três décadas gloriosas", com suas "ondas longas expansivas" o "pacto de classes" que se manifestou no *Welfare State* keynesiano.

Tal fusão materializa-se em um conjunto de mudanças nas relações societárias, o que inclui a construção de uma nova cultura no campo do trabalho. Esse novo modo de regulação do capitalismo vem substituindo aquele, no qual, para Brunhoff (1991, p. 22), "o crescimento econômico se deu através de economias mistas, onde os setores público e privado, mercados e regulamentação, finanças privadas e fundos de Estado se interpenetravam".

No modelo anterior, de acordo com a mesma autora, o Estado não era apenas o árbitro do pacto de classes, mas "agente econômico particular, emissor e receptor de fluxos que atravessavam toda a economia nacional".

As instituições escolares apresentavam-se como entidades integradoras, com a função de preparar os trabalhadores para o pleno emprego, promessa que deveria florescer em um solo configurado pela universalização dos direitos sociais. As demandas sociais ao setor educativo, expressas pelos movimentos organizados de cunho socialista e pelos sindicatos laborais, eram, sobretudo, o acesso à educação pública de boa qualidade. E a qualificação profissional era entendida "como a capacidade de desempenhar um conjunto de tarefas complexas e interdependentes relacionadas a um ofício ou a um campo ocupacional" Gallart (1997, p. 110), tendo os trabalhadores como protagonistas.

Esses componentes agregados retratam uma das faces do denominado pacto social baseado na ideia de uma solidariedade interclasses. Tal pacto deveria dirimir o conflito capital *x* trabalho, inerente ao modo de produção capitalista, aumentando o nível de bem-estar das sociedades. Desse modo, nas palavras de Deddeca (1998), na medida em que as formas de alocação e de controle das relações de trabalho eram definidas num contexto público e expressas nas negociações coletivas, iam sendo determinadas por essa mesma lógica as políticas públicas de formação profissional e as propostas de ensino técnico.

Quando, a partir dos anos 1970, o conflito capital *x* trabalho assume uma nova feição, passa-se a verificar uma tendência de aumento da mobilidade geográfica do capital, estreitamente vinculada às modificações dos processos de produção e troca, com florescimento dos mercados financeiros.

Entra em crise o que autores como Castels (1998, 2000) convencionaram denominar de *Estado Social*, diluindo-se as expectativas de construção de uma sociedade socialista pela via evolucionária. Iniciou-se uma revolução antikeynesiana, com um processo de reestruturação do capitalismo, sob um contexto globalizado. Ao mesmo tempo, as novas requisições feitas aos agentes econômicos passaram a implicar na restrição dos chamados gastos sociais, sinalizando, no contexto das reformas que passaram a ser operadas pelos Estados Nacionais, a redução de direitos sociais historicamente consolidados pelos trabalhadores.

Essas exigências manifestaram-se nos chamados países de capitalismo tardio, associando a redução de postos de trabalho a formas de contratação mais flexíveis que provocaram a precariedade do emprego. Causaram também aumento do número de trabalhadores "ocultos" na informalidade, o que redundou em novas estratificações e discriminações, alterando-se as relações entre excluídos e incluídos (Sousa, 2004).

Do ponto de vista das políticas voltadas para o campo do trabalho, segundo Pochmann (1998), foram sendo relegadas as políticas de emprego, formatadas com base na tradição social-democrata e articuladas às políticas macroeconômicas cujo objetivo era estimular, tanto quanto possível, a ação das forças produtivas. Em seu lugar, foram sendo construídas políticas direcionadas ao mercado de trabalho, focalizadas em segmentos específicos da oferta ou demanda de mão de obra e desarticuladas dos mecanismos macroeconômicos mais amplos.

É nesse contexto de intensas mudanças produtivas e organizacionais que a noção de competência assume relevância, enquanto princípio orientador das políticas que se situam no âmbito da articulação entre trabalho e educação.

De fato, nesse modelo de regulação que se vai configurando, os trabalhadores são envolvidos em uma nova forma de organização laboral que inclui participação na gestão da produção, trabalho em equipe e um maior envolvimento nas estratégias de competição da empresa, sem que tenham, necessariamente, uma compensação salarial.

São processos que demandam raciocínio lógico, aptidão para aprender novas qualificações, conhecimento técnico geral, responsabilidade com o processo de produção, iniciativa para resolução de problemas e capacidade de decisão rápida requerida pelas tecnologias emergentes.

O impacto dessas mudanças, com a exigência de um profissional eclético ou multidisciplinar trouxe reflexos de grande dimensão no campo educacional, visto ser esse o espaço em que são preparados os recursos humanos responsáveis pela operação dos novos processos de trabalho.

De acordo com Hirata (1994, p. 133), a noção de competência constitui-se marcada política e ideologicamente por sua origem, na qual está ausente a perspectiva de relação social, uma vez que o modelo de classificação e de relações profissionais se associa à crise da noção de postos de trabalho. Realmente, "quanto menos estáveis são os empregos e mais caracterizados por objetivos gerais, mais as qualificações são substituídas por *saber-ser*". A competência remete, então, a um sujeito e a uma subjetividade, deslocando para o âmbito privado uma relação que no modelo anterior era social.

Ramos (2001) entende que no atual contexto capitalista vem ocorrendo, na verdade, um deslocamento conceitual da noção de qualificação para a de competência em estreita articulação com as mudanças que se verificam na arquitetura social. Assim, a mudança do padrão de regulação determinaria a configuração de novas habilidades que se adequariam às novas exigências do capital. Nesse processo, o lugar da qualificação, enquanto conceito central na relação trabalho-educação, estaria sendo, pouco a pouco, ocupado pela noção de competência.

Por esse raciocínio, não teria, ainda, havido superação da noção de qualificação, mas sua convivência com a noção de competência, tanto no plano teórico-filosófico, quanto no plano socioempírico. Pode-se identificar, em formações sociais concretas, singularidades nesse deslocamento, determinado pelo nível das relações societárias desenvolvidas para configurar os campos da educação e do trabalho.

Realmente, a articulação entre os dois campos é tão estreita que um deslocamento verificado no campo do trabalho configura-se como demandas para o campo pedagógico. Nesse sentido, como argumenta Salm (1998, p. 242), no contexto das reformas educacionais que passaram a se desenvolver, houve uma redução da importância atribuída às habilidades específicas e um aumento das requisições de predicados relacionados às chamadas habilidades básicas.

Fogaça (1998, p. 303), partindo de estudo desenvolvido por Alexim (1992), enfatiza que, independentemente da área em que o trabalhador se especializa, as inovações configuradas na empresa conduzem a um perfil ocupacional cujas características se relacionam à detenção de conhecimentos articulados a uma boa educação básica: ler e compreender textos escritos; redigir documentos, comunicados e relatórios; falar, comunicar-se, argumentar, negociar; trabalhar em computação, interpretar números, fazer medições; entender, analisar e organizar problemas quantitativos; identificar e definir problemas, apresentar soluções, avaliar resultados e assumir responsabilidades. Essas habilidades, para além das demandas relacionadas diretamente ao espaço do trabalho, passam a se constituir em requisitos essenciais de sobrevivência nas sociedades modernas.

A formação desse tipo de trabalhador, com aptidão para elaborar conexões, criar e desenvolver conceitos, ser arrojado e operar em grupo, por sua vez, passou a demandar da escola a formatação de conteúdos curriculares que afetam, inclusive, as fronteiras entre os três níveis de ensino (básico, médio e superior).

No caso brasileiro, a ação governamental foi-se direcionando para responder aos problemas estruturais da pobreza e de suas consequências, um dilema histórico no país, mas também para atender aos afetados pelos processos de reestruturação produtiva. A demanda para o campo da educação, portanto, passou a ser a formação do trabalhador polivalente, adequado ao novo momento de regulação capitalista, mas também para atender aos espaços que incorporam aqueles para os quais o trabalho deixou de ser uma opção palpável, tanto no núcleo duro da economia, quanto nas ocupações marginais a esse núcleo.

Assim, em consonância com as mudanças que se verificam internacionalmente, a reconfiguração do mundo do trabalho no país está articulada com a ideia da empregabilidade.

Analisando esse novo momento, Santos (2002) se refere à noção de empregabilidade como uma espécie de fascismo contratual, que inclui dois critérios de inclusão/exclusão. O primeiro é a elevação por parte das empresas das exigências do nível de qualificação para admissão dos novos contratados, procurando precaver-se em face de possíveis mudanças tecnológicas. O segundo é a sistemática verificação das competências no próprio exercício laboral. A conjugação desses dois elementos contribui para ocultar a essência do fenômeno do desemprego, da diferenciação e da exclusão social.

Esses pressupostos foram incorporados pelo governo brasileiro, reforçando, ao nível do discurso, um debate internacional de que a qualificação da força de trabalho é uma solução para os problemas do emprego e da competitividade (Dedecca, 1998, p. 288). Materializaram-se, em termos da intervenção governamental, a partir da década de 1990, em programas como o Plano Nacional de Qualificação do Trabalhador (Planfor) e o Plano Nacional de Qualificação (PNQ).

Essas políticas foram concebidas, também, como uma espécie de contraponto aos três principais traços definidores da cultura brasileira na área da educação profissional: desarticulação entre as ações educativas e a realidade do mercado de trabalho; correlação intrínseca entre pobreza, fracasso escolar e qualificação profissional prematura; aceitação tácita de que aos mais pobres estão destinadas as profissões consideradas menos nobres.

Nas duas políticas mencionadas, a educação se configura como uma atualização permanente que inclui preparação para o trabalho e para a cidadania, agregando componentes entendidos como básicos para que o trabalhador possa ter condições de acessar os postos de trabalho existentes no país: competência profissional, disposição para aprender e capacidade de empreender.

A noção de competência, subliminar ou explícita nessas políticas, coloca-se como uma atualização da noção de qualificação profissional frente às novas demandas do capital. Situa-se, portanto, como o resultado de um elo entre o aprendizado formal e a experiência adquirida no próprio exercício laboral, o que envolve, além do domínio de tarefas e operações, conhecimentos, habilidades sociais e intelectuais, atitudes e comportamentos requisitados em determinadas áreas de trabalho ou setores da economia.

Além disso, a competência configurada exige dos trabalhadores envolvidos disposição para aprender e capacidade de empreender, entendida na acepção de localizar-se na economia e na sociedade e de gerir realidades concretas, no caso presente, o contexto de reestruturação produtiva e de mutação do emprego.

Nesse sentido, alguns aspectos passam a ser valorizados em nome da eficiência produtiva: os conteúdos reais do trabalho e as qualidades dos indivíduos, expressas pelo conjunto de saberes e de saber-fazer, incluindo, para além das aquisições de formação, seus atributos pessoais, as potencialidades, os desejos, os valores. (Ramos, 2001, p. 52-53)

## A apropriação da noção de competência na proposta do Planfor

De acordo com os formuladores do Planfor, a categoria que dá suporte a essa política é a empregabilidade no sentido de "não apenas obter um emprego, mas tornar-se empregável, manter-se competitivo em um mercado em constante mutação. Preparar-se, inclusive, para várias carreiras e diferentes trabalhos, às vezes, até simultâneos" (Leite, 1996, p. 4).

Embora pressões de diferentes fontes tenham levado a uma ocultação do termo, especialmente nos documentos formulados nos dois últimos anos de sua operacionalização, o sentido permaneceu subliminar e na prática dos executores da política. Para esses formuladores, as empresas adquiriram um novo formato que se reflete diretamente na lógica do emprego, o qual não pode mais ser associado à estabilidade. À medida que as inovações tecnológicas deslocam os postos de trabalho da indústria para o setor de serviços, até mesmo o funcionário do setor público ou o trabalhador despossuído de direitos e garantias trabalhistas, encoberto na informalidade, é impelido a buscar outro perfil, mais flexível.

Entre os muitos componentes da empregabilidade, três são particularmente destacados no Plano, o que pode ser configurado como o esforço de deslocamento da noção de qualificação para a de competência: aptidão profissional, disposição para aprender continuamente e capacidade de empreender.

A competência profissional é resultado de uma aliança entre o aprendizado formal e a experiência. Envolve, além do domínio de tarefas e operações, "conhecimentos, habilidades sociais e intelectuais, atitudes e comportamentos requisitados em determinadas áreas de trabalho ou setores da economia" (Brasil, MTb, 1996).

Tal competência deve ser permanentemente construída, aprimorada, renovada. Não é um estoque, mas um fluxo, face ao que deve formar no demandante disposição para aprender, de modo a alimentar esse fluxo. Exige, ainda, o desenvolvimento da capacidade de gerenciamento, entendida na acepção de localizar-se na economia e na sociedade. O formato do novo trabalhador, assim, é o denominado cidadão produtivo, aquele capaz de apreender e de gerir a si próprio e realidades concretas, cuja única referência é a transitoriedade permanente.

No contexto do Plano, o ensino, que inclui qualificação, requalificação, especialização de trabalhadores e assessoria ao setor produtivo, deve caracterizar-se pela articulação de habilidades básicas, específicas e de gestão e ser ministrado em bases contínuas e modulares, substituindo a formação mais específica apropriada ao modelo fordista de organização, em que os conhecimentos e as habilidades são repassados de forma fragmentada.

As habilidades básicas configuram-se como saber ler, interpretar, calcular e raciocinar, elementos que, para além do trabalho, se constituem em um processo de vida. As ferramentas de ensino são a leitura e a escrita, necessárias para a comunicação, além de elementos da matemática, que instrumentalizam o raciocínio lógico.

As habilidades específicas relacionam-se com o saber fazer, exigido pela heterogeneidade de situações na implementação de processos dos postos de trabalho e profissões. Congregam atitudes e conhecimentos técnicos acerca das diferentes ocupações e profissões, competências capazes de garantir a empregabilidade dos trabalhadores, em longo prazo.

As habilidades de gestão, por sua vez, estão relacionadas às competências de autogestão associativas, empreendedorismo e trabalho em equipes, que podem ampliar as bases de aptidões para a tomada de decisão do trabalhador nas medidas essenciais cujo escopo é a geração de trabalho e renda.

A possibilidade de articulação dessas três habilidades nas medidas educativas constitui-se em um dos aspectos inovadores da proposta metodológica do Planfor.

Assim, sem tentar substituir o ensino básico, os cursos deveriam ser uma expressão da capacidade agregadora das instituições responsáveis pela operacionalização da política, face ao que habilidades intelectuais como a leitura da realidade, o raciocínio lógico, a capacidade de resolver problemas, de argumentar e de avaliar, entre outras, que constituem os traços marcantes do novo trabalhador, deveriam estar referidas à realidade concreta na qual se situam os treinandos, seu local de trabalho e de exercício da cidadania. Nesse movimento é que se constituiria o deslocamento do modelo anterior de qualificação para o novo modelo em construção.

Pela análise da implementação do Planfor, alguns problemas de ordem qualitativa foram sendo visualizados, denunciando a dificuldade de operacionalização desse processo de articulação das habilidades e, portanto, uma dificuldade real de efetivar o deslocamento pretendido.

Inicialmente, é preciso considerar que, na maioria dos estados, as próprias demandas do mercado, especialmente as representadas pelas pequenas empresas, pela agricultura familiar, pelo mercado informal, justamente os espaços laborais que congregavam os públicos majoritários do Planfor, ainda desenvolviam processos organizacionais e tecnológicos de feitio tradicional. Esse dado de realidade indicava então que não fazia sentido planejar cursos para novos perfis profissionais, associados ao avanço da produção e dos novos métodos de organização, e com exigência de alto (ou até mesmo médio) grau de abstração.

Assim, certas qualidades relacionadas à noção de competência, como a necessidade de compreender a própria lógica do trabalho, de estabelecer conexões, de resolver problemas e de escolher entre alternativas, qualidades que são habilidades necessárias na maioria das atividades profissionais, justificavam plenamente o deslocamento proposto pelo Planfor, um deslocamento que contou com dois entraves efetivos.

O primeiro era o baixo nível educacional da maioria da força de trabalho contemplada pela política, uma realidade presente, em maior ou menor grau, em todos os estados da federação e refletida em dados amplamente divulgados pelos institutos de pesquisa no país. Realmente, na medida em que os treinandos não contavam com uma base de conhecimentos (muitos dos quais por estarem distantes da escola há algum tempo e outros por se constituírem em analfabetos funcionais), verifica-se uma dificuldade real de aprendizado de conteúdos mais elaborados, reforçando o feitio mais operacional dos cursos ministrados.

O segundo entrave era a própria dificuldade de operacionalização da proposta pelos diferentes sujeitos envolvidos no processo de ensino-aprendizagem, limitados por uma cultura referenciada na ideia de qualificação. Assim o baixo grau de estruturação dos cursos pelo nível central da gestão aumentava a liberdade de participação dos sujeitos diretamente envolvidos na implementação da política, em particular as chamadas entidades executoras, contratadas para esse fim.

Porém, o esquema idealmente concebido de elaboração dos cursos a partir das demandas locais (do mercado e dos trabalhadores) nem sempre funcionou. Mesmo os ajustes dos conteúdos, metodologias, com o apoio de processos de supervisão e avaliação, propostos e colocados em prática nos estados, não foram suficientes para que fosse incorporada a nova filosofia pela maioria das executoras.

Especialmente, nos casos das instituições da rede de educação profissional que já ofereciam esses mesmos cursos para o público em geral e daquelas sem experiência nesse mesmo campo e com o público-alvo da política, os cursos ministrados apresentaram, em geral, os mesmos formatos tradicionais: noções básicas, desarticuladas das atividades produtivas dos treinandos ou voltadas para o aprendizado do "ofício". Diferentemente, portanto, do que se colocava na proposta em que as habilidades específicas deveriam ser desenvolvidas em íntima articulação com as habilidades básicas.

Em relação ao ensino, em situações reais observadas ou relatadas nos fóruns regionais e nacionais pelos protagonistas da política (executores dos cursos, avaliadores, gestores e treinandos), pôde-se constatar que os conteúdos em habilidades básicas foram, em geral, secundarizados, além de serem desenvolvidos sem articulação funcional com a atividade produtiva dos treinandos, como seria aconselhável. Em outras situações as noções de cidadania e de direitos sociais foram associadas a conteúdos estimuladores da autoestima dos trabalhadores sem, contudo, estabelecer-se uma conexão dos conteúdos com o exercício profissional, como se a participação preconizada fosse uma condição a ser vivida fora do exercício laboral.

Em vários estados, nas habilidades de gestão foram priorizados os conteúdos relacionados ao associativismo, em detrimento daqueles atinentes à gestão de empreendimentos individuais, os quais poderiam responder mais diretamente aos problemas da restrição dos postos de trabalho no país.

Pode-se, desse modo, com base nos elementos expostos, questionar, como também o faz Almeida (2003), se é possível aprender cidadania, um dos principais conteúdos incorporados nos módulos referentes às habilidades básicas, em medidas educativas formatadas em cursos rápidos. Ou se é possível ensinar gestão de forma isolada sem que os trabalhadores estejam vivenciando uma situação real, como de fato aconteceu em muitos casos.

Chama a atenção, ainda, o fato de os trabalhadores interessados nos processos de aprendizagem não terem tido participação direta, ou através de representantes, na organização dos conteúdos e das metodologias utilizadas nos cursos.

> Considerando-se que as trajetórias profissionais são histórias de vida e que se os interessados não participam do seu próprio processo educativo, não são, de fato, protagonistas, é pouco provável que possam transformar-se em polivalentes, participando na gestão das empresas, montando micro-empreendimentos com retorno garantido. (Sousa, 2001)

Os limites enumerados, pela sua natureza estrutural, permitem inferir que o deslocamento conceitual proposto pelo Planfor e, a partir de 2003, subjacente na proposta do PNQ, ainda não pôde ser efetivado, apesar do reconhecimento por este último dos limites do seu congênere e do reforço à necessidade de garantir algumas condições, visando superar os entraves identificados, tais como: ampliação das cargas horárias médias, uniformização da nomenclatura dos cursos, articulação prioritária com a educação básica (ensino fundamental, ensino médio e educação de jovens e adultos), constituição de laboratórios para discussão de metodologias inovadoras; sistematização de experiências e conhecimentos, desenvolvimento de sistemas de certificação e orientação profissional.

## Conclusões

A partir dos anos 1990, o Brasil passa a se inserir, de forma mais efetiva, no contexto do movimento de reestruturação capitalista, razão pela qual começa-se a construir toda uma estrutura organizacional com vistas a otimizar suas condições competitivas, de modo a agenciar seu desenvolvimento econômico e social e, ao mesmo tempo, responder às demandas pela redução da pobreza e de suas consequências, um dilema histórico do país.

Um passo fundamental nesse processo foi a Reforma do Estado que inclui mudanças em vários aspectos da vida do Estado: ajustamento fiscal; reformas econômicas; reforma da previdência social; inovação dos instrumentos de política social; e a reforma administrativa.

As políticas educacionais coadunam-se, desse modo, aos mecanismos de gestão político-administrativos construídos, nesse contexto, para fins de racionalização das ações públicas com vistas à otimização de gastos (Pereira e Guilhon, 2004). A qualificação profissional de curto prazo e baixo custo, associada ao padrão educacional mínimo desenvolvido no ensino fundamental, é compreendida, assim, como uma das estratégias de redução da pobreza e de economia de recursos destinados a cumprir as metas de ajuste fiscal.

Para dar forma a esse duplo objetivo, a reforma da educação que se desenvolve no país nos anos 1990 busca retratar essas mudanças, efetivando um deslocamento conceitual da noção de qualificação profissional, que associa o saber ao diploma, à carreira e ao salário, para o de competência, que tem como substrato a ideia de flexibilidade.

Nessa noção, que supõe um envolvimento efetivo dos trabalhadores na organização e na gestão da produção, nas estratégias de competitividade da empresa, sem ter, necessariamente, uma compensação salarial, está ausente a perspectiva de relação social subjacente na noção de qualificação.

A noção de competência que se delineia compreende a transmissão de conhecimentos centrada na ideia de habilidades básicas que não se restringem ao âmbito da empresa, ao contrário, constituem-se como a expressão de uma nova cultura que situa o trabalhador como "cidadão produtivo", capaz de ler, resolver problemas e avaliar a realidade na qual se insere, reconstruindo sua condição laboral, criando alternativas no âmbito da autogestão. Como lembra Ramos (2005, p. 4), trata-se da "autonomia e mobilidade que deve ter o trabalhador contemporâneo diante da instabilidade do mundo do trabalho e das rápidas transformações que caracterizam as relações de produção".

As políticas de qualificação profissional que se desenvolvem no Brasil no contexto dessas reformas, Planfor e PNQ, têm como substrato uma atualização da teoria do capital humano. A valorização da força de trabalho, nesse sentido, refletiria uma ideia de modernização, garantindo uma elevação da produtividade e, consequentemente, uma inserção competitiva do país no mercado internacional.

No caso específico do Planfor, que se constitui em referência principal das análises aqui desenvolvidas, verificou-se que o esforço de deslocamento da noção de qualificação para a de competência, subjacente no discurso da política, não se concretizou, na prática, em razão de três limites básicos.

O primeiro é o próprio perfil do mercado de trabalho. De fato, como lembram Pereira e Guilhon (2004, p. 9), verifica-se, ainda, no país, uma desarticulação entre "as necessidades de maior qualificação da força de trabalho colocada pelo Planfor e o real perfil das demandas de educação postas por esse mercado. Isso coloca em xeque a concepção que alicerça o Plano, ancorada na ideia da difusão de um novo paradigma técnico produtivo que faria crescer o peso de trabalhadores com maior qualificação e escolaridade".

O segundo limite básico é o reduzido grau de escolaridade dos trabalhadores prioritariamente incorporados pelo Plano, o que, *a priori*, provocava um rebaixamento do nível dos cursos pelas entidades formadoras. O esforço de superação desse entrave requereria duas ações concomitantes, conforme proposto no próprio desenho do Plano: por parte das entidades gestoras e formadoras, a construção de metodologias inovadoras, e por parte dos diferentes sujeitos sociais envolvidos, uma articulação efetiva entre as políticas da educação e do trabalho. Duas ações que não ocorreram na maioria dos estados.

O terceiro e último desses limites é a cultura da qualificação, que associa um saber a uma carreira e um salário. Tal cultura ainda se encontra bastante arraigada no país.

Da análise desenvolvida pode-se concluir que o pretendido deslocamento do modelo de qualificação, que se assenta na noção de posto de trabalho, para o outro fundado na perspectiva da competência, embora se encontre em processo, não se efetivou concretamente nos cursos desenvolvidos pelo Planfor.

É importante, porém, não perder de vista que esse deslocamento conceitual espelha uma mudança paradigmática que se articula intimamente com as políticas de ajuste estrutural e de reforma do Estado, implementadas com base em programas de inspiração neoliberal e nas diretrizes do Consenso de Washington, as quais provocaram desemprego e redução de direitos sociais.

Nos países da "periferia" do capitalismo, como o Brasil, os efeitos desse conjunto de medidas, refletidas em políticas como o Planfor e o PNQ, foram nefastos para os trabalhadores, dado que a redução do aparato de proteção pública, defendida por esse novo modelo, acentua os problemas preexistentes: instabilidade na economia, desigualdade acentuada e, sobretudo, falta de educação básica que possa dar substrato às novas exigências de policognição e multifuncionalidade.

Essas mudanças reduzem as perspectivas de emprego ao mesmo tempo em que elevam os requisitos exigidos para a contratação e permanência dos trabalhadores no mercado de trabalho. A consequência desses movimentos foi acentuar o número de *desfiliados,* que o Planfor pretendia incorporar através da qualificação profissional.

## Referências bibliográficas

ALMEIDA, Marilis Lemos de. *Da formulação à implementação*: análise das políticas governamentais de educação profissional. Tese (Doutorado) — Política Científica e Tecnológica, Universidade Estadual de Campinas, Campinas, 2003.

ARRIGHI Giovanni. *O longo século XX*. Rio de Janeiro/São Paulo: Contraponto/Editora Unesp, 1996.

BRASIL. Ministério do Trabalho e Emprego. Sefor. *Guia de Planejamento e Execução do Planfor — 1996-1999*. Brasília, maio 1997.

______. *Guia do Planfor — 1999-2002*: Plano Nacional de Qualificação do Trabalhador. Brasília, out. 1999.

BRASIL. *Plano Nacional de Qualificação*. Disponível em: <htpp.www.mte.gov.br/Temas/QualPro/Conteúdo/O-Introdução.pdf>. Acesso em: 1º set. 2004.

BRUNHOFF, Suzanne. *A hora do mercado*: crítica do liberalismo. São Paulo: Unesp, 1991.

CASTELS, Robert. *As metamorfoses da questão social*: uma crônica do salário. Petrópolis: Vozes, 1988.

______. *A sociedade em rede*. São Paulo: Paz e Terra, 2000.

DEDECCA, Cláudio Salvadori. Emprego e qualificação no Brasil dos anos 90. In: OLIVEIRA, Marco Antonio (Org.). *Reforma do estado*: políticas de emprego no Brasil. Campinas: Ed. Unicamp, Instituto de Economia, 1998. p. 269-94.

FERRETI, Celso. Formação profissional e reforma do ensino técnico no Brasil: anos 90. *Educação & Sociedade*, Campinas, ano 18, n. 59, p. 225-69, ago. 1997.

FOGAÇA, Azuete. A educação e a reestruturação produtiva no Brasil. In: OLIVEIRA, Marco Antonio (Org.). *Reforma do Estado*: políticas de emprego no Brasil. Campinas: Unicamp, 1998, p. 295-327.

FRIGOTTO, Gaudêncio. *Educação e a crise do capitalismo real*. São Paulo: Cortez, 1996.

GALLART, Maria Antônia. La interación entre la sociología de la educación y la sociología del trabajo. *Revista Latinoamericano de Estudios del trabajo*, ano 3, n. 5, p. 94-116, 1997.

GENTILLI, Pablo. Educar para o desemprego: a desintegração da promessa integradora. In: FRIGOTTO, Gaudêncio (Org.). *Educação e crise do trabalho*: perspectiva de final de século. Rio de Janeiro: Vozes, 1998. p. 76-100.

HIRATA, Helena. Da polarização das qualificações ao modelo da competência. In: FERRETTI, Celso *et al*. (Org.). *Novas tecnologias, trabalho e educação*: um debate multidisciplinar. Petrópolis: Vozes, 1994. p. 124-38.

LEITE, Elenice. *Educação profissional*: construindo uma nova institucionalidade. 1996, p. 1-9. (Mimeo.)

NETTO, José Paulo. Transformações societárias e Serviço Social. *Serviço Social & Sociedade*, São Paulo, n. 50, p. 87-132, abr. 1996.

PAIVA, Vanilda. Qualificação, crise do trabalho assalariado e exclusão social. In: GENTILLI, Pablo; FRIGOTTO, Gaudêncio (Orgs.). *A cidadania negada*:

políticas de exclusão na educação e no trabalho. São Paulo/Buenos Aires: Cortez/Clacso, 2001. p. 49-64.

PEREIRA, Maria Eunice; GUILHON, Maria Virgínia. *O processo de focalização no plano nacional de qualificação profissional*. São Luís, 2004. (Mimeo.)

POCHMANN, Marcio. As políticas de geração de emprego e renda: experiências internacionais recentes. In: OLIVEIRA, Marco Antonio (Org.). *Reforma do estado*: políticas de emprego no Brasil. Campinas: Ed. Unicamp, Instituto de Economia, 1998. p. 109-24.

RAMOS, Marise Nogueira. *A pedagogia das competências*: autonomia ou adaptação? São Paulo: Cortez, 2001.

______. *A pedagogia das competências e a psicologização das questões sociais*. Disponível em: <http://www.senac.br/informativo/bts/273/boltec273c.htm>. Acesso em: 28 jan. 2005.

SALM, Cláudio. Novos requisitos educacionais do mercado de trabalho. In: OLIVEIRA, Marco Antonio (Org.). *Economia e trabalho*. Campinas: Unicamp, Instituto de Economia, 1998. (Textos básicos.)

SANTOS, Boaventura de Sousa; AVRITZER, Leonardo. Introdução: para ampliar o cânone democrático. In: SANTOS, Boaventura de Sousa (Org.). *Democratizar a democracia*: os caminhos da democracia participativa. Rio de Janeiro: Civilização Brasileira, 2002.

SAVIANI, Demerval. *A nova lei de educação*: trajetória, limites e perspectivas. Campinas: Autores Associados, 2001.

SOUSA, Salviana. Desenvolvendo competências para o trabalho incerto: um dilema atual do Estado brasileiro. *Políticas Públicas em Debate*, São Luís, v. 1, n. 2, p. 21-33, 2001.

______. *Educação profissional no Brasil*: centralização e descentralização no processo de gestão das políticas governamentais. Tese (Doutorado em Políticas Públicas) — Programa de Pós-Graduação em Políticas Públicas, Universidade Federal do Maranhão, São Luís, 2004.

# CAPÍTULO 6

# Economia solidária: estratégias de governo no contexto da desregulamentação social do trabalho

*Rosangela Nair de Carvalho Barbosa*

## Introdução

O texto apresenta linhas gerais da política de economia solidária que se elabora no Brasil como uma das estratégias de governo para suprir os descaminhos tomados pelas políticas de emprego e desenvolvimento dos anos 1990. Tende a se situar como política de atenção aos grupos sociais mais vulneráveis ao desemprego estrutural e empobrecimento, como também serve para consolidar atenção pública à miríade de ocupações informais que cresceram a par com a diminuição do emprego regulamentado.

Para situar o leitor nesse universo adotou-se como via de análise do tema a abordagem, na primeira seção, do quadro geral de mudanças sociais que atingiram o trabalho e que vieram astutamente amargar a vida dos trabalhadores, dada a penúria econômica e instabilidade social a que foram submetidos. A instalação desse quadro contou com a ação direta do Estado que emergiu das reformas dos anos 1990 como agenciador da desestruturação do mercado de trabalho. Deseja-se assim lembrar ao leitor a relação intrínseca entre a problemática do trabalho na contemporaneidade e o modo como se gestam as práticas de economia solidária, com ênfase na ação que o Estado toma nesse contexto.

Seguidamente, na segunda seção, aborda-se particularmente a crescente informalização do trabalho e a consequente regressividade civilizatória, objetivando com isso fixar o padrão de resposta do governo brasileiro nos anos 1990 para assistir trabalhadores vulnerabilizados. A tônica aqui é sobre as políticas de emprego e seus resultados à luz dos estudos já acumulados a esse respeito.

Essas duas partes introdutórias constituem o *abre-alas* da reflexão sobre economia solidária, que ocorre na terceira parte do texto, tomada como fenômeno resultante da insurgência da sociedade contra o desamparo de trabalhadores jogados à própria sorte e, também agora, como estratégia de governo. Resta saber se adotada como política de desenvolvimento ou programa de geração de renda e trabalho. Veja-se o que é possível antecipar a esse respeito.

## O trabalho e as mudanças societárias recentes

Em termos mundiais, sabe-se que a financeirização e mundialização do capital associadas à reestruturação produtiva — organizacional e tecnológica — penalizaram o trabalho, diminuindo ou extinguindo conquistas sociais de controle público sobre o uso do trabalho pelo capital e, ainda, diminuindo os próprios postos de trabalho por força da modernização tecnológica. Daí decorreu a forte desestruturação do mercado de trabalho, alavancada pela precarização do emprego e ascensão das taxas de desemprego.

A precarização do emprego costuma ser definida na literatura especializada por oposição ao emprego assalariado formalmente contratuado, protegido por lei ou negociações coletivas — verdadeiras conquistas sociais do século XX. É precário aquele trabalho que se realiza sob uma ou mais das seguintes condições:

a) tempo parcial do dia/semana/mês, extensas jornadas de trabalho, pagamento por produção/serviço;
b) ausência de garantias legais de estabilidade ou proteção contra dispensas, carga horária definida, descanso semanal, férias, condições salubres, seguridade social, seguro-desemprego, aposentadoria, licença-maternidade, licença-doença, acidentes de trabalho, entre outros quesitos. É precário porque submete o trabalhador a condições arriscadas para sua vida, a cruel dominância da concorrência no mercado, sem ações coletivas de enfrentamento, sem segurança de cobertura social no futuro ou de quando não mais puder dispor da força de trabalho.

Como é conhecido, o desemprego como peça-chave do processo de exploração sempre funcionou como dosador da oferta de mão de obra e, por isso, também da arbitragem dos salários e consequentemente dos níveis de exploração. Todavia, na crise iniciada nos anos 1970, o emprego despencou e a diminuição dos custos sociais do trabalho se transformou numa alternativa rentável ao capital. Nesse sentido é que se observa que o ritmo ascendente do desemprego se manteve elevado desde os anos de 1980 e em 2003 chegou a cifras sem precedentes — 185,9 milhões de trabalhadores — 6,2% da força de trabalho mundial, segundo a Organização Internacional do Trabalho (OIT). E as medidas tomadas não vêm sendo capazes de superar a recessão e de subverter essa tendência a menos e piores empregos. Ao contrário, são estes custos humanos que estão movimentando a maior liberdade do mercado e inversão privada. Em proporções bem diferentes, essa lógica social atinge o conjunto do sistema mundial, colocando limites à luta de classes que se processa no centro e na periferia capitalista.[1]

---

1. Segundo a OIT, o número de trabalhadores pobres — que vive com 1 dólar/dia ou menos — chegou a seu máximo histórico nos últimos anos, atingindo 550 milhões em 2003, sendo 130

Ao desemprego associa-se a precarização baseada na degradação das condições e relações de trabalho, reestruturando o mercado e alargando a heterogeneidade social com trabalhos parciais, terceirizados, temporários, com sérias consequências para processos de solidariedade e formação de identidades coletivas entre os trabalhadores.

Essas duas faces da moeda — desemprego e precarização — respondem materialmente pelas necessidades de rentabilidade financeira, fazendo recuar os salários e as proteções dos contratos de trabalho, legislações específicas e/ou negociações coletivas. De fato, os estudos mostram que a crise de acumulação do capitalismo nessas três décadas foi contornada com aumento dos rendimentos do capital a expensas do desemprego e precarização do emprego, tomados como pontos nodais da dinâmica da luta de classes que impôs o recuo das conquistas sociais dos trabalhadores em torno do que se chamava até então *trabalho regulamentado*, protegido.

Essa transferência de renda ao capital se faz por meio de um mecanismo político importantíssimo do processo social contemporâneo que é a inflexão na atuação do Estado, demonstrando que é tanto uma questão econômica quanto de poder. A ação política conservadora no Estado — e por meio dele — principalmente nessas duas décadas passadas, associadamente ao recuo das lutas sociais induziram condições políticas e culturais favoráveis à interiorização das desregulamentações sociais enquanto crença e práticas. As grandes desigualdades daí advindas geraram mais desproporções de poder em favor do capital mundializado. (Chesnais, 1996)

Os estudos demonstram que a sociabilidade capitalista sob dominância do capital financeiro e mundializado tem imposto um outro

---

milhões de jovens entre 15 e 24 anos de idade. Nesse processo, há recuo dos rendimentos em favor do capital, acelerando a relação de desigualdade da repartição da renda. O Programa das Nações Unidas para o Desenvolvimento (PNUD) constatou que em 2002 os 20% mais ricos ganhavam 150 vezes mais que os 20% mais pobres, mostrando que os mais ricos acumulam alta de rendimentos e os demais grande recuo. A taxa de desemprego entre os jovens de 15 a 24 anos chegou a 14,4% em 2003, somando 88 milhões de pessoas e confirmando o forte aumento da última década. Ainda que os jovens somem 25% da força de trabalho, eles chegaram a 47% do contingente de desempregados no mundo.

significado para a atuação do Estado. No período expansivo do capitalismo, posteriormente à Segunda Guerra Mundial, a atuação do Estado se dirigia à prevenção de flutuações e incertezas do mercado como regulador e produtor de investimentos para o desenvolvimento capitalista no contexto monopolista, o que envolvia inversão de fundos públicos ao capital e também promoção do consumo via pleno emprego e aparatos de proteção social, incorporando reivindicações sindicais sem nem sempre tornar realidade as vantagens prometidas. É claro que essa era uma relativa estabilidade política presente nos países centrais, premida pelas possibilidades socialistas no mundo, pela busca de cooperação do operário a esse expansionismo e ao consenso político em torno da democracia burguesa. Outro é o momento dos últimos trinta anos.

Para a periferia do sistema mundial, o chamado desenvolvimentismo, ainda que carregado do *fetichismo* da expansão dos benefícios da divisão internacional do trabalho, reservava ao Estado ação especial. Essa ação se baseava em intervenção planificada e decisiva ao investimento estrutural básico para as indústrias e formação da cultura urbano-industrial, reificando a crença de que o processo acelerado de desenvolvimento elevaria a pobreza à cidadania.

A atuação do Estado brasileiro na formação e desenvolvimento do mercado de trabalho pode ser compreendida nesses termos, em momentos distintos. Essa atuação se inicia nos anos de 1930, a partir de quando o Estado tem uma atuação imperativa no incremento urbano-industrial, tornando-o dimensão chave da dinâmica social e constituindo as bases da poupança necessária para a industrialização, com dinâmico crescimento econômico e de postos de trabalho. Nesse período, a formalização das relações de trabalho convive com a reiteração da flexibilidade do mercado — informalidade, baixos salários e rotatividade nos empregos. Isso ganha proporções absurdas em termos de subordinação social no período ditatorial dos anos 1960 e 1970, o que favoreceu sobremaneira a correlação de forças em prol da internacionalização da economia e investimento público no setor privado. A expectativa era de que o crescimento econômico aumentaria os postos e a qualidade da regulação do trabalho, superando o achatamento salarial e a informalidade. Aqui a acumulação se baseou em baixos custos de mão de obra e o que se evidenciou por mais de 50 anos foi a regulamentação da relação capital/trabalho por meio das leis trabalhistas, combinando-a com desigualdades históricas (Dedecca, 2003; Pochmann, 2001; 2004).

De todo modo, adotavam-se os fatores formais de emprego como veículo de integração social na sociedade urbano-industrial, razão por que o crescimento do assalariamento urbano foi alto no Brasil e na América Latina como um todo entre os anos de 1950 e 1980, associadamente à reprodução de forte índice de informalidade.

Ainda que os anos 1980 sejam de estagnação econômica e endividamento para atrair recursos externos, a redemocratização do país e as lutas sociais em torno dos direitos sociais universais contrabalançavam as forças em favor de conquistas sociais para os trabalhadores, constituindo um momento relevante para atenção pública ao trabalho, mesmo que o cenário fosse de desinvestimento produtivo e dependência financeira internacional (Proni e Henrique, 2003).

Os anos de 1990 firmam o processo de aprofundamento do desemprego prolongado e da inserção do país no campo das estratégias de liberalização política e econômica que já marcavam os países centrais. O desenvolvimento sustentável e o crescimento do emprego decorreriam da livre ação do mercado com o esvaziamento do Estado. Recuperar crescimento e produtividade para o capital nacional e internacional significava desregulamentação social para transferência de renda ao capital e competitividade, diminuindo os custos salariais, diminuindo a ação do Estado na proteção social, no investimento produtivo direto e sua maior atuação na *flexibilização organizacional, produtiva e trabalhista,* desconstruindo as práticas e institutos públicos criados até então no país.[2] Os anseios de modernização tecnológica e

2. Elementos reconhecidos pelas instituições financeiras multilaterais — Banco Mundial, Fundo Monetário Internacional — como responsáveis pela vulnerabilidade externa do país, dificultando investimentos estrangeiros na economia e equilíbrio do balanço de pagamentos. Superar essas vulnerabilidades passa a significar contenção de crises financeiras e da ação do capital especulativo internacional.

integração aos rumos da economia mundial sobrepuseram o papel ativo do Estado na promoção do emprego nacional; até então era um punjente empregador direto e, indireto, na qualidade de regulador das estratégias de desenvolvimento econômico.[3]

A ascensão das teses neoliberais e de financeirização da economia se deram concomitantemente à despolitização das alternativas societárias e descenso dos movimentos populares de massa, o que conduziu o conflito de classe para maior penalização do trabalho. De tal modo isso se deu que aquilo que antes era meio de vida requerido como expectativa de futuro — o trabalho — se transforma na peça principal de ajuste para a competitividade no concerto da concorrência internacional.

Contudo, de fato, as promessas de crescimento duradouro e elevação do emprego não se realizaram, bem ao contrário: a taxa de desemprego ascendeu; o volume de renda do trabalho recuou na soma nacional; a variação do Produto Interno Bruto (PIB) foi uma das piores e o câmbio se tornou o eixo da antipolítica de desenvolvimento acirrando a dependência e a vulnerabilidade de qualquer trajeto mais autonômo para o país. (Oliveira, 1998) A decorrência disso é a reprodução desses fatores que promovem a fragilização do trabalho em termos de oferta efetiva e de proteção social — como a informalização de onde emergem o auto-emprego e as práticas de economia solidária.

## As políticas de emprego e o espetáculo da informalização das relações de trabalho

O termo *informal* é usado para designar práticas diferentes. Grosso modo, refere-se a atividade econômica caracterizada por:

---

3. "Do saldo total negativo de 3,2 milhões de empregos assalariados formais destruídos na economia brasileira durante a década de 1990, 17,1% foi de responsabilidade direta da reformulação do setor produtivo estatal. Ou seja, de cada cinco empregos perdidos, nos anos 1990, um pertencia ao setor estatal" (Pochmann, 2001, p. 29).

a) unidades produtivas baseadas no descumprimento de normas e legislação concernente a contratos, impostos, regulações e benefícios sociais;

b) ocupações sem proteção social, garantias legais e estabilidade, sendo recorrente ainda o fato de serem atividades de baixa produtividade, sem estabilidade, baixos salários, quando não se realizam sem remuneração por ação de familiares e autoemprego.[4]

Para a OIT, trabalhadores informais são aqueles por conta própria (exceto profissionais liberais), os familiares não remunerados, os que realizam serviços domésticos, os empregadores e empregados de pequenas empresas.

Segundo o Instituto Brasileiro de Geografia e Estatística (IBGE), o saldo de empregos formais (com carteira de trabalho) entre 2003 e 2004 era de 23 mil e de informais de 240 mil. Ou seja, de cada emprego formal criado mais de 10 se apresentaram no segmento da informalidade, o que significa que a recuperação do mercado de trabalho de que se fala é de abertura de vagas sem carteira de trabalho. O quadro é alarmante na medida em que são 2,5 milhões de desempregados e 2,8 milhões que nem são considerados na PEA porque não mais procuram emprego por desalento.

Em modo descritivo, mesmo nos casos de índices de crescimento de emprego formal, é precária a qualidade das vagas, na medida em que 7 em cada 10 trabalhadores que ingressaram com carteira de trabalho entre janeiro e junho deste ano o fizeram recebendo entre meio e 2 salários mínimos. Segundo o Dieese (Departamento Intersindical

4. A expressão *informal* foi usada pela primeira vez num estudo da OIT sobre o Quênia nos anos 1970, como uma característica do continente africano em contraste com a sociedade salarial ocidental. Todavia, já era uma preocupação comum na América Latina no mesmo período, tendo como parâmetro central a difícil generalização do assalariamento. Ver a respeito dos problemas histórico-concretos do trabalho não regulamentado no Brasil: Oliveira, 2003; Kowarick, 1979. Acerca das polêmicas e controvérsias contemporâneas sobre o tema informalidade, ver: Silva, 2003; Malaguti, 2000; Mattoso, 1995; Kjeld et al. (Orgs.), 2000.

de Estatística e Estudos Socioeconômicos), baseado no Cadastro Geral de Empregados e Desempregados (Caged) do Ministério do Trabalho, essa é a característica do 1,034 milhão de empregos criados no Brasil no primeiro semestre de 2004. Em termos de qualidade, pode-se dizer que a situação tem sido progressivamente desfavorável ao trabalhador, já que, em 2002, 68% ganhavam até 2 salários mínimos, em 2003 chegou-se a 71,93% e em 2004 (primeiro semestre) atingiu-se o percentual de 72,13%. Confirmando o fenômeno do achatamento salarial que cresce ostensivamente por meio da arbitragem operada pela desocupação e que leva o trabalhador demitido — de todos os setores da economia — a ser substituído por outro que ganhe até 40% menos. Quer dizer que, mesmo com a geração de empregos formais, o poder aquisitivo não é positivado e, consequentemente, não o é o crescimento sustentável da economia — pensando-se em termos de renda para poupança e consumo. De fato, é uma cruzada contra o emprego, pela maior subjugação dos trabalhadores, por meio da desocupação e da depreciação da remuneração dos postos protegidos com carteira de trabalho.

De acordo com a OIT, em 1990, 51,6% dos empregados na América Latina formavam o exército de informais. Em 1997, a curva ascendente chegou a 57,4% — sem incluir o trabalho agrícola nem o serviço doméstico. O maior crescimento entre esses percentuais se deu no Brasil, Argentina e Venezuela, que chegaram em 1997 com, respectivamente, 59,3%, 53,6% e 47,7% de contingente de trabalhadores ocupados na informalidade. Na realidade, as consequências da mundialização financeira e deslocamento de processos produtivos foram bem acentuadas na América Latina. As políticas macroeconômicas — proliferação da ortodoxia monetária — realçam as desigualdades sociais no continente.[5]

---

5. "Segundo informe da Fundação Getúlio Vargas, 60% da População Economicamente Ativa (PEA) brasileira trabalha em economia informal. Isto se reparte da seguinte maneira: 23,4% são empregados por conta própria ou independentes, 11,2% são empregados não remunerados, 11% se encontram no setor privado, 7,6% trabalham no serviço doméstico e 6,5% são trabalhadores agrícolas." (Rosales, 2003, p. 6).

A informalidade não é mais transitória como se considerava ao tomá-la como excedente de mão de obra que em época de crescimento incorporava os contingentes sobrantes na formalização das relações de trabalho. *Colchão amortecedor* acolhendo a mão de obra excedente em períodos recessivos, com a função de baixar o custo do trabalho e da reprodução social para o capital. No caso aqui a luta de classes em favor da acumulação continua arbitrando a exploração do trabalho com o excedente advindo da informalização, todavia com diminuto controle social e poder de barganha dos trabalhadores.

A informalização passa a se desenhar como antierrática, transmutada de exceção em virtude. E daí derivará uma outra inserção das atividades informais na medida em que começa a se esgotar essa função de mecanismo anticíclico, posto que o crescimento do desemprego é superior ao das atividades em situação de informalidade se se acompanharem os índices do IBGE.

Tal situação leva a tomar o trabalho como configuração híbrida dos processos de trabalho e de formas produtivas, já que nas práticas sociais contemporâneas tem-se observado que a formalidade se nutre da informalidade e esta se ampara em práticas formalizadas em termos estruturais e das dispersas adaptações do trabalhador para assegurar rendimentos necessários ao sustento com a associação de atividades regulares e irregulares baseadas em contratação estável e também informalidade. Ao salário se juntam rendimentos outros de atividades familiares ou clandestinas que em conjunto respondem pela sobrevivência dos trabalhadores. Isso também não é tão novo assim. Desde os anos 1970 e 1980 estudos sobre o contexto urbano mostram que a aridez da vida na cidade empurrava os segregados para ações de trabalho não pago como forma de acesso à proteção e benfeitorias nas cidades — práticas aparentemente arcaicas de economia que se casavam intrinsecamente com a expansão capitalista, diminuindo seus custos e potencializando seu dinamismo na intensa exploração do trabalho. Se realizava a relação dialética *arcaico* e *moderno* em prol da compatibilização das necessidades da acumulação global. Essa simbiose *arcaico* e *moderno*, *formal* e *informal* estabelecia a ponte entre o atraso e o conflito de classe.

Entretanto, na contemporaneidade, o recuo da possibilidade histórica do pleno emprego e da proteção social universal, testemunho dado pelas experiências social-democratas europeias que se colocavam como perspectiva social, ressignifica a categoria informalidade, tirando-lhe o caráter de antagonismo à relação salarial. O que antes era exceção se apresenta como permanência. Daqui em diante essas hierarquias caem por terra e é possível identificar a heterogeneidade nas relações de trabalho e a combinança de formatos diversos de produção econômica e reprodução social.

Mas, afinal, o que vem sendo feito pelo Estado em termos de políticas públicas para lidar com esse drama e assim contornar suas consequências para a sociedade brasileira?

As primeiras medidas foram tomadas nos anos 1990, iniciando aquilo que se convencionou chamar *nova geração* de políticas de emprego. (Proni e Henrique, 2003) Em sentido histórico, o paradigma de ações públicas para o emprego se consolidou principalmente nos países centrais e se apresentou como mecanismo associado ao pleno emprego no pacto que envolvia o Estado de Bem-Estar Social. Objetivava proteger o trabalhador e o vigor do mercado. Resultou então o Sistema Público de Emprego baseado nos programas de seguro-desemprego, intermediação de mão de obra e formação profissional.

Sob a crise econômica dos anos 1970 e a queda dos compromissos com o pleno emprego e direitos sociais universais, esses programas se transformaram na própria política de emprego indutora da flexibilização do mercado de trabalho e da focalização da atenção pública, o que em conjunto produzia a ressignificação do trabalho como não direito.

Essa *nova geração* de estratégias de atuação pública buscou sobretudo atenuar as pressões sobre o mercado de trabalho; por isso se centrou em medidas que adiantavam aposentadorias, ampliavam o seguro-desemprego e atrasavam a entrada dos jovens no mercado. Por outro lado, buscou também uma forma de inserção no mercado mais focalizada aos grupos socialmente vulneráveis, fazendo emergir programas como primeiro emprego para os jovens, requalificação técnica e pequenos negócios. Uma pauta reducionista e impositiva, largamente recomendada pelas agências multilaterais: Organização Internacional do Trabalho (OIT), Organização para Cooperação e o Desenvolvimento Econômico (OCDE), Banco Mundial e Fundo Monetário Internacional (FMI) (Moretto et al., 2003, p. 242-243).

No Brasil, o nascedouro de um sistema público de proteção ao emprego que amparasse os desempregados data de 1986, com o seguro-desemprego, sendo, em 1988, incluído na Constituição Federal, definindo fundo específico para ações que envolviam também a intermediação de empregos e a qualificação. Em 1990 nasceram as bases do que se chamou de Fundo de Amparo ao Trabalhador (FAT) voltado ao financiamento de políticas de proteção e baseado numa fonte própria de recursos — Programa de Integração Social/Programa de Formação de Patrimônio do Servidor Público (PIS/Pasep) — para o Programa Seguro-Desemprego, sob gestão tripartide e paritária. Todavia, as mudanças estruturais no capitalismo reiteraram as possibilidades de se completar esse padrão de proteção pública, deixando o trabalhador com limitada atenção e refém de um mercado de trabalho extremamente desigual (Dedecca, 2003).

Assim, o que se pôde evidenciar como atenção pública ao trabalho entre os anos 1990 e 2000 foi uma associação, segundo Moretto, da vertente tradicional — seguro-desemprego, qualificação e intermediação de mão de obra — com os programas de geração de trabalho e renda, visando "transformar os desempregados e trabalhadores do setor informal em empreendedores bem-sucedidos" (Moretto, 2003, p. 270). Os estudos mostram que até hoje é fraca a repercussão desses programas em decorrência da dinâmica econômica estrutural não favorável à autonomia e sustentabilidade do país; e, no bojo disso, também em decorrência de um ambiente desestruturador do trabalho e suas formas de organização, o que só limita possibilidades de maior igualdade social.

Esses programas de geração de renda ganham impulso em torno do ano de 1993 por interesse do Codefat (Conselho Deliberativo do Fundo de Amparo ao Trabalhador) que dirigiu recursos advindos do trabalho para financiar ações promotoras de renda e ocupação. Um dos primeiros mecanismos foi o microcrédito, que se destinou a conceder recursos do FAT para o Proger (Programa de Geração de Emprego e Renda) via instituições financeiras federais — Banco do Brasil, Banco Nordeste, BNDES (Banco Nacional de Desenvolvimento Econômico e Social), Finep (Financiadora de Estudos e Projetos) e Caixa Econômica Federal.

Os balanços sobre a eficácia desses programas não são nada animadores, sobretudo porque o baixo crescimento econômico e a queda dos rendimentos deprimiram o mercado nacional, de modo que a mortalidade dessas iniciativas se manteve como tendência, pressionados pelos fatores macroeconômicos em decorrência de os agentes econômicos públicos continuarem a exigir garantias semelhantes às entidades financeiras privadas, o que entravou o efetivo acesso a crédito (Proni e Henrique, 2003). Outro não foi o destino do Programa de Expansão e Melhoria da Qualidade de Vida do Trabalhador (Proemprego) —, de 1996, que, via BNDES, se definia para o fomento de grande monta a obras urbanas.

Mas isso não pode ser tomado como um fracasso. Por meio desses dispositivos vem se processando *consenso ideológico* que favorece a ressignificação do trabalho como não direito. As próprias entidades sindicais passaram a consumir suas agendas para operacionalização de práticas de intermediação de mão de obra, qualificação e incentivo a cooperativas. Governos regionais de diferentes matizes ideológicos consagraram essas práticas. O Judiciário atuou abrindo jurisprudência para as práticas de informalização ou se detendo longe de fiscalizações mais apuradas, de modo que se formou uma *elite* ocupada em dar respostas operativas à ocupação, mesmo que o principal resultado fosse imaterial no sentido do consenso pela quase *naturalização* da informalização das relações de trabalho. O Estado como indutor dessa ressignificação do trabalho — ou seja, as mudanças nas relações de trabalho ocorrem com a ação decisiva do Estado.[6]

---

6. "Desde a adoção do Plano Real, o governo promoveu sensíveis mudanças por meio de projetos de lei, leis complementares, medidas provisórias, portarias, entre outras modalidades

O mercado de trabalho brasileiro nunca foi uma fantasia — ao contrário, a regulação pública criou ou fez *vistas grossas* à alta rotatividade da mão de obra, à variação salarial, às horas extras e ao autoritarismo das relações de trabalho — mas a referência à formalização da carteira de trabalho e a recente agregação do direito ao trabalho na Constituição colocavam anseios de expansão de efeitos civilizatórios, agregavam experiências e formavam identidades. Hoje, consiste em política de emprego o próprio autoemprego.[7] Veja-se como a economia solidária emerge nesse contexto.

## A economia solidária entre as novas perspectivas de relações de trabalho agenciadas por políticas públicas

Sobre as variadas atividades de geração de trabalho e renda que emergiram ao longo dos anos 1990, existem aquelas que passaram a ser nomeadas como economia solidária e que em 2003, no governo Luiz Inácio Lula da Silva, foram elevadas à categoria de política pública através do Ministério do Trabalho e Emprego (Brasil, Lei n. 10.683/2003;

---

de ação do poder público, que já promoveram flexibilização ainda maior da alocação do trabalho (trabalho por prazo determinado, denúncia da Convenção n. 158 da OIT, flexibilização da legislação para a formação de cooperativas, suspensão temporária do contrato de trabalho, flexibilização da legislação existente sobre o trabalho em tempo parcial e trabalho temporário e demissão de servidores). Além disso, introduziram a flexibilização no tempo de trabalho e na remuneração (banco de horas, liberação do trabalho aos domingos e remuneração variável — PLR) e por meio de Portaria n. 865/95 restringiu-se o poder de autuação da própria fiscalização do Ministério" (CUT, 2002).

7. Além da repercussão econômica, esse processo de mudanças afeta as subjetividades individuais e a vida social por meio de novos significados para as relações familiares e comunitárias. A provisão mercantil proporcionada pelo assalariamento — mesmo que não fosse extensivo — apontava para maior homogeneização e universalização social, canalizando o conflito e as identidades forjadas na experiência social. A fragmentação e heterogeneidade das formas de trabalho e reprodução social tendem a pesar em direção a relações mais locais e pontuais, conturbando o enfrentamento das contradições e conflitos sociais. Ou seja, repercute sobre as subjetividades intrínsecas a inserção econômico-produtiva, desonerando-as de sentido, valores e identidades que emergiam da cultura do trabalho assalariado.

Brasil, Decreto n. 4.764/2003). Estima-se a existência hoje de cerca de 20 mil unidades de trabalho de economia solidária no país, segundo informação preliminar do ministério que realiza no momento o primeiro grande levantamento a respeito dessas atividades.[8]

A terminologia *economia solidária* pode servir para designar práticas econômicas populares que estão fora do assalariamento formal — como comércio ambulante, pequenas oficinas, serviços autonômos, artesanato, confecções de costura —, englobando ações que são individualizadas e outras que agrupam pessoas onde o sentido de coletividade precisa ser enfocado, provocando a solidariedade na produção da atividade econômica propriamente. Aqui, *economia solidária* é entendida como uma modalidade de economia popular — de práticas econômicas de sobrevivência — que reúne grupos em associações, cooperativas ou pequenas empresas baseados na cooperação e autogestão. Entretanto, outros segmentos também a incorporam como toda e qualquer iniciativa empreendedora desenvolvida por desempregados excluídos do mercado com vistas a constituir seu próprio negócio.[9] O campo é de entroncamento desses vários significados, muito embora o discurso hegemônico nos fóruns articuladores dessas iniciativas e que hoje são abrigados no governo seja da vinculação dessas práticas econômicas com ações coletivas autogestionárias, daí o sentido da solidariedade.[10]

---

8. Mapeamento realizado por meio do Sistema de Informações em Economia Solidária (SIES) que objetiva reunir informações sobre o que a Secretaria Nacional de Economia Solidária (Senaes) chama de Empreendimentos de Economia Solidária (EES) e Entidades de Apoio, Assessoria e Fomento à Economia Solidária (EAF), para dar visibilidade, articular e subsidiar a formulação de políticas públicas para o setor. A estimativa foi apresentada pelo diretor do Departamento de Estudos e Divulgação — no I Encontro Nacional de Empreendimentos de Economia Solidária realizado em agosto de 2004.

9. Ver a esse respeito: Tiriba (2001); Cattani (2003).

10. Os elementos ideopolíticos que compõem esse paradigma de experimentações teóricas, políticas e práticas se afirmam como de: a) difusão de valores culturais que centralizam o homem como sujeito e finalidade da atividade econômica; b) desenvolvimento de práticas de reciprocidade e espírito cooperativista; c) assunção do feminino como essencial nesse processo de constituição de uma economia sustentada na solidariedade; d) associação entre produção, distribuição e consumo, mediante investimento no desenvolvimento local, com redes de consumidores orientados por princípios éticos solidários e sustentáveis nas suas escolhas de consumo, e redes

Em termos descritivos, as unidades produtivas da economia solidária, em geral, são de pequeno porte, apresentando número reduzido de trabalhadores, volume de produção e comercialização de pequena escala. Em razão disso, é comum que sua organização seja pouco complexa, em geral, bem improvisada em termos de estruturação dos segmentos organizacionais, divisão de trabalho e hierarquia. Na maioria das vezes não costuma se nutrir por esse tipo de cultura do trabalho de racionalização formal, havendo presença de relações familiares e também de iniciativas de autogestão. Ainda que o campo se manifeste como bem heterogêneo, é comum a forte presença da informalidade nas relações de trabalho, na estruturação organizacional e na base legal dos procedimentos fiscais, tributários, sanitários e trabalhistas.

Entretanto, a menor rigidez da organização responde também, segundo Tiriba, pelas propostas dos sujeitos políticos quanto à possibilidade de dar um *salto de qualidade* nesse trabalho que é responsabilidade dos próprios trabalhadores. Possibilidades de gestação de uma nova cultura do trabalho, onde o processo produtivo atenderia às necessidades de consumidores, mas também dos próprios trabalhadores produtores, um trabalho mais prazeroso e solidário. Os ensaios nessa direção não são isentos de complexas contradições e desafino com o legado das relações de submissão no trabalho. A coletânea de estudos e experiências apresentada em Tiriba (2001) e organizada por Souza (2003) e Gaiger (2004) apresenta um pouco da sinuosidade das tentativas nessa direção, deixando entrever práticas produtivas bem diversas.

---

de comércio e preços justos; e) negação da mercantilização da natureza com sacrifício do meio ambiente e do ecossistema (terra, água, reservas florestais, animais); f) política autogestionária de financiamento responsável por meio de descentralização de moedas; comércio justo associado ao uso de moedas comunitárias, controle dos fluxos financeiros e limitação das taxas de juros; g) associação a movimentos e lutas sociais por um Estado democraticamente forte a partir da sociedade e voltado diretamente para ela; e por outro modelo de globalização que seja contra-hegemônica ao socialmente excludente em vigor; h) agenciamento de novos sujeitos políticos na prática econômica através da democratização do poder, da riqueza e do saber, e sustentada na gestão participativa sem a tutela do Estado e distanciada das práticas cooperativas burocratizadas. Ver: Encontro Brasileiro de Cultura e Socioeconomia Solidárias, 2000, Mendes, 2001; GT de Economia Solidária, 2002.

Em traços largos, esse é o universo de experiências de trabalho que envolve catadores de lixo, processadores de material reciclado, artesãos de diversas áreas, trabalhadores de confecção de roupas, oficinas mecânicas, padarias, segmentos diversos de alimentação, pequenas produções agrícolas, leiteira e pecuária e empresas falimentares autogestionadas.

Em termos de sua qualificação socioeconômica as unidades produtivas da economia solidária se caracterizam pelo emprego precário de tecnologia na produção e pela alta dependência da força de trabalho se comparado com a média operada no ramo produtivo de maneira geral. É por isso um segmento econômico *hiper-subordinado* no mercado, com poucas chances de aumentar investimentos ou, quando o caso, de se livrar da órbita das médias e grandes empresas[11] (Montaño, 1999).

Todavia há igualmente áreas menosprezadas pelo capital por força do desinteresse econômico de lucro, situação em que as unidades produtivas da economia solidária atendem diretamente ao consumo da população através de um serviço ou produto. Grosso modo, nesses casos o volume de produção tende a ser menor e o raio de comercialização mais restrito ao círculo de vizinhança e localidades próximas.

Num campo ou noutro, as possibilidades de rendimentos superiores ao custo chegam a ser residuais na medida em que a produção se limita quase ao consumo de sobrevivência, mantendo o circuito de empobrecimento que rodeia esses pequenos agenciamentos econômicos.

---

11. No processo de reestruturação produtiva recente, as pequenas empresas funcionam como satélites em torno de grandes corporações que se relacionam por meio da subcontratação: a relação salarial substituída pela relação de subcontratação. Os laços entre esses agentes econômicos — pequena e grande empresa — são de profunda implicação ao ponto de o ritmo, organização e processo de trabalho do pequeno negócio dependerem sobremaneira das necessidades da contratante, o que indica que a inteligibilidade não está no tamanho da empresa ou na capacitação dos seus gestores, mas na dinâmica da relação de dominação que se processa por força sistêmica, subsistindo, assim, a dependência econômica da pequena empresa com a contratante e a hierarquia quanto a condições de trabalho e remuneração. Os laços de dominação estabelecem uma associação entre esses empresários — pequenos e grandes — de modo a rebaixar os custos do trabalho para o capital (Montaño, 1999).

Essa versão econômico-produtiva da economia solidária revela parte da condição social de sua existência nesse contexto e os limites da chamada *liberdade de negócio* ou *empreendedorismo* que marca o discurso liberal. Se se observarem as características do trabalho situado na pequena unidade produtiva e em situação de informalidade, verifica-se que se sustentam em trabalho com longas jornadas, baixas condições de segurança e rendimentos pequenos. Portanto, há que se desconstruir também o mito que atravessa essa retórica sobre o pequeno negócio e esclarecer esse sistema ideológico que transmuta trabalho depreciado em empreendimento, subordinação à contratante em liberdade de ação e realização pessoal. A opção é mais tortuosa do que se deixa transparecer: o sistema salarial não os acolhe com estabilidade ou com rendimentos compatíveis com a sobrevivência familiar. Por isso os trabalhadores migram para as pequenas ocupações informais — em economia solidária ou não — tornando-se essa opção uma escolha perversa que favorece a elite e torna os trabalhadores avalistas diretos da crise do capital.

Em contrapartida, para compreender melhor essas práticas e suas complexidades, os estudos sinalizam a exigência de se perceber que a perversidade do mercado tem sido contrabalançada pela solidariedade que emerge na produção associada, sendo esta capaz de estabelecer laços sociais como possíveis indutores de identidades entre trabalhadores deserdados do assalariamento e suas instituições. Para isso, um elemento primário nesse processo é a elevação da autoestima individual quando a penúria, a desproteção pública e o desamparo mercantil já imprimiram marcas de desalento nas subjetividades engendradas no drama da desocupação. Quer dizer, um dos sentidos sociais da economia solidária — mesmo nesse quadro de subordinação na estrutura econômica e social — é o de poder recolocar no terreno contraditório e adverso a possibilidade da associação entre trabalhadores. Outro, e de grande realce, é o de oferecer condições de que indivíduos se sintam amparados e com potencialidades para prover suas vidas, tamanhas as circunstâncias provocadoras de frustração e fracasso. (Tiriba, 2001; Gaiger, 2004; Souza, 2003). São resultados sociais que não se pode descartar ao se tomar a densidade da crise econômica e social, mas que também não afiançam a requalificação do Estado e da política, em médio e longo prazo, enquanto instâncias de publicização e negociação mais universalista da convivência.

Ao mesmo tempo, todo esse quadro exige pensar qual o sentido da institucionalização de políticas públicas nessa área e quais as possibilidades de, por meio delas, deixar emergir esse conflito do acesso e trânsito no mercado.

## *Origens da demanda por Política Pública para Economia Solidária*

Para fins de melhor compreensão dessa política pública é preciso ter em conta que a demanda chega ao cenário sociopolítico do país no lastro de alguns anos de experimentações, articulações políticas e agenciamentos produtivos envolvendo Organizações Não Governamentais (ONGs), movimentos sociais, Igreja e sindicatos. Já antes de alcançar o nível central da República, fora objeto de compromissos regionais em governos locais, como também em dimensão internacional, a exemplo da agenda elaborada a partir e nas variadas edições do Fórum Social Mundial.

No tocante às experimentações da sociedade, elas ganham sentido no amplo processo reformista dos anos de 1990 que desqualificou o Estado enquanto instância política e de proteção social, e no giro dos movimentos sociais na perspectiva de uma ação mais *testemunhal* — mostrar pragmaticamente como se faz. Floresceram entidades, associações e organizações novas e reestruturadas, ocupadas com a prática de gestão de programas sociais, velando pelo que se chamava "fortalecimento da sociedade civil" (Nogueira, 2004, p. 67). As ações no campo da geração de renda e trabalho são um bom exemplo disso, tendo muitas delas deslocado-se para economia solidária, onde de fato se evidencia, em suas experiências concretas, o apoio de Organizações Não Governamentais ou organizações religiosas a realizarem capacitação, assessoria, doação de recursos ou cessão de infraestrutura para a produção associada.[12]

Aos poucos essas experiências foram ganhando visibilidde local e incorporação em programas de governos locais como alternativa ao desemprego e desaquecimento econômico regional, mesmo com os limites de governabilidade sobre os fatores macroeconômicos. Isso é particularmente expressivo enquanto economia solidária em governos populares de esquerda, principalmente do Partido dos Trabalhadores. Nesse sentido, paulatinamente foi-se forjando nas regiões metropolitanas e rurais práticas de fomento à economia solidária, fortalecendo ações já existentes de organizações da sociedade e entidades religiosas ou sindicais. São destaques nessa direção o Governo do Estado do Rio Grande do Sul 1999/2002 (Leboutte, 2003), a Prefeitura de São Paulo (2000/2004), a Prefeitura de Recife (2000/2004), a Prefeitura de Santo André, a Prefeitura de Belém, a Prefeitura de Chapecó (SC), a Prefeitura de Porto Alegre, a Prefeitura de Caxias do Sul, a Prefeitura de Belo Horizonte, entre outros (Pochmann, 2004).

Na realidade, entre os anos 1980 e 1990, foram se processando experimentações variadas de práticas econômicas, mas é entre finais dos anos 1990, e início dos anos 2000 que ganha expressão um movimento de articulação de sujeitos políticos, valores e perspectivas sociais. O Quadro 1, a seguir, apresenta uma síntese dos principais marcos dessa tenra história.

Como se vê, tratou-se de uma dinâmica social contínua que envolveu ações nacionais e internacionais em torno das consequências da mundialização e maior concentração de riquezas. Nesse *continuum* fizeram-se plenárias, atuou-se no Fórum Social Mundial e criou-se o

---

12. Para uma breve sinalização a respeito dessas entidades, chama atenção a presença daquelas que atuaram e se projetaram no âmbito dos movimentos sociais nos anos de 1980, muitas de caráter nacional, o que tanto demonstra seu dinamismo como sua capilaridade e capacidade de articulação social, e, ainda, a presença da Central Única dos Trabalhadores (CUT) com sua Agência Nacional de Desenvolvimento (ADS) e sistema de crédito, apontando novo caminho para a entidade sindical. Conta a documentação investigada que a Igreja Católica teve um papel decisivo nos primórdios das experiências através da Cáritas, conforme registram Bertucci e Silva, 2003.

## QUADRO 1
Quadro sintético e histórico da economia solidária no Brasil

| Período | Acontecimento | Breve descrição |
|---|---|---|
| Anos 1980 e 1990 | • Primeiras experiências de economia solidária. | Experimentação de variadas experiências de geração de renda e trabalho por ONGs isoladamente e pela Cáritas através do seu programa Projetos Alternativos Comunitários (PACs). |
| 1998 | • Encontro Latino-Americano de Cultura e Socioeconomia Solidárias — Porto Alegre (RS). | Com a participação de países como México, Peru, Nicarágua, Bolívia, Espanha, Argentina e Brasil, elaborou-se a "Carta de Porto Alegre", na qual se definiu entendimento sobre a economia solidária como alternativa social, à internacionalização do capital e à pobreza dos países periféricos, estabelecendo estratégias para a constituição de uma rede na região. |
| 1995/ anos 2000 | • Experiências de políticas públicas regionais de economia solidária. | Práticas de fomento e fortalecimento de programas de geração de renda e trabalho baseadas em economia solidária em governos municipais e estaduais com destaque para o protagonismo do RS. |
| 1997/2001 | • Articulação Internacional. | Articulação intercontinental liderada pela Rede Peruana de Economia Solidária, Redes do Quebec/Canadá e da França em torno de uma globalização solidária. |
| 2000 | • I Encontro Brasileiro de Cultura e Socioeconomia Solidárias, em Mendes (RJ).<br>• Rede Brasileira de Socioeconomia Solidária (RBSES). | Com a participação de movimentos sociais, produtores populares e instituições de assessoria da sociedade civil, criou-se a Rede Brasileira de Socioeconomia Solidária, com o objetivo de constituir redes regionais para fortalecer, articular e divulgar os grupos de produtores e consumidores a fim de dinamizar a cadeia produtiva de economia solidária. |
| 2002 | • Rede Intercontinental pela Promoção da Economia Social e Solidária (Canadá). | Criação da rede com o objetivo de desenvolver respostas inovadoras para os problemas da internacionalização da economia e promover o intercâmbio entre países dos hemisférios norte e sul. |
| 2001/2004 | • Fórum Social Mundial. | Nas quatro edições do fórum, três delas realizadas em Porto Alegre e a última na Índia, os debates e intercâmbios de ideias e práticas em economia solidária foram paulatinamente crescendo e ganhando as principais atenções do evento. |
| 2001 | • Grupo de Trabalho Brasileiro de Economia Solidária* | Instituído durante o I Fórum Social Mundial (FSM) para articular o debate e as entidades interessadas no tema nacionalmente; representou as redes internacionais de economia solidária junto ao comitê internacional que promove as edições do FSM. |

| Período | Acontecimento | Breve descrição |
|---|---|---|
| 2001 | • Rede Global de Socioeconomia Solidária. | Criação da rede, com a participação de 21 países, durante o I Fórum Social Mundial, objetivando integrar e divulgar a produção e comercialização locais e nacionais. |
| 2002 | • I Plenária Brasileira de Economia Solidária. | Essa plenária discutiu e definiu a articulação nacional de trabalhadores envolvidos com economia solidária e entidades de assessoria. |
| 2003 | • III Fórum Social Mundial — Presidente Luiz Inácio Lula da Silva, récem empossado.<br>• II Plenária Brasileira de Economia Solidária. | O presidente assume compromisso de fortalecer a economia solidária em seu governo através de uma secretaria. |
| 2003 | • Secretaria Nacional de Economia Solidária. | Instituída a secretaria no âmbito do Ministério do Trabalho e Emprego, com a posse de Paul Singer por sugestão dessa articulação nacional de economia solidária. |
| 2003 | • III Plenária Brasileira de Economia Solidária.<br>• Fórum Brasileiro de Economia Solidária — FBES (Brasília).<br>• Fórum Nacional de Gestores de Políticas Públicas de Economia Solidária. | Plenária Nacional de Economia Solidária convocada pelo GT Brasileiro de Economia Solidária, precedida de plenárias regionais em 18 estados, constituiu com 800 delegados de todo o país o Fórum que passou a ser instância máxima de organização da sociedade nessa área. O fórum ficou composto por trabalhadores empreendedores da economia solidária, assessorias, gestores públicos e movimentos sociais atuantes nesse campo.<br>A partir do crescimento das práticas de economia solidária nos governos — iniciadas no Governo do Rio Grande do Sul (1999-2002) e Prefeitura de Porto Alegre (2000-2004) — desde 2002 se iniciou uma articulação entre os gestores governamentais e, em agosto de 2003, a rede de gestores de políticas públicas foi formalizada. |

*Fonte*: Elaborado pela autora a partir da documentação do FBES, consultada.

* Formado pelas seguintes entidades: Rede Brasileira de Socioeconomia Solidária (RBSES); Associação Nacional dos Trabalhadores em Empresas de Autogestão e Participação Acionária (Anteag); Federação dos Órgãos para Assistência Social e Educacional (Fase); Cáritas Brasileira; Instituto Brasileiro de Análises Sociais e Econômicas (IBASE); Instituto de Políticas Alternativas do Cone Sul (PACS); Rede Universitária de Incubadoras Tecnológicas de Cooperativas Populares (ITCPs); Rede Unitrabalho; Agência de Desenvolvimento Solidário da Central Única dos Trabalhadores (ADS/CUT); Associação Brasileira dos Dirigentes de Entidades Gestoras e Operadoras de Microcrédito, Crédito Popular Solidário e Entidades Similares (ABCRED); Confederação das Cooperativas de Reforma Agrária do Brasil do Movimento dos Sem-Terra (Concrab/MST); Secretarias de Economia do Governo do Rio Grande do Sul (1999-2002) e da Prefeitura de Porto Alegre (2000-2004).

Fórum Brasileiro de Economia Solidária, considerado hoje o espaço de articulação da sociedade a respeito desse tema. Conforme o processo de sua constituição ainda nas plenárias, o Fórum Brasileiro de Economia Solidária se organiza hoje com secretaria executiva, fóruns estaduais e coordenação nacional. Os sujeitos políticos diretamente envolvidos com a sua constituição foram trabalhadores de pequenas unidades produtivas populares e entidades conhecidas no cenário sociopolítico brasileiro pela atuação junto a movimentos sociais e lutas por democracia participativa.

Caudatária daquele movimento mais de fortalecimento da sociedade civil — para uma agenda principalmente ética — do que de disputa e enfrentamento político por hegemonia, a busca de alternativas de ocupação e renda se associou a um discurso crítico dos processos sociais engendrados por essa mundialização que dá supremacia à livre circulação e volatilidade do capital financeiro.[13]

Por meio dessas práticas econômicas há o chamado ao *consumo responsável*, derivado de um *comércio justo ou comércio ético e solidário*, e baseado na crítica ao consumismo do capitalismo que promove por um conjunto amplo de mediações a alienação social e, também na noção de desenvolvimento sustentável, orientado pela prática de negação dos produtos fabricados em condições de exploração do trabalho humano e de agressão ao meio ambiente.[14]

---

13. Vale aqui qualificar que a potencialidade política e ideológica do ativismo em torno do Fórum Social Mundial no sentido de confrontar o capitalismo e fortalecer iniciativas de emancipação social é ainda de frágil interpretação sociológica. Entretanto, o fato é que vem conseguindo reunir ativistas contrários à mundialização e vem proporcionando o intercâmbio de experiências, pesquisas e lutas sociais. As contradições que encerra fazem parte de sua virtuosidade enquanto estratégia política de sociabilidade antimundialização, posta num contexto de descenso dos movimentos sociais tradicionais de massa e de deslocamento do pensamento crítico das mazelas da sociedade de mercado. (Nogueira, 2004)

14. No contexto internacional, as práticas de *comércio justo* vêm sendo concebidas como de religação do Norte e Sul, ou seja, de relacionamento *justo* entre países ricos situados ao norte e países pobres do sul. Hoje, cerca de 340 cooperativas de 18 países do Sul mantêm acordos com entidades do Norte para esse comércio/consumo ético. Também conhecido como *Fair Trade*, nasceu nos anos de 1960 por iniciativa de europeus e norte-americanos de ONGs, agências de cooperação e grupos consumidores. Vender produtos feitos por pequenos produtores vitimados pelo isolamento comercial ou pela pobreza consistia em seu objetivo principal. Nos anos de 1970

Como se pode observar, há uma tensão nas narrativas sobre a economia solidária centrada nessa relação meios econômicos e emancipação, não estando em jogo somente a ocupação para fins de renda, mesmo que esse não seja um interesse distante. Isso se dá, antes de tudo, porque seus protagonistas se confundem com aqueles que vêm desenvolvendo ações contra as Agências Multilaterais (Fundo Monetário Internacional, Banco Mundial, Organização Mundial do Comércio, Organização para Cooperação e o Desenvolvimento Econômicos) e os acordos dos países ricos prejudiciais ao trabalho, à reprodução social e ao meio ambiente. A *economia solidária* aparece na narrativa dos sujeitos sociais empenhados na sua difusão como estratégia de gestação de uma vida social não subjugada ao mercado. Ainda que a materialidade disso não esteja bem delineada — ou que não possa se realizar sem transformações profundas no metabolismo do capital (Mészáros, 2002) — essa é a perspectiva de futuro manifesta nos diversos espaços da economia solidária. Quer dizer: em meio a ambiguidades desse conturbado processo de mudanças por que o capitalismo passa nos últimos vinte anos, há movimentos sinuosos que também apontam para a formulação de uma nova cultura do trabalho em sentido gramsciano, tendo o trabalho como mediação educativa de novas práticas e subjetividades centradas no homem e em sua emancipação.

---

definiram os princípios orientadores do que chamam relação comercial mais justa: preços mínimos e demandas de longo prazo para reduzir exposição a flutuações; preços justos (vinculados ao bem-estar de produtores e familiares) e proximidade com consumidores para excluir intermediação desnecessária; pré-financiamento da produção para viabilizar acesso ao capital; garantias de condições de trabalho saudáveis e seguras; proteção ao meio ambiente; igualdade de gênero; proteção às crianças; transparência na gestão e prestação de contas. Na segunda metade dos anos de 1980 em diante surgiram as iniciativas formalizadas de colaboração em torno do comércio justo como as entidades: Ifat (International Federation for Alternative Trade); Max Havelaen; EFTA (European Fair Trade Association); News (rede de 3.000 lojas europeias de comércio justo); FIF (Fair Trade Federation); FLO (Fair Trade Labeling Organizations International). No Brasil, as experiências nesse campo são ainda recentes e se articulam como economia solidária. Desde 2004, essas articulações vêm-se dando através do "Faces do Brasil" (Fórum de Articulação do Comércio Ético e Solidário do Brasil) constituído pelas seguintes entidades: Sere (Serviços, Estudos e Realizações para o Desenvolvimento Sustentável), FASE, Fundação Friedrich Ebert/Ildes, Fundação Lyndolfo Silva, Imaflora, Ministério do Desenvolvimento Agrário/ Secretaria da Agricultura Familiar, VIVA RIO, Visão Mundial e Prefeitura de São Paulo. No momento, discutem os padrões de comércio ético e solidário no Brasil, de modo a estruturar as práticas, dinamizar as trocas e estabelecer selos de qualificação.

Do ponto de vista dos documentos do Fórum Social Mundial, a produção associada, a diversidade da cultura local e a sustentabilidade ecológica dessas experimentações econômicas conformam os elementos-chave do que chamam de projeção de espaços não capitalistas. A forma cooperativa é revisitada em suas origens para tratar estruturas mais igualitárias e participativas da unidade econômica,[15] ainda que o cooperativismo tenha se acomodado ao capitalismo, de que são exemplos as cooperativas que conseguiram se colocar no mercado funcionando quase como empresas, com espaço inclusive para aquelas que existem legalmente enquanto tais, mas que correspodem a organizações de fachada, cuja lógica é basicamente o lucro. Fazem uso das facilidades para acesso a crédito ou benefícios fiscais, mas se regem por práticas formalistas e autocráticas, sem participação substantiva dos seus membros.[16] As cooperativas de que se fala nesse terreno do Fórum Social Mundial e da economia solidária são as que resgatam as pioneiras referências do século XIX e a compatibilizam com as necessidades sociais contemporâneas de um desenvolvimento sustentável, multicultural e solidário porque plasmado na gestão e propriedade coletiva das unidades econômicas.

---

15. Refere-se aos valores experienciados nas práticas inglesas de Rochdale iniciadas em 1844 pelos trabalhadores industriais, e que se multiplicaram por outras iniciativas na Inglaterra e no mundo, sendo por isso considerada a experiência pioneira, a experiência *mater* do cooperativismo.

16. Há ainda as cooperativas que se tornam formas de precarização do trabalho, possibilitando ao "empresário" não assumir encargos trabalhistas e remunerar menos os empregados. No Brasil, são também conhecidas como "pseudocooperativas" ou "cooperfraudes". As cooperativas de trabalho estão hoje entre as que mais crescem no cenário nacional. Por meio da Lei n. 8.949/1994, aboliu-se o vínculo empregatício entre o cooperativado (cooperativa de trabalho) e o tomador dos serviços — o contratante da cooperativa. Daí em diante proliferaram as cooperativas de trabalho, tanto em setores de baixo dinamismo econômico como naqueles de mão de obra qualificada. Chegam a ser objeto de conflitos entre o Ministério Público do Trabalho e o próprio executivo federal na medida em que divergem quanto à caracterização dessa prática e sua ação desestruturadora sobre as relações de emprego. O conflito é de tal dimensão que no âmbito do própro Ministério do Trabalho e Emprego é possível encontrar incentivo a essas cooperativas na Secretaria de Política de Emprego e sua condenação pela instância responsável pela fiscalização do trabalho no ministério. Dentro do sistema OCB (Organização das Cooperativas do Brasil), das 7.549 cooperativas, 2.109 são cooperativas de trabalho, sendo que em 1996 esse número não excedia a 699.

## *A Secretaria Nacional de Economia Solidária: concepções e diretrizes da política*

Da perspectiva do Estado, um importante marco foi a criação da Senaes e a absorção da plataforma de sociabilidades autogestionárias sugeridas pelo Fórum Brasileiro de Economia Solidária. Nesse processo de adesão do governo federal delineia-se uma feição particular para secretaria nacional.

Por um lado, a Senaes parece transitar entre uma concepção difusa dentro daquele universo de práticas de economia popular, e o limite à economia solidária como *associativismo popular*, *empresas autogestionadas* e *cooperativas populares*. As unidades autogestionadas se referem às empresas que em situação falimentar são assumidas pelos trabalhadores em troca do passivo trabalhista e que se organizam mediante autogestão.[17] O cooperativismo popular diz respeito às experiências formalizadas ou não de cooperativas de pequeno porte com grande expressão nos centros urbanos, mais especificamente em áreas como artesanato, material reciclado, confecção de roupas, alimentação e serviços. Há ainda as cooperativas rurais vinculadas ao Movimento dos Sem-Terra (MST) e/ou à agricultura familiar que também potencializam as práticas de economia solidária seja pelas virtudes da sus-

---

17. Essas experiências são representadas pela Associação Nacional dos Trabalhadores em Autogestão e Participação Acionária (Anteag) — criada a partir das experiências dos anos 1990, quando trabalhadores assumiram empresas no rastro das falências e desempego oriundos da recessão e abertura econômica do mercado ao capital internacional. Atuou desde então com variadas empresas em situação falimentar como: Calçados Markely, Gurgel (atual Cooperativa dos Trabalhadores da Gurgel), Vila Romana (atual Coopervest), Conforja (atual Uniforja), CBCA (atual Cooperminas), Bestet (atual Hidro-Phoenix). Uma experiência da Anteag que merece destaque pela dimensão de possibilidades produtivas é a da Companhia Agrícola Harmonia (Usina Catende) em Pernambuco. Na origem, uma empresa sucroalcooleira em falência, hoje, em regime de cogestão entre trabalhadores e justiça — composta por 48 engenhos numa área de 26 mil hectares, uma hidroelétrica, 8 açudes e um parque industrial para produção de açúcar, além de cerâmica industrial e uma metalúrgica. Aprimorando-se nesse segmento da autogestão tanto no campo como na cidade, desenvolve ações de assessoria e capacitação também junto a governos regionais acerca de cooperativismo e economia solidária em geral, como foi o caso no Governo do Rio Grande do Sul ou nas experiências mantidas até hoje em São Paulo, Santa Catarina e Pernambuco.

QUADRO 2

A economia solidária no governo federal

| | |
|---|---|
| **Concepção** | Atividades econômicas — de produção, distribuição, consumo, poupança e crédito — organizadas sob a forma de autogestão (propriedade coletiva do capital e participação democrática — cada cabeça um voto). |
| **Programa** | Economia Solidária em Desenvolvimento.* |
| **Objetivos do programa** | Fortalecimento e divulgação da economia solidária nacional, mediante políticas integradas, visando à geração de trabalho e renda, à inclusão social e à promoção do desenvolvimento justo e solidário. |
| **Objetivos específicos para Implementação** | • Elaboração e proposição de medidas para articulação de políticas de finanças solidárias;<br>• Intervenção na revisão da legislação de cooperativas e proposição do estatuto do empreendimento autogestionário;<br>• Fortalecimento dos empreendimentos por meio do fomento material, articulação das cadeias produtivas e apoio ao consumo ético e ao comércio justo;<br>• Estimulação à produção de conhecimentos, sistema de avaliação e de informações sobre economia solidária;<br>• Fortalecimento dos espaços de organização da sociedade civil e demais entes governamentais para formulação de políticas públicas para o setor. |
| **Público-alvo** | • Trabalhadores em risco de desemprego, trabalhadores autônomos, trabalhadores informais, pequenos produtores familiares rurais e urbanos, redes de economia solidária, empreendimentos de economia solidária (cooperativas, empresas autogestionárias, associações e outros), agência de fomento da economia solidária, fóruns municipais e regionais de desenvolvimento, beneficiários de programas governamentais de inclusão social. |
| **Estrutura da Senaes**** | • Departamento de Estudos e Divulgação.<br>• Departamento de Fomento à Economia Solidária. |
| **Linhas de ação** | • Funcionamento do Conselho Nacional de Economia Solidária;<br>• Fomento à Geração de Trabalho e Renda em Atividades de Economia Solidária;<br>• Constituição e Consolidação de Políticas Públicas de Economia Solidária;<br>• Promoção do Consumo Ético;<br>• Assistência Técnica para Geração de Finanças Solidárias. |

*Fonte*: Elaborado pela autora a partir da documentação da Senaes, consultada.

* "Nós tínhamos possibilidade de ter mais de um programa. Iniciamos o processo discutindo três programas de economia solidária. E achamos, no final da discussão, que ficaríamos mais fortes se nós tívessemos um programa que articulasse o conjunto de ações para a economia solidária" (Schiochet, 2003).

** A secretaria conta ainda com as DRTs — Delegacias Regionais do Trabalho, que passaram a representar e difundir a economia solidária em nome da secretaria e do ministério, localmente.

tentabilidade ecológica, seja pela organização coletiva da produção da terra, equipamentos e repartição do produto.[18]

Na realidade, a Senaes incorpora a responsabilidade de atenção a esses novos segmentos cooperativistas populares. As grandes cooperativas da agropecuária, por exemplo, que se associam à estratégia do agronegócio, não estão sob a proteção da Senaes. Na estrutura federal, o cooperativismo até então era incluído entre as áreas de atenção do Ministério da Agricultura, particularmente do seu Departamento Nacional de Cooperativismo (Denacoop), que apesar da pasta específica, ali também absorvia e absorve propostas de financiamento para cooperativas urbanas. Trata-se de uma situação confusa no âmbito da organização do governo há várias décadas, a qual, com o crescimento e diversidade do cooperativismo na atualidade, precisa ser retomada.[19]

Ainda que essas indefinições e ambiguidades possam servir para confundir a política e o acesso aos serviços, tanto os articuladores do

---

18. No caso do MST grande parte das 140 mil famílias assentadas organizam-se em cooperativas de produção e muitas delas estão reunidas na Concrab (Confederação das Cooperativas de Reforma Agrária do Brasil). Em encontro dos agricultores familiares (julho 2004) instituiu-se a Associação Brasileira de Agricultura Familiar e Economia Solidária.

19. A OIT define, em sua Recomendação n. 193/2002, a cooperativa como "uma associação autônoma de pessoas unidas voluntariamente para satisfazer suas necessidades e aspirações econômicas, sociais e culturais em comum por meio de uma empresa de propriedade conjunta e de gestão democrática". No Brasil, o cooperativismo se rege pela Lei n. 5.764/71, corrigida na Constituição Federal de 1988 com a outorga de autonomia perante o Estado. O sistema cooperativo é unificado em torno da Organização das Cooperativas Brasileiras (OCB) desde a promulgação da lei de 1971. Transitam na Câmara Federal variados projetos de reformulação da lei, ainda sem destino certo. O cooperativismo brasileiro até recentemente era de baixa expressão nos centros urbanos, por isso talvez a política de apoio tenha se mantido no Ministério da Agricultura, voltada principalmente para as unidades rurais. Para os sujeitos políticos da economia solidária, a OCB representa uma vertente de cooperativismo "tradicional" porque acomoda a perspectiva empresarial de maior acumulação e a gestão formalista distante da democracia participativa gênese das práticas autogestionárias. Essa disjunção de interesses mostra a urgência de se pensar o cooperativismo globalmente no país, e numa forma de garantir igualdade de tratamento pelo poder público para as diversas experiências existentes. Para se ter ideia da premência de se enfrentar isso basta saber que o Sistema S destinado à educação e capacitação — a exemplo do Serviço Social do Comércio (Sesc), Serviço Nacional de Aprendizagem Comercial (Senac), Serviço Social da Indústria (Sesi), Serviço de Apoio às Micro e Pequenas Empresas (Sebrae) — também acorre recursos financeiros para o cooperativismo, no caso, para a OCB através do seu Serviço Nacional de Aprendizagem do Cooperativismo (Sescoop).

movimento em torno da economia solidária quanto a Senaes não concebem a política pública na área como limitada a uma instância administrativa do governo federal, ao contrário, requerem a transversalidade da economia solidária pelas diversas pastas temáticas, fortalecendo as variadas ações públicas, como pode ser visto no Quadro 3, a seguir.

Esse enquadramento transversal carrega uma visão bastante contemporânea de gestão de política pública, mas seu êxito ainda está por se colocar, sobretudo se se lembrar que a estruturação do governo responde também à distribuição e ao acesso a recursos financeiros e de poder, o que pode tornar imprecisa a inserção da economia solidária na totalidade dos projetos governamentais.[20]

Por outro lado, no conjunto, as estratégias e plano de ação da Senaes acompanham as requisições elencadas pela Plenária Nacional e, mais recentemente, pelo Fórum Brasileiro de Economia Solidária. De modo geral, a secretaria, através de seu secretário e diretores, em depoimentos e documentos, prima por reiterar a sua associação ao movimento e ao fórum. E de certa forma deles recebeu uma pasta de problemas para fomento e desenvolvimento dessas unidades produtivas autogestionárias no Brasil, dispostas em grandes temas que formam o que se chama, no meio, de plataforma da economia solidária:

a) marco legal;
b) rede de produção, comercialização e consumo;
c) finanças;

20. Além disso, a questão não é de mão única e, por isso, talvez a opacidade da ação do Estado já que, apesar da retórica em torno da formalização e estruturação do pequeno negócio, é pela desestruturação que o setor se mantém e à luz do consentimento do Estado — quando faz vistas grossas às práticas aviltantes de trabalho e quando limita a fiscalização no setor. O subsídio público corrobora esse consentimento desde sempre afiançado pelo Estado. Nesse sentido, a regulação pública no setor é mais complexa do que se imagina e envolve interesses econômicos e políticos (legitimação) dos grandes conglomerados que tiram vantagens dessa feição da economia. E esses interesses estão representados no interior do Estado e nas práticas de governo colidindo ou transitando com a economia solidária. A não percepção disso pode levar a uma interpretação ingênua das ações governamentais na área ou a abdicar da escolha de táticas politicamente adequadas ao processo de disputas e enfrentamentos políticos.

QUADRO 3
Transversalidade da economia solidária no governo

| Órgão | Principais ações/programas interface com Senaes |
|---|---|
| 1) Ministério da Agricultura, Pecuária e Abastecimento | Fomento ao cooperativismo através de capacitação tecnológica, educação associativista, estímulo à exportação, formação e ocupação de incubadoras de cooperativas populares, desenvolvimento de ações de cooperação entre cooperativas e financiamento de cooperativas (Denacoop — Departamento Nacional de Cooperativismo da Secretaria de Apoio Rural e Cooperativismo do Ministério). |
| 2) Ministério das Cidades | Programa de Crédito Solidário — Programa habitacional com juro zero e pagamento em até 240 meses, para famílias que ganham até 3 salários mínimos, organizadas em associações ou cooperativas habitacionais (Portaria n. 361/24-8-2004/recursos do Fundo de Desenvolvimento Social). |
| 3) Ministério do Desenvolvimento Agrário | Projeto de Comércio Ético e Solidário — promoção de feiras e mostras para realização de redes solidárias de produção e comércio e de articulação das potencialidades locais como alternativa concreta de negócios (SRA-Secretaria de Reordenamento Agrário) Desenvolvimento Local de regiões de reforma agrária e agricultura familiar onde se destaca o fortalecimento de sistemas associativos e cooperativos (SDT — Secretaria de Desenvolvimento Territorial).<br>Fortalecimento da produção e comercialização da agricultura familiar através do Pronaf (SAF — Secretaria de Agricultura Familiar). |
| 4) Ministério do Desenvolvimento Social e Combate à Fome | Programa Fome Zero — a) Geração de Emprego e Renda: aumento do volume de crédito do BNDES, CEF e BB para pequenas empresas e fortalecimento de agências de microcrédito solidárias; b) Incentivo à Agricultura Familiar por meio de cooperativas de produção e comercialização; c) Amazônia Solidária, voltado para o fortalecimento econômico e social sustentável da Amazônia através de associações e cooperativas agroextrativistas. |
| 5) Ministério da Educação | Programas de extensão de apoio e/ou fomento a iniciativas de economia solidária e incubagem — Incubadoras Tecnológicas de Cooperativas Populares. Ações educativas escolares no âmbito de atividades curriculares de educação profissional e educação no campo. |
| 6) Ministério do Meio Ambiente | De modo difuso no conjunto de ações sobre desenvolvimento sustentável e agroextrativismo. |
| 7) Ministério da Ciência e Tecnologia | Programa Nacional de Incubadoras de Cooperativas Populares — Proninc — destinado ao fomento de incubadoras universitárias para cooperativas populares. |
| 8) Secretaria Nacional Especial para Políticas Públicas de Promoção da Igualdade Racial | Ações de natureza produtiva e de consumo que favoreçam a igualdade racial, étnica e de gênero, com destaque para as comunidades quilombolas. |

*Fonte*: Elaboração da autora a partir de documentos e depoimentos públicos de membros da Senaes.

d) educação;
e) comunicação;
f) democratização do conhecimento e da tecnologia.

No marco legal são apresentados problemas e necessidades de políticas públicas que enfrentem os obstáculos ao amparo legal do trabalho autogestionário. A legislação brasileira não atende à regulação de trabalho coletivo, prevalecendo a visão individualista e mais centrada no capital privado. Por isso não há cobertura prenunciada para o associativismo de economia solidária, autogestão e cooperativismo popular. A dinâmica e diversidade dessas formas coletivas de trabalho não são repercutidas em lei e garantidas como direito. A questão tributária pode ser um exemplo dos problemas daí decorrentes, na medida em que a carga de tributos e o excesso de procedimentos administrativos-burocráticos obstaculizam a prática dessas unidades produtivas, embora a Constituição Federal (Brasil, Constituição, 1988) registre interesse em apoiar e estimular o cooperativismo e outras formas de associativismo, além de indicar lei complementar para dar tratamento tributário adequado às cooperativas (arts. 146 e 174).

Por meio desse tema, deseja-se introduzir o debate da regulação pública do chamado trabalho informal, fazendo migrar preocupações históricas de proteção social para o universo do trabalho não assalariado. Não se trata somente de elaboração de texto de lei, mas de enfrentamento de interesses e conflitos nas relações sociais em torno das instituições econômicas, fundos públicos e mercado. Como se pode depreender do Quadro 4, a seguir, trabalhadores organizados coletivamente estão demandando do Estado respostas para esses formatos coletivos de unidades econômicas, de modo a terem sustentabilidade face à desigual competição no mercado. Apresentam como contrapartida a geração de trabalho e renda e dinamização da economia local (bairros e municípios).

## QUADRO 4
Marco legal

| Problemas | Propostas de políticas públicas |
|---|---|
| As reformas em curso no Estado não atendem às especificidades da economia solidária. | • Definir políticas de interesse da economia solidária para serem incorporadas nos debates das reformas tributária, previdenciária, trabalhista e fiscal.<br>• Elaborar e atualizar leis específicas da economia solidária nessas áreas. |
| Dificuldades legais para comercialização dos produtos e serviços da economia solidária. | • Elaborar legislação que formalize e regule compras coletivas, lojas solidárias, cartões de crédito solidários, feiras, sistemas de troca com moeda social, agricultura familiar orgânica e comércio justo. |
| Dificuldades para atender as normas tributárias e fiscais. | • Estabelecer tributação específica para os empreendimentos de economia solidária, considerando escala de produção, número de trabalhadores envolvidos, tipos de produtos e bens.<br>• Isentar impostos municipais, estaduais e nacionais para a compra de matéria-prima, equipamentos, máquinas, veículos. |
| Obstáculos à comercialização quanto a acesso a mercados, sustentabilidade e concorrência. | • Rever a Lei de Licitações (n. 8.666, de 21/6/1993) que impossibilita a compra e venda de produtos da economia solidária, estabelecendo critérios diferenciados para participação dos empreendimentos solidários nas concorrências públicas.<br>• Regularizar as atividades dos empreendimentos de economia solidária com a emissão de um CNPJ e nota de venda especiais para viabilizar a participação em licitações.<br>• Definir zonas especiais para implantação de projetos de economia solidária para serem incorporados no Plano Diretor Urbano e estatuto das cidades.<br>• Garantir interesse preferencial do setor público para contratação de cooperativas para prestação de serviços nas esferas municipal, estadual e federal. |
| Indistinção da economia solidária na dinâmica econômica geral. | • Estabelecer marco jurídico específico, abordando a economia solidária como um sistema próprio, definindo as distinções frente ao setor estatal e ao setor privado mercantil. |
| Indefinição quanto à natureza jurídica dos empreendimentos de economia solidária. | • Conceituar normativamente empresas de autogestão, cooperativas populares e organizações de economia familiar. |
| Defasagem da legislação (Lei n. 5.764) que regula o cooperativismo das necessidades e práticas atuais. | • Elaborar nova legislação para o cooperativismo e empresas autogestionadas, considerando aspectos como o número de participantes, não obrigatoriedade da unicidade de representação, acesso ao crédito, diferenciação tributária, mudança no caráter do benefício do INSS para quem é cooperado e respeito às diferentes concepções de cooperativismo. |

| Problemas | Propostas de políticas públicas |
|---|---|
| Ausência de legislação que regule e ampare o trabalho na economia solidária. | • Reconhecer o Estado essas outras formas de organização do trabalho, fundadas em princípios populares e solidários por meio de lei de incentivo e apoio ao seu desenvolvimento.<br>• Aperfeiçoar a fiscalização dos empreendimentos autogestionários, buscando evitar fraudes que visam terceirização de mão de obra e redução de encargos legais.<br>• Assegurar o cumprimento efetivo no Brasil das Convenções ns. 100 e 111 da OIT e a ratificação da Convenção n. 156 (trabalhadores com responsabilidades familiares) pelo governo brasileiro. |
| Obstáculos da legislação para que trabalhadores possam assumir empresas falidas. | • Negociar condições para que a lei de falências favoreça a aquisição das empresas por parte dos trabalhadores excetuando-se as dívidas da empresa (passivo da massa falimentar) |

*Fonte*: Elaborado pela autora a partir da Plataforma da Economia Solidária, FBES.

No âmbito regional já existem três experiências de regulação da economia solidária: do Governo do Rio Grande do Sul (Decreto n. 41.062 — 21/9/2001), da Assembleia Legislativa de Minas Gerais (Lei n. 15.028/2004) e, outro, em processo de discussão na Câmara Municipal de Recife. De maneira geral, essas regulamentações estabelecem parâmetros de organização e definição de programa, bem como conceituação de áreas de atuação e formas de gestão. A exigência aqui para a dimensão federal é de maior profundidade em termos das relações econômicas e sociais.

Um segundo campo temático requerido para investimento público diz respeito à cadeia produtiva desses trabalhos autogestionários que tem especificidades em termos de produção e comercialização. Esse campo envolve o ponto central da economia solidária: as condições para produzir, o acesso vantajoso à matéria-prima e equipamentos, a organização da produção, a tecnologia, o escoamento para a comercialização, o acesso a mercados específicos para o consumo de produtos socialmente sustentáveis. A perspectiva é de que o Estado auxilie o segmento para constituir cadeia produtiva e de consumo à parte e/ou que dê suporte para amenizar a concorrência com os capitalistas que têm sistema de produção mais rentável, capital de giro e crédito

QUADRO 5
Redes de produção, comercialização e consumo

| Problemas | Propostas de políticas públicas |
|---|---|
| Dificuldades do empreendimento isoladamente adquirir matéria-prima, equipamentos, aperfeiçoar sistema produtivo e comercializar os produtos e serviços. | • Desenvolver, fortalecer e articular as redes de produção e consumo em nível local, regional, nacional e internacional, propiciando a auto-sustentabilidade dos empreendimentos.<br>• Garantir recursos para a construção, articulação e monitoramento das redes de economia solidária, viabilizando, assim, sua interação, inclusive entre cidade e campo.<br>• Organizar cooperativas de consumo e central de compras coletivas.<br>• Investir na formação de redes regionais de comercialização e consumo que congreguem os vários tipos de cooperativas (central de cooperativas coletivas). |
| Falta de estímulo do poder público para consumir bens e serviços da economia solidária. | • Criar mecanismos que possibilitem compras governamentais dos produtos e serviços solidários e regionalizados, com preferência em licitações.<br>• Estabelecer cotas para compras governamentais de produtos da economia solidária como forma de incentivo a área e distribuição de renda. |
| Dificuldades para disseminar informações sobre produtos e serviços dos empreendimentos para sua comercialização. | • Criar o portal brasileiro de economia solidária, apoiando a estruturação de redes nacionais de comercialização e de intercâmbio de informações, localização de produtos e serviços, diagnósticos de cadeias produtivas e transferência de tecnologia; facilitando parcerias, negócios e investimentos coletivos entre os empreendimentos; dando-lhes visibilidade nacional e internacional; facilitando a elaboração de catálogos e o contato mais direto entre produtores e consumidores e a integração cidade/campo. |
| A não identificação da distinção social dos produtos da economia solidária perante os produtos da economia mercantil. | • Aprofundar o debate sobre marcas e selos de certificação em sistemas participativos e o seu emprego, adaptável às realidades locais e regionais do país, facilitando o processo de identificação dos produtos e serviços da economia solidária para consumidores em seu ato de compra no mercado nacional e internacional. |
| Dispersão territorial das unidades de economia solidária que dificulta o acesso da população. | • Defender a produção familiar da competição desigual, por meio de uma adequada política de preços mínimos e de compras privilegiadas da produção familiar agroecológica e solidária.<br>• Utilizar de espaços públicos ocisosos ou a construção de espaços como locais de troca, comercialização de produtos da economia solidária e armazenamento de materiais reciclados. |

*Fonte*: Elaborado pela autora a partir da Plataforma da Economia Solidária, FBES.

para disputar espaço no mercado. Espera-se apoio do Estado para ações produtivas, de comercialização e de consumo que sejam coletivizadas para dar viabilidade econômica às atividades, potencializando a escala de compras, produção e comercialização. A base disso é que o trabalhador ou a unidade econômica isolados não sobrevivem no mercado sem rede de compras e distribuição, reconhecimento institucional ou amparos fiscais.

O terceiro tema recorrente em importância no debate dos trabalhadores associados e na pauta da Senaes é o problema do financiamento das unidades autogestionadas. Os entraves dizem respeito às dificuldades dos pequenos produtores para terem acesso a crédito e outros serviços financeiros. O universo é bastante complexo, mas a questão se concentra na restrição à pulverização do crédito e de pequenas instituições financeiras autogestionadas, por força dos interesses dos grandes aglomerados financeiros. Iniciativas que vêm sendo tomadas nos últimos anos[21] deixam a matriz do problema intocável, pois permanece com o Banco Central e o Conselho Monetário Nacional a normatização. Seria o caso de tomar a forma de uma decisão de Estado para democratizar o acesso às finanças e suas instituições como o microcrédito popular.[22] Isso significa na pauta da economia solidária abrir a possibilidade de ampliação de cooperativas de crédito e bancos populares que possam investir e subsidiar a pequena produção e consumo das localidades, tendo como associados os próprios usuários dos serviços,[23]

21. Resolução n. 3.058, de 20/12/2002, e Resolução n. 3.106, de 25 de junho de 2003, do Banco Central do Brasil.

22. O microcrédito baseado em pequenos empréstimos avalizados em relações de vizinhança ficou conhecido pela experiência indiana iniciada com Muhammad Yunus com o Grameen Bank nos anos 1970. Disseminou-se no mundo, e, hoje, afastado de suas perspectivas iniciais, o conceito de microcrédito é adotado pelo mercado financeiro sob as orientações do Banco Mundial e FMI, induzindo a criação de carteiras de crédito específicas para o setor informal e de pequenas empresas nos bancos tradicionais. A Organização das Nações Unidas acredita que estratégias socioeconômicas dessa natureza podem colaborar com os objetivos de desenvolvimento do milênio, por isso instituiu o ano de 2005 como Ano Internacional do Microcrédito visando promovê-lo no combate à pobreza.

23. No âmbito dos debates e publicações da economia solidária costuma-se dar bastante relevo à experiência cearense de programa de geração de renda e trabalho da Associação de

QUADRO 6
Finanças

| Problemas | Propostas de políticas públicas |
| --- | --- |
| Ausência de destinação de recursos específicos e permanentes para o setor. | • Criar Fundo Nacional de Economia Solidária, com recursos públicos e privados, fontes locais, regionais, nacionais e internacionais, com gestão descentralizada e participativa. |
| Tratamento indiferenciado para acesso a recursos financeiros de segmentos socialmente mais vulneráveis. | • Estabelecer linhas específicas de financiamento para comunidades de baixa renda, negras, indígenas, para mulheres em risco social e portadores de necessidades especiais.<br>• Estabelecer linhas especiais para empreendimentos em sua fase inicial e para comercialização de produtos. |
| Restrição de acesso a crédito nas instituições financeiras tradicionais em razão de as garantias exigidas serem inadequadas para os empreendimentos populares e solidários. | • Criar institutos específicos e fortalecer rede de instituições financeiras locais como cooperativas de créditos, bancos cooperativos, ONGs, OSCIPs, banco do povo e programas governamentais.<br>• Estabelecer concessão de crédito para trabalhadores de empresas em situação pré-falimentar, condicionando mudança de gestão e participação dos trabalhadores no controle do passivo dessas empresas.<br>• Dinamizar moedas sociais, clubes de trocas, modalidades de aval comunitário e solidário.<br>• Constituir um sistema nacional de finanças solidárias, vinculando-o à política de desenvolvimento territorial local. |
| Dificuldade de acesso ao conjunto de serviços financeiros pelas operadoras de crédito popular. | • Revogar as limitações legais impostas às instituições operadoras de crédito popular, como ONGs e OSCIPs, para que possam oferecer outros serviços financeiros como seguros, poupança, títulos de capitalização e outros. |
| Caráter antissocial dos altos lucros dos bancos oficiais com uso absolutamente privado dos investimentos. | • Destinar os recursos de poupança para o desenvolvimento local.<br>• Definir cota dos recursos dos bancos públicos e privados para financiar economia solidária.<br>• Modificar regras de acesso ao Pronaf e ao Proger, reduzindo os valores das taxas de transação bancárias.<br>• Garantir critérios de financiamento, valores, juros, carências, prazos, garantia e sistema de cobrança e devolução adequados às condições socioeconômicas e culturais dos empreendimentos solidários.<br>• Ampliar os critérios de limite de crédito com base no cálculo per capita de postos de trabalho gerados e não por empreendimento. |

*Fonte*: Elaborado pela autora a partir da Plataforma da Economia Solidária, FBES.

associando financiamento com desenvolvimento produtivo local, o que é bastante diferente da bancarização que se realiza com o chamado microcrédito dos bancos oficiais por meio do Programa de Incentivo à Implementação de Projetos de Interesse Social (Brasil, Medida Provisória n. 122/2003).

Os demais campos temáticos se concentram em problemas e incentivos públicos, na difusão e qualificação da educação e comunicação em economia solidária, tanto para os trabalhadores autogestionários, como para a sociedade em geral, de modo a fortalecer as práticas existentes e disseminar os valores que lhe são inerentes. Envolvem tanto a capacitação dos trabalhadores nas especificidades da autogestão e da área técnica específica, como também o investimento em pesquisa tecnológica e em sua necessária democratização.

No caso da capacitação, a formação para a prática produtiva autogestionária enseja superar as relações de subjugação no processo de trabalho que ganha feição de espaço educativo como *locus* da produção material e espiritual, baseada na hegemonia do homem e do trabalho. Em outro registro, intenta criar condições para formação e informação da sociedade, de modo a constituir consumidores eticamente implicados com a produção associada e a sustentabilidade social e ecológica da unidade de produção.

Quanto à questão tecnológica há acentuado referendo para as incubadoras enquanto estágio de desenvolvimento a ser estimulado pelo

---

Moradores do Conjunto Palmares, localizado na grande Fortaleza, nomeado "Banco Palmas". O referido programa teve início na segunda metade dos anos 1990 e decorreu da avaliação da associação quanto aos limites do processo de urbanização, que se realizou na localidade com benfeitorias urbanas para a antiga favela, mas que gerou dificuldades para permanência dos moradores em razão dos custos dos serviços urbanos e da especulação imobiliária. A valorização da localidade expulsava os moradores para lugares mais insalubres e distantes. A associação passou então a desenvolver ações de geração de renda, criando um programa que associava o desenvolvimento do pequeno negócio local — a preços mais competitivos para os moradores — com pequenos empréstimos sem se vincular aos pesados critérios dos programas governamentais apoiados em juros altos, ficha de crédito ilesa e avalistas com garantias econômicas. O Banco Palmas, gerenciado pela Associação de Moradores, se baseia nas relações de vizinhança como medida de segurança para aprovação de crédito, tendo por meio dessas ações dinamizado as relações de produtores e consumidores na região. (Ver a respeito: Magalhães e Melo Neto, 2003) poder público. Trata-se do legado de quase dez anos de experiência com as Incubadoras Tecnológicas de Cooperativas Populares (ITCP). Hoje, algumas prefeituras já têm suas experiências de incubagem, mas as primeiras e ainda a maioria são incubadoras vinculadas à área de extensão das universidades. A ideia deriva da experiência de incubagem de empresas — adequada, no caso, ao cooperativismo popular — e visa dar infraestrutura, assessoria e capacitação para estruturar cooperativas populares criadas por iniciativa de trabalhadores desempregados ou em situação de precarização. Em 1999, essas incubadoras foram reunidas em rede, a Rede Universitária de Incubadoras Tecnológicas de Cooperativas Populares formada por 16 incubadoras: Universidade Federal do Rio de Janeiro (UFRJ), Universidade de São Paulo (USP), Universidade Federal do Ceará (UFC), Universidade Federal do Rio Grande do Norte (UFRN), Universidade Federal Rural de Pernambuco (UFRPe), Universidade Estadual da Bahia (UEB), Universidade Federal de Juiz de Fora (UFJF), Universidade Federal de São João Del Rei (UFSJ), Universidade Federal de Viçosa (UFV), Universidade Federal de São Carlos (Ufscar), Pontifícia Universidade Católica de São Paulo (PUC-SP), Universidade Estadual de Campinas (Unicamp), Universidade Federal do Paraná (UFPR), Universidade Regional de Blumenau (Furb), Universidade Católica de Pelotas (UCP) e Universidade do Vale Rio dos Sinos (Unisinos). Merece destaque o protagonismo das incubadoras da Universidade Federal do Rio de Janeiro (UFRJ) — primeira a ser criada no país, em 1995 — e da USP, de onde emergiram diversos trabalhos, pesquisas e seminários coordenados pelo atual secretário nacional, Paul Singer, e parte de sua equipe no governo.[24]

---

24. No caso das incubadoras de governos locais, pelo que se sabe, são programas de incubagem que se realizam a partir de convênios com incubadoras universitárias, como das prefeituras de São Paulo, Santo André e Recife. As incubadoras universitárias compõem a Unitrabalho — outro efetivo agenciador nesse campo da economia solidária — rede universitária nacional que agrega 92 universidades e instituições de ensino superior, criada em 1996, para articular e promover parcerias de pesquisas e estudos sobre o trabalho (<www.unitrabalho.org.br>). Vale dizer que figura entre programas de fomento do governo federal o Proninc (Programa Nacional de Incubadoras de Cooperativas Populares) criado entre 1995 e 1997, tendo como financiadora a Finep, o BNDES e o Banco do Brasil, que vêm aumentando volume de recursos, promovendo com isso maior engajamento das universidades.

Isso posto, pode-se perceber que a pauta de diálogo do Fórum Brasileiro de Economia Solidária com a Senaes é razoavelmente densa na medida em que abarca a dimensão cultural, científico-tecnológica e o fomento direto da cadeia produtiva em termos financeiros e materiais. A Secretaria firma compromisso de manter esse diálogo em razão da concepção de gestão; a Senaes seria um prolongamento disso à medida que a autonomia perante o Estado fosse uma exigência política entendida pelos governantes.

Essa interface tende a ser ampliada com o Conselho Nacional de Economia Solidária, previsto para ser instalado por força da Lei n. 10.683, de 28/5/2003, com representação do Governo Federal, dos Fóruns de Economia Solidária e de outros setores da sociedade civil, com o fim de elaborar e avaliar as políticas públicas para a área.

A intenção de transversalidade e parceria com outros ministérios e órgãos é bem clara na proposta de gestão exposta em documentos oficiais e depoimentos públicos, o que pode ter duas faces: de um lado, a fragilidade de poder para fazer frente às negociações de governo e elevar a economia solidária à condição política exigida; de outro, a escolha de orientação institucional para valorizar a gestão interdisciplinar atravessada por vários interesses. Dessa segunda face decorreria a estrutura da Senaes limitada a dois departamentos e a um programa estratégico de ação voltado para reunir ao invés de desagregar esforços nesse processo de institucionalização da política. Entretanto, tomada a primeira face como preponderante pode-se estar a fragmentar um cenário extremamente atomizado como esse do trabalho precário e da economia solidária, onde todos terão um pouquinho a dizer, mas ninguém se responabilizará de fato. Como um campo de tensões pode ser que sejam faces que se misturam e não chegam a polarizar antagonicamente, mas são as duas.

Seguindo esse perfil institucional, vê-se que o público-alvo são trabalhadores desempregados e em risco de desemprego; trabalhadores autonômos e/ou informais; pequenos produtores rurais e urbanos; redes, fóruns e agências de fomento de economia solidária; e beneficiários de programas governamentais de inclusão social. Apesar de uma definição bem precisa — o público direto seriam esses trabalhadores desempregados ou precarizados reunidos em práticas econômicas coletivas autogestionárias — a Senaes também prolonga a diversidade de noções acolhidas em torno da economia solidária, reiterando a ambivalência do próprio movimento organizativo na área, o que repercute no desenho concreto de definição das ações públicas na área. Ou seja: o perfil de usuários definido esclarece que é uma política focalizada preparada para esse segmento específico que demanda trabalho e renda e participa de experiências populares autogestionadas. Entretanto, questiona-se: para toda e qualquer ação de promoção de renda e trabalho de desempregados ou somente para trabalhadores em práticas coletivas de autogestão?

Merece destaque aqui o fato de ser uma política que não possui estrutura organizacional própria do governo no âmbito da execução na ponta do serviço, uma estrutura que componha essa "nova geração de políticas" executadas por Organizações Não Governamentais. Essa política se realiza enquanto prática produtiva concreta por meio das associações e cooperativas organizadas diretamente pela população e/ou sob assessoria de um órgão público ou privado. Isso faz com que o fomento de ações — produtivas e educativas —, tenha centralidade na vida organizacional da secretaria e outros órgãos, sendo razoavelmente imperativa a democratização de recursos e de informações para acesso a esses órgãos, sem privilégios.

No tocante a fomento, a base de financiamento é a mesma de outras alternativas de geração de trabalho e renda. Envolve tanto o orçamento quanto o Fundo de Amparo ao Trabalhador (FAT), muito embora essa destinação de recursos seja difusa por estar dispersa por todas as iniciativas daqueles ministérios mencionados anteriormente no quadro. Um balanço específico sobre os recursos exclusivos da Senaes é ainda de difícil conclusão porque este é o primeiro ano da secretaria e a execução orçamentária não se findou.[25]

25. Até 9 de julho de 2004, o programa da Senaes tinha gasto R$ 598.269,00, o que significa 2% dos R$ 29.110.456,00 do orçamento segundo Siafi/STN (MTE/Ipea, Mercado de Trabalho

# Conclusão

Para manter certa distância de uma fixação endógena no aparato administrativo da Senaes e do governo — em si limitativa da compreensão do Estado pela prisão à visão técnica em sentido estrito — necessário se faz tomar a economia solidária, seus atributos e institucionalidades, no âmbito do projeto político que se desenha no Estado brasileiro. E para isso dois vetores da tradição sócio-histórica brasileira são importantes de ser relevados aqui: um, referente ao molde das mudanças que tendencialmente se realizam no país pelo alto, sem rupturas estruturais, mas com acomodação de interesses, típico de alterações que se realizam molecularmente — numa quase "guerra de posição" gramsciana. Esse foi o padrão de modernização que carreou a sociedade para a vida urbano-industrial, mantendo-se como uma coletividade social e politicamente perversa e elitista; outro vetor, referente ao protagonismo das mudanças, que, via de regra, cabe ao executivo, que se hipertrofia por força da tutela — afiliada do patrimonialismo e clientelismo que atravessam as relações sociais — que mantém o legislativo subordinado à pauta do governo, de modo que a agenda de mudanças depende enormemente do Executivo, o que torna o Estado — na sua feição estrita de governo — o lócus por ex-

— conjuntura e análise, n. 24, Brasília, agosto de 2004). O orçamento para 2004 previa 21 milhões para Qualificação de Trabalhadores Beneficiários de Ações do Sistema Público de Emprego e de Economia Solidária dentro do Programa Qualificação Social e Profissional do Ministério do Trabalho e Emprego, além de 41 milhões para Qualificação de Trabalhadores Beneficiários de Políticas de Inclusão Social de responsabilidade de outro segmento institucional. Consistindo os dois nos principais itens de investimento do referido programa, se for aplicado. No Ministério da Agricultura, no Programa Desenvolvimento do Cooperativismo e Associativismo Rural, figuram 25,542 milhões e é possível que alguma parcela seja deslocada para a economia solidária. Para o Programa Economia Solidária em desenvolvimento da própria Senaes há previsão de 58 milhões, assim distribuídos: apoio à constituição e consolidação de políticas públicas de economia solidária — 1,5 milhão de reais; publicidade — 0,5 milhão de reais; financiamento do Conselho Nacional de Economia Solidária — 0,4 milhão de reais; fomento à geração de trabalho e renda em economia solidária — 20,5 milhões; promoção do consumo ético e comércio justo — 1,4 milhão de reais; assistência técnica para geração de finanças solidárias — 0,4 milhão de reais; ações emergenciais de geração de trabalho e renda — 2 milhões de reais.

celência da mudança, razão por que a sua alteridade se impõe como tão essencial.

Nesse quadro, a movimentação em torno da economia solidária é em si mesma a de exposição da baixa virtuosidade da democracia e da justiça, e a de lentidão das mudanças sempre submetidas a coalisões de interesses que preservam a estrutura concentracionista da renda e da propriedade. Isso é bem elucidado quando se toma a feição típica de um trabalhador associado da economia solidária, marcada pela deserção dos elementos mais essenciais da névoa democrático-burguesa: são os deserdados da espetaculosa modernização urbano-industrial — os sem escolarização, sem poder, sem crédito, sem propriedade, sem emprego. São também em maioria mulheres, negros e índios que acumulam outras formas de subordinação social histórica. Um conjunto significativo de vidas não reconhecidas na institucionalidade democrático-burguesa e periférica brasileira. Uma população que, reunida em grupos e associações, acalenta a vontade de ter acesso a possibilidades de bem-estar, numa ativação que vai carreando outras experiências de desemprego e deserção social, apontando que anseia pelo enfrentamento de uma problemática intrínseca ao modelo de desenvolvimento que se fez por associação com uma forte informalização do trabalho, como se mencionou anteriormente. É essa dívida que ampliada nos anos recentes subjaz na pauta dos trabalhadores da economia solidária. Resta saber se a sociedade quer ou pode enfrentar isso no momento ou, em outro registro, se essa movimentação abre campo de forças em favor de uma hegemonia dos trabalhadores, particularmente do trabalho desse tipo, de "fundo de quintal", que cresce cada vez mais.

A informalidade não é dispositivo de atraso como já se pensou, mas o modo como se fez e faz hoje a modernização e associação do país ao sistema mundial. As implicações econômicas desse barateamento do custo do trabalho e livre circulação do capital encontram acordo com as circunstâncias históricas que levaram um partido popular ao poder — Partido dos Trabalhadores, com a eleição de Luiz

Inácio Lula da Silva — mas que, sem hegemonia e com um projeto de desenvolvimento pouco claro, não consegue se deslindar da agenda herdada e ratificada nas políticas monetárias, fiscais e cambiais. Isso é particularmente expressivo na oferta de novos empregos principalmente os do tipo precarizado, na legitimação do controle do balanço de pagamentos via agronegócios, em si devastador da agricultura familiar, e na indeterminação quanto ao enfrentamento da concentração fundiária no país através da reforma agrária.

Entretanto, o desenho que vai tomar esse encontro da economia solidária no Estado não está definido, ainda que a tendência seja da acomodação àquela tradição histórica da cultura política e ao que o sistema mundo capitalista está demandando em termos de processos de valorização. Especialmente se forem enfrentados aqueles problemas elencados nos quadros pelos sujeitos políticos da economia solidária, em si mesmos reveladores da desigualdade econômica, dos limites para acesso a fundos públicos, financiamentos, tecnologia e comercialização por força das burocracias e do poder econômico. Catalizar a luta social em torno dessa desprivatização do Estado em favor dos grandes negócios privados pode apontar novos atalhos para a percepção de mudanças estruturais necessárias.

De todo modo, o debate político e acadêmico recém-aberto sequer delimita bem o papel que a economia solidária pode cumprir no projeto nacional. Em termos pragmáticos, o plano de governo para os próximos anos adota o crescimento do emprego via apoio às micro e pequenas empresas, incluindo a agricultura familiar. Daí pode redundar o incentivo à economia solidária por envolver pequenas unidades produtivas. Todavia, há nesse campo de proposições a ideia de que a economia solidária seria uma estratégia de transformação política de desenvolvimento, baseada na desconcentração de capital e riqueza, no caso com o fomento dessas atividades não assalariadas. Seu fortalecimento passaria pelo acesso a crédito, equipamentos, instalações físicas, terra e tecnologia; e pela associação coletiva das unidades produtivas para comprar, produzir e comercializar. Nessa direção, instrumentos de políticas públicas que dispersem o poder econômico colocam-se como ponto-chave de crescimento e é nesse sentido que as unidades de economia solidária podem receber sinal estratégico enquanto potencial ativador de associações produtivas em territórios, localidades e regiões submersas na pobreza e no desemprego. Uma participação local com chances de se fazer estável por força dessa articulação ao aparato produtivo do país e da associação autogestionária.

E trata-se, assim, da perspectiva cooperativista posta como possibilidade de romper com o isolamento econômico da produção — crédito, tecnologia, mercado, cadeia produtiva — e com o retraimento em relação à representação política de interesses, o que em conjunto pode colaborar para o fortalecimento da economia solidária como sujeito econômico e para o lançamento de estratégias de associação com o amplo e heterogêneo universo multifacetado do trabalho, unindo a diversidade que "vive do trabalho" e em subalternidade (Montaño, 1999).

Outra visão é aquela que apreende a economia solidária como política emergencial numa conjuntura desfavorável ao trabalho, que apenas reitera a abordagem do emprego por meio de programas de geração de renda restritos à capacitação e impede a alteração do poder desses segmentos de trabalhadores não assalariados no mercado. Em si, é o próprio enredo dos programas de geração de renda e qualificação que persistem no Estado brasileiro desde os anos 1990 embora os estudos demonstrem sua baixa resolutividade.

Em síntese, quer-se afirmar que a economia solidária, pensada enquanto ação de Estado, depende do sistema socioeconômico e político, cada vez mais totalizante no sentido de atrair as práticas sociais. Daí a necessidade de a ação do Estado tomar a economia solidária no contexto histórico de desigualdade para então observar o poder, a capacidade de produção, o acesso a mercados, o processo de compra e venda, como elementos que se interpõem na trajetória econômico-produtiva, moldando seu desenvolvimento na sociedade como sujeito socioeconômico ou como mero programa de geração de renda comum a tantos outros.

# Referências bibliográficas


BARBOSA, Rosangela Nair de Carvalho. *A economia solidária como política pública*: uma tendência de geração de renda e ressignificação do trabalho. Tese (Doutorado em Serviço Social) — PUC, São Paulo, 2005.

BERTUCCI, Ademar de Andrade; SILVA, Roberto Marinho Alves (Orgs.). *Vinte anos de economia popular solidária*: trajetória da Cáritas Brasileira dos PACS à EPS. Brasília: Cáritas Brasileira, 2003.

BRASIL. Decreto n. 4.764, de 24 de junho de 2003.

______. Lei n. 8.949, de 9 de dezembro de 1994. Acrescenta parágrafo ao art. 442 da CLT para declarar inexistência de vínculo empregatício entre as cooperativas e seus associados. Disponível em: <http://www.planalto.gov.br>. Acesso em:

______. Lei n. 10.683, de 28 de maio de 2003. Dispõe sobre a organização da Presidência da República e dos Ministérios e dá outras providências. Disponível em: <http://www.planalto.gov.br>. Acesso em:

______. Medida Provisória n. 122, de 25 de junho de 2003. Dispõe sobre o direcionamento de depósitos à vista captados pelas instituições financeiras para operações de crédito destinadas à população de baixa renda. Disponível em: <http://www.planalto.gov.br>. Acesso em:

CATTANI, Antonio David. *A outra economia*. Porto Alegre: Veraz, 2003.

CENTRAL ÚNICA DOS TRABALHADORES. *A ameaça à redução de direitos sociais de todos os trabalhadores*. Brasília, 26 fev. 2002. (Mimeo.)

CHESNAIS, François. *A mundialização do capital*. São Paulo: Xamã, 1996.

DEDECCA, Cláudio Salvadori. Anos 1990: a estabilidade com desigualdade. In: PRONI, Marcelo Weishaupt; HENRIQUE, Wilnês (Orgs.). *Trabalho, mercado e sociedade*: o Brasil nos anos 90. São Paulo: Unesp/Unicamp, 2003.

ECONOMIA solidária em desenvolvimento. Brasília: MTE, Senaes, 2003.

ENCONTRO BRASILEIRO DE CULTURA E SOCIOECONOMIA SOLIDÁRIAS. Carta de Mendes. *O Girassol*, Rio de Janeiro, RBSES, v. 1, n. 1, p. 1-8, 2001.

GT DE ECONOMIA SOLIDÁRIA. Economia solidária, fundamento de uma globalização humanizadora. In: FÓRUM SOCIAL MUNDIAL. Porto Alegre: Sedai, 2002.

GAIGER, L. (Org.). *Sentidos e experiências da economia solidária no Brasil*. Porto Alegre: UFRGS, 2004.

GOMES, Rosemary. Histórico da formação do Grupo de Trabalho Brasileiro até o Fórum Brasileiro de Economia Solidária. In: PLENÁRIA BRASILEIRA DE ECONOMIA SOLIDÁRIA, 3., Brasília, jun. 2003. (Mimeo.)

HOUTART, François; AMIN, Samir (Orgs.). *Mundialização das resistências*. São Paulo: Cortez, 2003.

KJELD, J. et al. (Org.). *Mapa do trabalho informal*. São Paulo: Fundação Perseu Abramo, 2000.

KOWARICK, Lúcio. *Espoliação urbana*. São Paulo: Paz e Terra, 1979.

LEBOUTTE, Paulo. *Economia popular solidária e políticas públicas*. Rio de Janeiro: ITCP/Coope, 2003.

MAGALHÃES, Sandra; MELO NETO, Joaquim João. *Bairros pobres, ricas soluções, Banco Palmas, ponto a ponto*. Fortaleza: Expressão Gráfica, 2003.

MALAGUTI, Manoel Luiz. *Crítica à razão informal*. São Paulo: Boitempo, 2000.

MATTOSO, Jorge. *A desordem do trabalho*. São Paulo: Scritta, 1995.

MÉSZÁROS, I. *Para além do capital*. São Paulo: Boitempo, 2002.

MONTAÑO, Carlos. *Microempresa na era da globalização*. São Paulo: Cortez, 1999.

MORETTO, Amilton José et al. Os descaminhos das políticas de emprego no Brasil. In: PRONI, Marcelo Weishaupt; HENRIQUE, Wilnês (Orgs.). *Trabalho, mercado e sociedade*: o Brasil nos anos 90. São Paulo: Unesp/Unicamp, 2003.

NOGUEIRA, Marco Aurélio. *Um estado para a sociedade civil*. São Paulo: Cortez, 2004.

OLIVEIRA, Francisco. *Crítica à razão dualista*. São Paulo: Boitempo, 2003.

______. *Os direitos do antivalor*: a economia política da hegemonia imperfeita. Petrópolis: Vozes, 1998.

POCHMANN, Marcio. *O emprego na globalização*: a nova divisão do trabalho e os caminhos que o Brasil escolheu. São Paulo: Boitempo, 2001.

POCHMANN, Marcio. *A década dos mitos*. São Paulo: Contexto, 2001.

______ (Org.). *Desenvolvimento, trabalho e solidariedade*. São Paulo: Perseu Abramo, Cortez, 2002.

______ (Org.). *Reestruturação produtiva*: perspectivas de desenvolvimento local com inclusão social. Rio de Janeiro: Vozes, 2004.

PRONI, Marcelo Weishaupt; HENRIQUE, Wilnês (Orgs.). *Trabalho, mercado e sociedade*: o Brasil nos anos 90. São Paulo: Unesp/Unicamp, 2003.

ROSALES, Lúcia. *Resena sobre la economía informal y su organización en América Latina*. Genebra: Global Labour Institute, 2003. (Mimeo.) Disponível em: <http://www.globallabour.org./la_economia_informal.htm>. Acesso em:

SCHIOCHET, Valmor. Apresentação do Plano Plurianual 2004-2007. In: PLENÁRIA BRASILEIRA DE ECONOMIA SOLIDÁRIA, 3., Brasília, jun. 2003. (Mimeo.)

SILVA, Luiz Antonio Machado da. Mercado de trabalho ontem e hoje — informalidade e empregabilidade como categorias de entendimento. In: RAMALHO, José Ricardo; SANTANA, Marco Aurélio. *Além da fábrica*: trabalhadores, sindicatos e a nova questão social. São Paulo: Boitempo, 2003.

SINGER, Paul. *Introdução à economia solidária*. São Paulo: Fundação Perseu Abramo, 2002.

______. Apresentação do Plano Plurianual 2004-2007. In: PLENÁRIA BRASILEIRA DE ECONOMIA SOLIDÁRIA, 3., Brasília, jun. 2003. (Mimeo.)

SINGER, Paul; SOUZA, André Ricardo. *A economia solidária no Brasil*: a autogestão como resposta ao desemprego. São Paulo: Contexto, 2003.

SOUZA, André *et al*. *Uma outra economia é possível*: Paul Singer e a economia solidária. São Paulo: Contexto, 2003.

TIRIBA, Lia. *Economia popular e cultura do trabalho*: pedagogia(s) da produção associada. Ijuí: Unijuí, 2001.

______. Economia popular e produção de uma nova cultura do trabalho: contradições e desafios frente à crise do trabalho assalariado. In: FRIGOTTO, G. (Org.). *Educação e crise do trabalho*: perspectivas de final de século. Rio de Janeiro: Vozes, 1998.

# CAPÍTULO 7

## Trabalho informal como alternativa ao desemprego: desmistificando a informalidade

*Izabel Cristina Dias Lira*

## Introdução

Neste texto problematizam-se as transformações no mundo do trabalho, que afetam ao mesmo tempo sua organização e as relações sociais nas quais ele se insere, discutindo a relação entre trabalho formal e informal na atual fase do processo de acumulação do capital. Abordam-se as características da informalidade no Brasil, a interligação entre o trabalho na informalidade, desigualdade e pobreza, analisando as consequências sociais e econômicas da informalidade, desvelando a ilusória imagem de que o trabalho informal seria uma das possíveis estratégias alternativas ao desemprego.

## Trabalho formal e informal na fase atual do capital

Durante o século XX e neste início do XXI, o trabalho passou por transformações jamais identificadas em outros períodos históricos, todas vinculadas à contradição inerente ao regime de produção capitalista, a qual, segundo Marx (1971), está relacionada ao fato de que sua tendência ao desenvolvimento absoluto das forças produtivas em geral confronta-se continuamente com as condições específicas de produção nas quais essas forças estão inseridas.

Isso significa que o capital carece de um conjunto de relações sociais e econômicas que possam viabilizar a continuidade do seu processo de acumulação. Nessas relações, conforme Mattoso (1995), incluem-se as questões tecnológicas, produtivas, salariais, de padrões de consumo, da internacionalização das atividades do capital e o papel do Estado.

No que diz respeito ao Estado, sabe-se que ele, através de estratégias políticas e sociais, relacionadas à criação de condições favoráveis ao processo de acumulação do capital e da necessidade de dar respostas às pressões exercidas pelos trabalhadores, por melhores condições de trabalho e de vida, procurou viabilizar, no desempenho de seu papel, as circunstâncias para a emergência das políticas sociais.

A questão política, no que afeta a mobilização das classes, as suas possibilidades de estabelecer pactos entre os diversos segmentos da sociedade, aliada às demandas emergentes do processo de reorganização do capital, principalmente àquelas referentes às relações de produção e reprodução, constitui fator importante a ser considerado na construção de uma "aliança" entre capitalismo e democracia.

O pacto social estabelecido no segundo pós-guerra, e que vem sendo rompido progressivamente, demonstra que, mesmo com a gradual integração dos trabalhadores à ordem burguesa, houve conquistas importantes quanto aos direitos de cidadania.

A partir da década de 1980 são gestadas as condições para um novo padrão produtivo, tecnológico e organizacional que, de acordo com Mattoso (1995), poderia denominar-se de terceira revolução industrial, cujas características, conforme Bihr (1999) e Mattoso (1995), são diversas das fases anteriores do capitalismo.

Novos meios e formas de organização do trabalho, aliados à telemática, procuram ultrapassar o taylorismo e o fordismo e gerar novas formas de regulação, de envolvimento e de controle do trabalho. Assim, o capital busca aumentar a produtividade com custos menores, racionalizando e flexibilizando a produção, a ponto de adequá-la às necessidades momentâneas do mercado; a prioridade, então, deixa de ser a produção em massa e passa a ser articulada com os momentos de expansão e retração do consumo.

Na sua "nova onda de expansão", o capital adota novas estratégias para garantir e ampliar sua acumulação, como a reorganização da produção no mundo, a "nova ordem produtiva", física denominação de Bihr (1999), a qual apresenta como características:

a) a descentralização da produção — em que enormes unidades fabris são substituídas por pequenas e médias unidades interligadas, espalhadas por territórios os mais diversos possíveis, além da descentralização da gestão que permite, com a ajuda da informática, o controle da matriz às subsidiárias, ficando as atividades secundárias terceirizadas, delegadas ao trabalho terceirizado, subcontratado, ou a cargo de "formas marginais" de trabalho, como trabalho em domicílio, temporário etc.;

b) o aumento da automação na produção — recurso que viabiliza a diminuição do tempo morto ou ocioso na produção, otimizando a combinação entre os elementos materiais e humanos envolvidos, fazendo com que se elevem os níveis de produtividade no trabalho e se economize capital constante (tanto fixo quanto circulante) por unidade produtiva.

A nova forma de acumulação capitalista aumenta a intensificação da exploração do trabalho, a internacionalização da produção com a incorporação dos avanços tecnológicos, que permitem a comunicação via redes informatizadas, com o objetivo de garantir produtividade e qualidade, no intuito de sobreviver à competitividade do mercado.

Outro dado importante é o movimento de "financeirização da economia" capitalista internacional, que gera instabilidade cada vez maior nos países. Esse movimento, em conjunto com os fatores anteriormente descritos, provoca, por parte dos governos, reações no sentido de promover políticas monetárias restritivas, para se ajustar ao contexto internacional.

Essas modificações provocam fortes impactos no mundo do trabalho, seja no nível da produção (estruturação, divisão do trabalho, mercado de trabalho e sindicatos), seja no da reprodução.

No caso dos trabalhadores, as formas adotadas para agilizar o processo produtivo, com a finalidade de obter a flexibilização necessária à produção, além de suscitarem novas exigências ao perfil do trabalhador, também promovem uma segmentação entre os trabalhadores. Os mais qualificados têm mais possibilidade de permanecer (o que não significa segurança total) no mercado formal e, potencialmente, têm condição de viabilizar uma relação mais estreita entre o trabalho manual e o intelectual; os que não preenchem os requisitos da polivalência e qualificação veem-se excluídos do mercado de trabalho formal, pois, com o enxugamento de postos no setor industrial e com os limites do setor de serviços, a maioria é obrigada a procurar ocupações na informalidade.

Além de todas essas alterações, a terceira revolução industrial traz consigo as condições que viriam a promover nesse processo de reestruturação mundial do capitalismo, "[...] a ruptura do compromisso social e das relações/instituições econômicas, sociais e políticas definidas quando da constituição e expansão do padrão de industrialização norte-americano no pós-guerra" (Mattoso, 1995, p. 69).

As políticas neoliberais adequam-se ao processo de mudanças no mundo do trabalho. Através delas, promoveu-se uma série de medidas macroeconômicas, visando à adequação das condições econômicas e sociais às leis do mercado, eliminando progressivamente as chamadas regulações governamentais protetoras, acusadas de inviabilizar a expansão, a produtividade e a competitividade do capital.

As consequências originadas a partir das transformações no mundo do trabalho, provocadas pela "nova ordem produtiva", são a heterogeneização, a complexificação e a fragmentação da classe trabalhadora, que dificultam, mas não inviabilizam o seu movimento na direção da emancipação humana.

Ao mesmo tempo em que há uma redução do operariado industrial e fabril, há também a ampliação do trabalho precário e do assalariamento no setor de serviços.

Já no que se refere à "subproletarização" do trabalho nas suas diferentes formas (parcial, temporário, subcontratado, precário, terceirizado, ou aquelas ligadas à economia informal), Antunes (1999) concorda com Bihr (1999, p. 89) que os trabalhadores incluídos nesses grupos,

> [...] têm em comum a precariedade do emprego e da remuneração; a desregulamentação das condições de trabalho em relação às normas legais vigentes ou acordadas e a consequente regressão dos direitos sociais, bem como a ausência de proteção e expressão sindicais, configurando uma tendência à individualização extrema da relação salarial.

Quanto ao setor de serviços, no que se refere à sua expansão, chama a atenção a interligação cada vez maior entre esse setor e o mundo produtivo. Essa interligação faz com que o trabalho produtivo e improdutivo mantenham uma influência recíproca (Antunes, 1999).

São esses trabalhadores improdutivos, cujos trabalhos, apesar de não gerarem diretamente valores de troca para o capital, contribuem indiretamente para a produção desses valores, através da prestação de serviços.

Graças à descentralização, inclusive territorial, das cadeias produtivas espalhadas como redes pelo mundo, as modificações no processo produtivo vêm alterando a organização do trabalho, no sentido de adequá-las às novas necessidades de flexibilidade do capital, com a finalidade de garantir a ampliação de seu processo de acumulação.

Pode-se depreender desse processo de complexificação e heterogeneização da classe trabalhadora que, hoje, as diferentes modalidades de trabalho são articuladas pelo capital, com a finalidade de superar os "constrangimentos" à sua expansão. Nessa ligação entre trabalho produtivo e improdutivo, trabalho formal e informal, eles ganham uma dinâmica própria, perversa, na qual ambos se subordinam ao capital, porém é no trabalho informal e no improdutivo que estão situados os maiores contingentes de trabalhadores.

O desenvolvimento da informática e da robótica, assim como as mudanças na estrutura do capital (financeirização, mundialização) e sua descentralização criaram condições para que o capital pudesse reduzir cada vez mais o trabalho vivo na indústria e aumentar o trabalho morto (incorporado às máquinas), além de produzir mudanças na organização da produção (terceirização, trabalho precário etc.).

Com isso, elevados contingentes de trabalhadores veem-se obrigados a buscar no formal precário[1] e, principalmente, na informalidade, atividades que possam suprir suas necessidades de renda e, consequentemente, tornem possível a troca dessa renda por mercadorias que viabilizem sua sobrevivência.

Dessa forma, o trabalho informal tem seu papel na rede que faz parte do processo de acumulação do capital, de maneira secundária, mas necessária, pois através do rebaixamento dos custos, assegura a manutenção e reprodução de parte do excedente estrutural da força de trabalho.

Isso comprova que a informalidade mascarada de alternativa ao desemprego é uma miragem que cria expectativas junto aos trabalhadores que jamais serão cumpridas, ao contrário, cada vez mais a informalidade os coloca em situação de vulnerabilidade social.

Se, de um lado, para os que permanecem no segmento formal do mercado, há um processo de deterioração na qualidade da ocupação, pois uma parte dos trabalhadores inseridos nesse segmento passa a ter seus contratos flexibilizados, através das diferentes formas de subcontratação (terceirização), nas quais ocorre uma redução de direitos (vale-transporte, alimentação, saúde etc.) e de salários, em contrapar-

1. Denomina-se formal precário aquelas ocupações do mercado formal, cujas condições de trabalho e de proteção social sofreram uma deterioração em termos de qualidade como resultado do processo de flexibilização das relações de trabalho.

tida a uma crescente intensificação e maior exploração do trabalho, por outro lado, para aqueles que passaram a fazer parte do excedente da força de trabalho, divididos entre qualificados e os com pouca ou nenhuma qualificação, restaram apenas as ocupações na informalidade, caracterizadas pela maior precariedade em termos da qualidade da atividade, em termos de condições de trabalho, de salário e de organização por categoria.

No capitalismo, com a subsunção do trabalho ao capital, todos os trabalhadores desprovidos dos meios de produção só dispõem de sua força de trabalho para, através dela, conseguir os meios para sua manutenção e reprodução física. Como não existe sob o sistema do capital a possibilidade de todos os trabalhadores serem absorvidos no processo produtivo diretamente, emerge no seio dos trabalhadores um grupo que, ao ser excluído, passa a fazer parte do exército de reserva da força de trabalho ou dos chamados "sobrantes" (Pochmann, 2000), que representam aqueles trabalhadores com quase nenhuma chance de entrar/retornar ao mercado de trabalho estruturado, no qual prevalece o assalariamento formal.

Entretanto, é bom ressaltar o fato de que esses trabalhadores "que sobraram das necessidades diretas do processo de acumulação de capital" (Pochmann, 2000, p. 20), mesmo exercendo formas de trabalho consideradas informais, participam direta ou indiretamente do processo de acumulação de capital. Uma parte age por intermédio da terceirização e da subcontratação, estratégias utilizadas para descentralizar e reduzir custos de produção, parte integrante das mudanças ocorridas na organização do trabalho na atualidade; outra, através das formas de trabalho inseridas nas consideradas "formas capitalistas primitivas ou até pré-capitalistas (parte não organizada do mercado de trabalho)". (Pochmann, 2000, p. 20)

Estas últimas são indicativas de uma conjunção de passado e presente, na qual formas de trabalho, pertencentes a diferentes estágios do mesmo modo de produção ou a outros modos de produção diversos, se articulam dentro da "dinâmica da acumulação capitalista", todos dependentes dela.

## A informalidade no Brasil

Por sua vez, a reorganização do capital no mundo, os processos de reestruturação produtiva e tecnológica e as novas formas de gestão e organização do trabalho em curso, ao lado das condições favoráveis no Brasil na década de 1990, têm como pressuposto

> [...] o processo de abertura comercial externa que, ao impingir um amplo processo de ajuste e racionalização produtiva às empresas locais, reduziu o impacto da determinação do emprego motivada pela demanda por mão de obra, transferindo o peso dessa determinação para as forças que operam pelo lado da oferta excedente de força de trabalho — as quais, por sua vez, agem basicamente sobre o setor terciário da economia (comércio e serviços pessoais) e tomam a forma de assalariados sem carteira, autônomos e trabalhadores não remunerados. (Cardoso Júnior, 2001, p. 27)

Esse processo realizado no país de maneira abrupta, seguindo os parâmetros da reestruturação produtiva mundial — com a descentralização física e de gestão da produção, incorporação de tecnologias que viabilizem a elevação dos níveis de produtividade no trabalho, com redução do capital variável, e utilização da terceirização e de várias outras formas de flexibilização das relações de trabalho — acaba por concorrer para a adoção de um modelo econômico de inserção internacional, que não se mostra favorável ao emprego nacional (Pochmann, 2001, p. 95).

Esse quadro, associado a uma

> [...] recessão doméstica no início dos anos 90, por sua vez, agiram no sentido de aprofundar as inserções setoriais ligadas aos serviços prestados às empresas (serviços produtivos), comércio e transportes (serviços distributivos), serviços prestados às famílias (serviços pessoais) e serviços não mercantis (serviços diversos). Ao mesmo tempo, acentuaram-se as inserções ocupacionais consideradas informais por esta pesquisa, a saber, assalariados sem carteira e trabalhadores autônomos por conta própria. (Cardoso Júnior, 1999, p. 28)

Nesse contexto, as transformações da indústria nacional e as modificações ocorridas em seu interior refletiram-se no aumento da participação do núcleo pouco estruturado (assalariados sem carteira, autônomos/conta própria e trabalhadores não remunerados), que passou de 38,5% para 44,8% entre as médias dos anos 1980 (1981/1990) e 1990 (1992/1999) (Cardoso Júnior, 2001, p. 27).

**GRÁFICO 1**

Composição média do pessoal ocupado no Brasil — Setor terciário segundo o grau de estruturação do mercado de trabalho — Anos 1980 e 1990

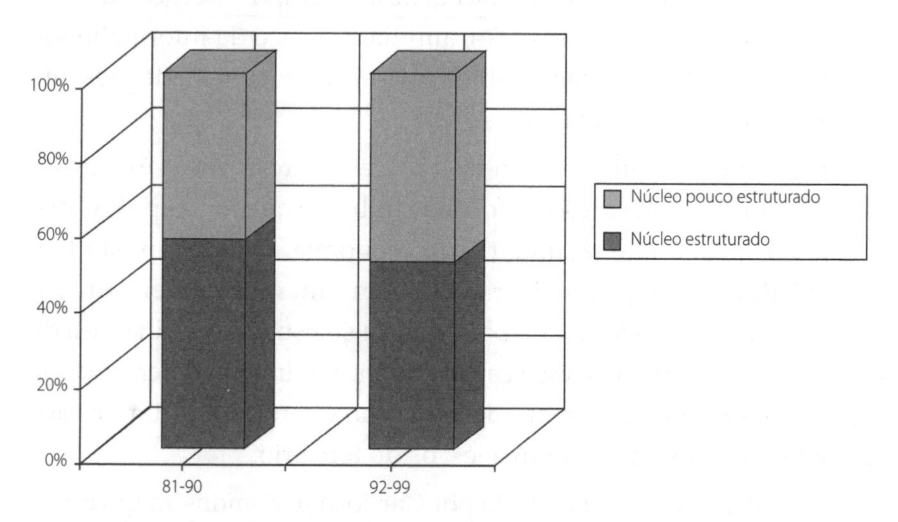


*Fonte*: Pesquisa Nacional de Amostra por Domicílio — IBGE (Cardoso Júnior, 2001, p. 29).

Com a diminuição dos postos de trabalho na área industrial, acompanhada da flexibilização das relações de trabalho, aumenta o deslocamento da força de trabalho para o setor terciário da economia. Aliás, há duas conclusões importantes quanto a esse processo de terciarização: uma se refere à expansão do terciário como empregador de força de trabalho, "[...] cuja composição salta de cerca de 50% do total do pessoal ocupado na média dos anos 1980 (1981/1990) próximo de

60% para perto dos anos 1990 (1992/1999)" (Cardoso Júnior, 2001, p. 28); outra, ao fato de que essa expansão é constituída em termos da qualidade das ocupações, em um aumento da informalidade, conforme demonstra o Gráfico 1, traduzida no crescimento das

> [...] ocupações pertencentes ao núcleo pouco estruturado do mercado de trabalho, especialmente dos trabalhadores por conta própria. [...] o núcleo pouco estruturado aumentou sua participação de 44,5% para 50,5% entre as médias dos anos 1980 (1981/1990) e 1990 (1992/1999). (Cardoso Júnior, 2001, p. 28)

Essa conjuntura, que combina ao mesmo tempo a elevação da taxa do desemprego e da precarização, amplia o espaço da informalidade na década de 1990, agravando ainda mais a heterogeneidade presente na estrutura ocupacional no país.

Um dado preocupante com relação a essa terciarização é o fato de existirem limites à absorção da força de trabalho que foi "expulsa" dos segmentos primário e secundário da economia. O terciário não tem capacidade de gerar postos de trabalho com a mesma rapidez com que os outros setores os eliminam, pois, dada a sua sujeição à dinâmica de acumulação de capital, é esse capital quem finalmente determina, de acordo com o seu movimento de expansão e retração, os limites aos segmentos econômicos, dentre eles, os do terciário.

Uma comparação elaborada por Cardoso Jr. demonstra um declínio nas taxas anuais médias de crescimento do pessoal ocupado para todos os segmentos da economia. Para o terciário, a redução foi "[...] ao longo dos quatro subperíodos selecionados: de 4,8% a.a. entre 1981 e 1985 para 3,8% a.a. entre 1986 e 1989; 1,8% entre 1990 e 1993 e 1,4% entre 1995 e 1999" (Cardoso Júnior, 2001, p. 19).

Ao lado dessas questões conjunturais, que impõem limites à expansão do terciário, a ausência de mediação institucional pelo Estado, principalmente no caso dos assalariados sem carteira, favorece a flexibilização das relações de trabalho, facilitando a dispensa e a contratação da força de trabalho. Esse estímulo à rotatividade acrescido aos outros demais fatores mencionados anteriormente contribui de maneira acentuada para a dilatação do setor de serviços.

Nesse setor, a maior concentração de trabalhadores está situada nos chamados serviços de distribuição (comunicação, transporte, comércio), cujo percentual de ocupações evoluiu de 16,7% nos anos 1970, para 39,3% nos anos 1990 (Pochmann, 2001, p. 58).

Outros dados que chamam a atenção referem-se ao peso da categoria ocupacional dos trabalhadores autônomos, ou por conta própria, demonstrado pela evolução do pessoal ocupado por posição na ocupação no país, "[...] depois da crise recessiva de 1990/1992 a sua participação no total da ocupação foi oscilando para cima a ponto de, em 1999, ter empatado com a categoria dos sem carteira em 24,3%" (Cardoso Júnior, 2001, p. 24).

De acordo com dados oficiais, essa situação se perpetua, como mostra a Síntese de Indicadores Sociais do IBGE (2003), segundo a qual, no ano de 2002, os trabalhadores por conta própria correspondiam a 22,3% da população ocupada, perdendo apenas para o grupo de trabalhadores empregados — 47,9%.

Conforme a Organização Internacional do Trabalho (OIT), no que se refere ao Brasil, assim se revela o quadro dessas ocupações:

> A porcentagem de ocupações precárias, informais e de baixa qualidade sobre o total do emprego aumenta de 40,6% a 46% no Brasil entre 1990 e 2001 (dados da PNAD elaborados pela OIT); nesse conjunto se incluem os ocupados na microempresa, os trabalhadores por conta própria com exceção dos profissionais e técnicos, os trabalhadores familiares não remunerados e o serviço doméstico. (Organização Internacional do Trabalho, 2003, p. 18)

O documento demonstra que, além de uma elevada precarização das atividades ligadas à informalidade, existem também características discriminatórias com relação a gênero e raça, pois, em 2001, "[...] enquanto a proporção de ocupações precárias sobre o total do emprego masculino era de 42%, para as mulheres essa cifra era de 51%" (Organização Internacional do Trabalho, 2003, p. 18).

Com relação à raça, o relatório destaca "[...] que os indicadores de informalidade são muito mais elevados entre negros do que brancos, variando, em 2001, entre 13% na faixa de 25 ou mais anos e 18% na faixa de 16 a 24 anos" (Organização Internacional do Trabalho, 2003, p. 18).[2]

> A informalidade no país possui como característica uma funcionalidade estratégica ao capital, na medida em que se articula às diversas cadeias produtivas de forma direta através da terceirização, ou indireta na esfera da circulação, de modo a rebaixar cada vez mais os custos da produção.

Se em outros períodos a informalidade era relacionada apenas às atividades de sobrevivência, na atualidade ela surge como fator vital ao capital, inserindo-se nas diversas áreas de trabalho e assumindo uma imagem ilusória de "opção de trabalho", associada ao empreendedorismo, como bem explica Tavares:

> A informalidade que está sendo difundida se pauta principalmente no discurso da autonomia, da independência, da transformação de trabalhador em empresário. Com isso, se atribui à pequena empresa uma relevância que induz os trabalhadores a acreditarem que esta pode lhes assegurar mecanismos de proteção social, qualificação e renda. (2002, p. 40)

Nesse sentido, concorda-se com a autora e com Malaguti (2000), com relação a que os pequenos empreendimentos, na verdade, reproduzem em nível mais elevado as condições de precarização do trabalho que prevalecem hoje no mercado de trabalho brasileiro.

Nesse caso, o informal faria parte das estratégias das grandes empresas formais para reduzir seus custos e ampliar a flexibilização das formas de trabalho disponíveis, como o trabalho parcial, temporário, através da subcontratação via pequenas empresas terceirizadas

---

2. Os indicadores de informalidade da OIT estão associados à proporção de trabalhadores(as) assalariados(as) sem carteira no total de assalariados (privados, públicos e militares) ou à proporção das pessoas que contribuem para a previdência social no total de pessoas ocupadas (OIT, 2003, p. 18).

de produção de bens e serviços. Sendo assim, uma parte do informal seria constituída por trabalhadores da economia formal moderna (Central Única dos Trabalhadores, 2000).

É importante ressaltar que, dada a existência de uma maior interligação entre relações de trabalho formais e informais, dentro e fora do mundo produtivo, utilizada pelo capital para diminuir custos, intensificar a exploração do trabalho e transferir para o próprio trabalhador uma parcela maior dos custos de manutenção e reprodução da sua força de trabalho, torna-se questionável o uso do termo "setor informal", pois a dualidade que sugere é posta em xeque pelas condições atuais de trabalho, nas quais se mesclam cada vez mais relações de trabalho formais e informais, sendo mais apropriado o uso do termo "informalidade" que indicaria uma visão mais abrangente dessa relação intrínseca entre formal e informal subordinados aos interesses do capital.

No Brasil, a informalidade apresenta-se heterogênea, envolvendo grupos de trabalhadores com qualificação diferenciada e variadas formas de organização da produção. Está articulada de forma subordinada aos movimentos de expansão e reprodução do capital. Seu espaço é ampliado ou reduzido de acordo com esses movimentos, já que, em seu interior, estão atividades criadas para suprir necessidades geradas pelo capital.

Outra característica perversa da informalidade refere-se ao aspecto da legalidade de suas atividades, sob o ponto de vista da evasão tributária e do vínculo dessas ocupações às chamadas atividades ilícitas, como tráfico de drogas e contrabando.

Em alguns estados do país, a informalidade dá mostras dessa relação com o tráfico, indicando assim preferências territoriais para esse tipo de atividade baseada no tamanho do mercado consumidor das "mercadorias" negociadas.

O aspecto da legalidade das atividades informais vai ao encontro da chamada flexibilização das relações de trabalho, que vem adquirindo contornos sombrios. Com a crescente urbanização e a expansão da esperança de vida, o aumento dos trabalhadores inseridos no "informal invisível" pode representar, em médio prazo, um problema de grandes proporções sociais.

Nos últimos anos no Brasil vem se acentuando uma piora em termos dos rendimentos e das condições de precarização do trabalho, seja ele formal ou informal, porém, no caso do segundo, as implicações econômicas e sociais são bem mais sérias e envolvem uma parcela significativa da população trabalhadora.

De acordo com Cardoso Júnior (2000), a qualidade das ocupações vem-se deteriorando nos anos 1990 no setor formal, mas, principalmente, no informal, onde estão situados os trabalhadores por conta própria (tcps) e aqueles sem registro em carteira. Esse grupo não conta com nenhum tipo de intermediação institucional nas suas relações com o capital, ficando com isso fragilizado e vulnerável à exploração do capital.

Ao tratar da desestruturação do mercado de trabalho brasileiro na década de 1990, o autor indica como uma das características desse processo a piora distributiva. No que se refere à participação dos salários na renda nacional, de acordo com Cardoso Júnior:

> [...] esta se apresenta estruturalmente reduzida no Brasil, em comparação com países desenvolvidos por conta pelo menos de dois fatores que agem na mesma direção. Em primeiro lugar, a manutenção de um peso elevado de trabalhadores em mercados de trabalho desestruturados, marcados pela ausência de movimentos sindicais organizados e políticas públicas de transferências de renda e proteção social, reproduzem o distanciamento permanente entre ganhos de produtividade e repasses reais aos salários. Em segundo lugar, como reflexo do tipo de crescimento econômico que é imposto pela dinâmica especificamente capitalista no Brasil, o ritmo insuficiente de absorção de força de trabalho ativa nos segmentos mais organizados do mercado de trabalho dá origem a uma massa reduzida de remunerações. (2000, p. 19)

Acrescente-se a isso o fato de que, no Brasil, prevalecem as altas taxas de flexibilidade e rotatividade da força de trabalho, e os ganhos de produtividade alcançados pelas empresas quase sempre não se convertem em aumentos reais de salários. (Cardoso Júnior, 2000, p. 19)

O autor em tela alerta que, nos anos 1990, na relação capital *versus* trabalho, a dinâmica distributiva foi muito mais generosa com relação aos rendimentos do capital do que aos dos trabalhadores, conforme demonstra:

> Enquanto na indústria a relação Rnk/Rn (rendimentos do capital sobre rendimentos do trabalho) cresceu a 5,8% a. a. entre 1990 e 1996, expressando o fato de os ganhos de produtividade do período terem sido apropriados proporcionalmente mais pelos rendimentos do capital, a taxa de crescimento observada nos serviços foi negativa em 0,3% a. a., pois nessas atividades é mais lenta e difícil a substituição de trabalho por capital físico. (Cardoso Júnior, 2000, p. 21)

Contribuem para agravar esse quadro de desestruturação do mercado de trabalho nacional, que se mostra extremamente heterogêneo, as dificuldades em se reduzirem os níveis de desigualdade no país, que, por sua vez, "[...] reforçam a inoperância das políticas públicas redistributivas, que assumem cada vez mais caráter assistencialista e compensatório" (Cardoso Júnior, 2000, p. 23).

Nesse cenário de heterogeneização e complexificação do trabalho, mais e mais o segmento do trabalho informal vai-se ampliando, dadas as características peculiares das novas formas de acumulação, dentre elas a descentralização da produção, a incorporação da tecnologia informacional, as novas estratégias de regulação e controle do trabalho, que propiciam a redução do trabalho vivo na indústria, aumentando o contingente do excedente estrutural da força de trabalho. (Pochmann, 2000)

Entretanto, o que poderia parecer uma solução para o problema do excedente da força de trabalho, no concreto, vem-se transformando num enorme problema social. Isso, porque, além de o informal ter limites à sua expansão, o que o impossibilita de absorver grande parte desse excedente, também há restrições a uma incorporação pelo setor dos trabalhadores "sobrantes", postas pelas exigências para nele se exercerem ocupações.

No contexto macroeconômico, fatos decorrentes do esgotamento dos efeitos distributivos do plano real, como a "estagnação econômica de 1998 e a desvalorização cambial de janeiro de 1999" (Rocha, 2000, p. 14) acompanhados das consequências do processo de reestruturação produtiva, da flexibilização da economia brasileira, concorrem para uma desigualdade crescente na distribuição dos rendimentos. O próprio modelo adotado no país, voltado e subordinado ao exterior, também auxilia na reprodução da desigualdade.

## A relação entre informalidade, desigualdade e pobreza

A relação entre informalidade e pobreza é algo cuja compreensão não se dá mecanicamente ou de maneira simplista, mas requer que se entendam as interfaces que unem as desigualdades, a pobreza e o trabalho na atual conjuntura do capital.

A década de 1990 apresenta um cenário de mundialização do capital, no qual um novo padrão tecnológico que revoluciona a estrutura da produção alia-se às estratégias utilizadas junto aos países para flexibilizar toda e qualquer restrição legal à movimentação do capital financeiro pelo mundo, e de quaisquer outros fatores que inviabilizem seu trânsito até os melhores locais de investimento.

A inserção desigual dos continentes e países na internacionalização da economia, acompanhada do movimento e da força adquirida pelo capital financeiro no mundo, torna mais assimétricas as relações entre nações. No caso dos países subdesenvolvidos ou dos chamados "em desenvolvimento", adicionadas às exigências de competitividade e de utilização de políticas de ajuste estrutural, para tentar amenizar o problema da crise da dívida externa, há também a subordinação aos interesses do mercado financeiro internacional, que impõe regras para realizarem investimentos.

No caso do Brasil, inserido no grupo de doze países chamados de "economias emergentes", o qual, de acordo com a OIT, representaria, como exposto na obra de Pochmann e outros (2004, p. 38),

> [...] um conjunto reduzido de países que se deixaram capturar pela nova maré expansionista. Não à toa, 75% dos investimentos das multinacionais e das exportações de produtos manufaturados dos países em desenvolvimento ao longo dos anos noventa estiveram concentrados em apenas 12 países, situados em grande medida na América Latina e no Sudeste Asiático.

Continua o autor:

> Estes países compõem o que Giovanni Arrighi denominou de semi-periferia.[3] No entender deste historiador, a semi-periferia vem se consolidando desde os anos setenta, quando alguns países conseguiram atingir níveis maiores de atualização tecnológica, internalizando segmentos relevantes das cadeias produtivas mais dinâmicas, e se tornando exportadores de bens de maior valor agregado.
>
> Hoje, processa-se uma nova divisão internacional do trabalho, onde alguns destes países se transformam em montadores de produtos industriais enquanto o *know-how* e a tecnologia, os serviços financeiros e os *design* dos produtos — o novo núcleo estratégico da economia global — concentra-se nos países desenvolvidos. (Pochmann et al., 2004, p. 39)

Essas diferenças na articulação dos países ao contexto mundial acentua as desigualdades entre o Norte e o Sul, e tem provocado o crescimento da exclusão social que passa a adquirir novas expressões nos países periféricos e nos desenvolvidos, segundo o mesmo autor:

> Além da pobreza absoluta, da fome e do analfabetismo, novas formas de exclusão ganham destaque, associadas à crescente desigualdade,

3. De acordo com Giovanni Arrighi (1997 *apud* Pochmann et al., 2004, p. 39): "Os conceitos de semiperiferia e periferia são mais apropriados que o de países em desenvolvimento, na medida em que ressaltam as diferenças hierárquicas entre os países e questionam a ilusão de que a superação do subdesenvolvimento depende apenas de políticas econômicas do tipo *market-friendly*".

> precarização do mercado de trabalho (desemprego e informalidade), expansão da violência urbana e novas epidemias. Paralelamente, emerge uma novíssima forma de exclusão, aquela relacionada à falta de acesso ao novo padrão tecnológico: a exclusão digital. (Pochmann et al., 2004, p. 5)

Fatos decorrentes do esgotamento dos efeitos distributivos do plano real, que, acompanhados das consequências do processo de reestruturação produtiva, da flexibilização, da informalização das relações de trabalho e da terceirização da economia brasileira, concorrem para uma desigualdade crescente na distribuição dos rendimentos. O próprio modelo econômico adotado no país, voltado e subordinado ao exterior, também auxilia na reprodução da desigualdade.

A relação entre trabalho, pobreza e desigualdade reporta a essa situação macro, quando é preciso analisar o trinômio crescimento-desigualdade-pobreza, para se entender o efeito "cascata" que chega até os trabalhadores.

No Brasil, o vínculo mecânico entre crescimento econômico e desenvolvimento social, estabelecido pelo governo, mostra, nos dias atuais, a insuficiência do crescimento econômico, sem medidas redistributivas, na diminuição da amplitude da pobreza.

Uma das justificativas para isso é a de que "[...] o crescimento nunca é neutro com relação à distribuição de renda" (Salama e Destremau, 2001, p. 149).

As estratégias usadas pelo capital em seu processo de acumulação, com respaldo do Estado, geram aspectos contraditórios, mas não excludentes, com respeito aos resultados do crescimento econômico, como demonstrado a seguir:

> Ao permitir uma redução, uma erradicação dos processos hiperinflacionários e uma consolidação do crescimento, a liberalização rápida dos mercados oferece um duplo rosto: num primeiro tempo, a pobreza e as desigualdades diminuem; num segundo tempo, o crescimento se alimenta da profunda desigualdade existente, acentuando-a frequentemente, abrandando-a às vezes, quando ela se torna mais viva porém menos

> pregnante. Não consegue diminuir de maneira durável a pobreza nem as desigualdades, porque as mantém e se alimenta delas. (Salama e Destremau, 2001, p. 152)

Esses autores julgam necessário analisar o emprego e os rendimentos originados do trabalho, que estão sendo gerados por esse crescimento, para se entenderem as evoluções da pobreza e das desigualdades (Salama e Destremau, 2001, p. 152).

Parte-se do pressuposto de que quanto maior for o grau de heterogeneidade da estrutura de emprego existente, resultante da forma de crescimento adotada, maior será a prevalência de ocupações informais, com qualidade e rendimentos bastante diferenciados dos assalariados formais; consequentemente, maiores serão as desigualdades na distribuição dos rendimentos do trabalho, resultantes do maior desequilíbrio nas relações entre capital e trabalho.

Essa condição é confirmada pela Cepal (2001) e pelo Banco Interamericano de Desenvolvimento (BID) (1998, *apud* Salama e Destremau, 2001), cujo estudo

> [...] mostra que, salvo alguns pequenos países, as desigualdades entre o capital e o trabalho cresceram, as diferenças entre trabalho qualificado e não qualificado igualmente, e que, enfim a proporção dos empregos informais sobre a população ativa aumentou. (Salama e Destremau, 2001, p. 152-153)

Apesar de não se querer reduzir a pobreza ao fator renda, pois se acredita ter ela outras dimensões tão importantes quanto o aspecto monetário, considera-se pertinente ressaltar esse aspecto, tendo em vista a problemática situação de distribuição de renda que, no Brasil, guarda estreitas relações com os índices de desigualdade e de pobreza.

O crescimento do desemprego e da informalidade são fatores que concorrem para ampliar a divisão entre os trabalhadores qualificados (com empregos com carteira assinada) e os não qualificados, maioria cuja inserção ocupacional, quando ocorre, acontece em situações de informalidade (principalmente com os assalariados sem carteira e os por conta própria).

A conexão entre a qualidade das formas de trabalho atuais, a redução dos postos de trabalho, a queda dos rendimentos advindos do trabalho e as formas de acumulação de capital são uma preocupação entre estudiosos, como Pochmann (2001) e Cardoso Júnior. Este último afirma:

> Intimamente associada à informalização e ao crescimento e diversificação dos tipos de desemprego (estrutural, oculto, de inserção, de exclusão etc.), constata-se nos anos 1990 uma "precarização" crescente das relações e condições de trabalho, com aumento da assimetria já existente entre capital e trabalho, especialmente para as categorias ocupacionais tidas como informais, no interior das quais parecem residir as atividades mais precárias, do ponto de vista da qualidade da ocupação — caso claro dos trabalhadores por conta própria — e de mais frágil inserção profissional, do ponto de vista das relações de trabalho — caso evidente dos sem registro em carteira.[4] (Cardoso Júnior, 2001, p. 32)

A heterogeneidade acentuada da estrutura ocupacional também está presente no interior das ocupações na informalidade e entre os espaços regionais. Nas regiões, os processos de *terciarização* e *informalização* apresentam algumas particularidades, a serem consideradas quando da sua análise.

Entretanto, a ligação desses processos com uma tendência gradual de deterioração das condições de vida e de trabalho para os trabalhadores os está levando a uma aproximação perigosa da pauperização.

No Brasil, conforme Salama e Destremau (2001, p. 154): "Os decis mais pobres concentram-se mais nos empregos informais que nos empregos formais".

---

4. O autor coloca que as dimensões da qualidade dos postos de trabalho estão relacionadas às variáveis: cobertura da seguridade social, tipo e quantidade de benefícios recebidos pelos trabalhadores, jornada de trabalho, número de empregos praticados, permanência no emprego e filiação sindical (Cardoso Júnior, 2001).

De acordo com o IBGE (Síntese de Indicadores Sociais, 2003), no ano de 2002, da população 40% mais pobre no país, 31,7% eram empregados sem carteira de trabalho assinada e 30,1% eram trabalhadores por conta própria.

Os dados de 2002 também confirmam uma queda nos rendimentos dos trabalhadores:

> Em 2001, 24,1% dos trabalhadores ganhavam até 1 salário mínimo, e em 2002 esse percentual aumentou para 27,1%. A desigualdade de rendimento entre Nordeste e o Sudeste é expressiva mas, em ambas regiões, aumentou a proporção de pessoas que ganhavam até 1 salário mínimo, passando de 41% para 44,7%, em 2002, no Nordeste; e de 16,6% para 19,0% no Sudeste. Este foi um fenômeno que atingiu, principalmente, os trabalhadores "informais", aí incluídos os trabalhadores sem carteira e os trabalhadores por conta própria". (IBGE, 2003, 2004)

O "estar na informalidade" pode representar um custo social extremamente alto que, nos dias atuais, se agrava à medida que aumenta a parcela da população trabalhadora inserida em ocupações que se caracterizam pela negação de direitos trabalhistas e elevado grau de exposição a situações de vulnerabilidade (como enfermidades, acidentes, velhice).

O crescimento da informalidade, direta ou indiretamente ligado ao processo produtivo, produz consequências funestas tanto para os trabalhadores assalariados com carteira de trabalho, quanto para aqueles excluídos do núcleo estruturado do mercado de trabalho (assalariados sem carteira, autônomos, e não remunerados). No caso destes últimos, nos quais a precariedade generalizada de condições de trabalho sempre foi algo permanente, deve-se acrescentar o fato de que sua ampliação representa uma tendência de maior deterioração das condições de vida e aproximação das linhas de pobreza, num processo gradual de pauperização.

No Brasil, a relação mecânica entre o econômico e o social sempre apontou o crescimento econômico como a forma mais adequada de diminuir a amplitude da pobreza e de outras mazelas sociais, como o próprio desemprego. Entretanto, numa análise mais acurada, é possível desvelar os perigos e as distorções que essa interpretação apresenta, pois, como exposto anteriormente, o crescimento econômico sozinho não é capaz de diminuir automaticamente as desigualdades.

Autores como Rocha (2000), Salama e Destremau (2001) alertam para a relação entre a precariedade das formas de emprego, o crescimento das desigualdades e a evolução da pobreza. Com respeito a isso, no período de 1991 a 2000, tratando das seis regiões metropolitanas do país, são taxativos em afirmar:

> A participação do emprego informal no emprego total aumenta e o emprego na indústria de transformação baixa sensivelmente, entre as mesmas datas, enquanto o emprego na categoria de serviços cresce consideravelmente. Os pobres estão concentrados na categoria de serviços e na de empregos informais. (Salama e Destremau, 2001, p. 156)

Partindo do princípio básico de que, numa sociedade de mercado, todos têm no trabalho a forma elementar de prover suas necessidades, e de que os rendimentos do trabalho são cada vez mais reduzidos em consequência do desemprego e das modalidades de inserção ocupacional na informalidade, tem-se um quadro de desigualdades que se acirra mediante a perda das conquistas da década de 1980, em termos de direitos trabalhistas e sociais.

Na década de 1990, no Brasil, pôde-se assistir a um processo de desregulação do trabalho sob dois parâmetros: um deles, o da desestruturação do mercado de trabalho que se acentuou sobremaneira nessa década, motivada pelos ajustes macroeconômicos e pela reestruturação produtiva promovida pelo capital em seu processo de acumulação em curso; o outro, o da "desregulamentação do mercado de trabalho" (Cardoso Júnior, 2001, p. 43), propriamente dita composta por mudanças na legislação, com a finalidade precípua de promover:

1) a flexibilização das condições de uso da força de trabalho;
2) a flexibilização das condições de remuneração da força de trabalho;

3) algumas modificações nos marcos de proteção e assistência à força de trabalho;
4) algumas modificações nas estruturas sindical e da Justiça do Trabalho.

No campo da proteção, houve

> [...] um afrouxamento da fiscalização do trabalho por meio da Portaria n. 865, que instruiu os fiscais do trabalho a apenas comunicarem ao Ministério Público os casos de incompatibilidade entre as condições de trabalho pactuadas em convenção ou acordo coletivo e a legislação pertinente, ao invés de multar a empresa, como mandava a prática anterior. (Cardoso Júnior, 2001, p. 52)

O seguro-desemprego também se encontra ameaçado de redução, pois, de acordo com a MP n. 1.726 (apud Cardoso Júnior, 2001, p. 52), "[...] o governo abriu a possibilidade para a suspensão temporária do contrato de trabalho para a qualificação do trabalhador", com a condição de que as bolsas pagas ao trabalhador durante o período de suspensão, custeadas pelo Fundo de Amparo ao Trabalhador (FAT), sejam descontadas das parcelas do seguro-desemprego, caso venha a ser demitido.

Ao lado dessas medidas, tem-se a reforma do Estado em andamento, que incorpora modificações quanto à previdência, capazes de exacerbar o processo de deterioração da proteção social aos trabalhadores de modo geral e, particularmente, de modo mais perverso, — se é que se pode ser mais perverso —, para aqueles que estão na informalidade.

Convém aqui frisar as duas mudanças nos critérios de elegibilidade para aposentadoria: uma referente à ampliação da idade mínima para solicitação da aposentadoria reduzida, que passou de 60/55 anos para 65/60 anos, para homens e mulheres trabalhadores urbanos, vinculada a um tempo mínimo de contribuição de 10 anos, que deverão ser estendidos para 15, gradativamente, até 2005; e a outra, ao condicionamento da aposentadoria plena ao tempo mínimo de contribuição de 35/30 anos, para homens e para mulheres, respectivamente, e não mais ao tempo de serviço, como anteriormente estava estabelecido.

As estatísticas confirmam a situação de desproteção de boa parte dos trabalhadores, pois em 1985, passou-se de uma taxa de evasão previdenciária de 53% da população ocupada privada do país, para a de 62% em 1999. (Neri, 2001, p. 66)

De acordo com Neri (2001, p. 66), "[...] a taxa de evasão previdenciária dos 20% mais pobres é de 96%, contra 16% dos 20% mais ricos [...]", ou seja, é justamente no grupo dos sem previdência que se concentra a população mais vulnerável a situações de risco, como acidentes de trabalho, enfermidades e velhice.

No decurso da reforma do Estado, na década de 1990, assistiu-se a uma redução dos mecanismos de proteção social e a um repasse à família e ao indivíduo da responsabilidade sobre sua sobrevivência. É o resultado do "sistema dual de proteção social", mencionado por Cohn (2000), que

> [...] vai se dando não mais referido à inserção ou não dos indivíduos no mercado formal de trabalho, mas a níveis de renda que traduzem a sua capacidade contributiva segundo o estrato de renda em que se inserem. [...] Em consequência, verificam-se, de um lado, políticas de universalização de um patamar básico de acesso a determinados níveis de benefícios e serviços sociais, financiadas com recursos orçamentários, e de outro um sistema privado, no geral subsidiado pelo Estado, e destinado aos segmentos sociais com capacidade de acesso a esse mercado.

Dessa forma, transpõe-se para a esfera da responsabilidade privada a garantia da satisfação de determinadas necessidades sociais básicas — família, vizinhança, filantropia etc. (Cohn, 2000, p. 11)

Principalmente no caso dos trabalhadores por conta própria, esses problemas mencionados agudizam-se e são identificados pelo IBGE (2003) quando informa, baseado em dados de 2002, a baixa taxa de contribuição previdenciária desses trabalhadores (13,9%) e o rendimento familiar restrito (48,2% pertenciam a famílias cujo rendimento médio *per capita* era de até meio salário mínimo).

Como se vê, os problemas associados à informalidade vão além da maior precarização das condições de trabalho, implicam numa degradação da qualidade de vida e da proteção social, pois essas condições fazem com que os trabalhadores informais apresentem um grau de vulnerabilidade muito elevado por não disporem de cobertura de seguridade nem de qualquer direito trabalhista que possa ampará-los e às suas famílias em situação de afastamento temporário ou definitivo do trabalho.

É esse grupo mais vulnerável hoje, sem cobertura da previdência social e sem recursos para preparar-se para a aposentadoria, que deverá vir a ser a "bomba-relógio social" num futuro não muito distante.

Caso se mantenham as previsões quanto à proporção de idosos no país, que tende a se elevar continuamente, e se mantenha também a escala descendente de redução da taxa de adesão previdenciária (âmbito público), haverá um sério problema social. As pessoas que tiverem de parar de trabalhar por causa das consequências do processo de envelhecimento, e que não se inserirem nos critérios para obtenção do benefício da aposentadoria, terão de ser atendidas por políticas sociais públicas que, na perspectiva neoliberal, vêm sendo drasticamente alteradas em seus conteúdos e funções. Esse trecho substituiria este: atendidas pelas instituições de assistência social.

As instituições que executam essas políticas apresentam dificuldades em conseguir dar conta do número de solicitações atuais. Imagine-se então o que representará um crescimento descontrolado da procura por parte da população sem cobertura previdenciária, que, como já foi indicado, representava 62% da população ocupada no setor privado em 1999 (Neri, 2001).

As medidas adotadas até agora continuam a privilegiar um modelo de crescimento, no qual não está clara a proposta de relação entre social e econômico. A pequena elevação do nível de emprego formal não esclarece a qualidade desses postos de trabalho, que em sua maioria vêm apresentando um caráter precário em termos de rendimento, segundo o Dieese (apud *Folha de S.Paulo*, 1º/08/2004). E mais, as propostas dos programas sociais têm apresentado resultados tímidos, cujos recursos estão sempre subordinados às negociações com o Fundo Monetário Internacional (FMI).

Em outros países onde houve retração do Estado no que é alusivo à desregulamentação da produção e reprodução, as consequências foram mais contidas, dado o poder de resistência — mesmo enfraquecido — dos trabalhadores e da sociedade civil.

Para alterar esse cenário sombrio, com o crescimento propiciando um consequente aumento da equidade, será necessário...

> [...] um Estado que complemente as tendências do mercado e que coordene especificamente para esses fins a gestão macroeconômica, as reformas institucionais, o desenvolvimento dos mercados de fatores de produção e as medidas microeconômicas. Mas isso pressupõe alterar as alianças ora dominantes e sair da camisa de força do "there is no alternativa". O que equivale a dizer que, como não poderia deixar de ser, o grande tema ainda é o da política e das relações de poder. (apud *Folha de S.Paulo*, 1º/8/2004)

Na verdade, chama-se a atenção para a relação entre o campo da economia e o da política, pois o desenvolvimento econômico só criará condições para a retomada do emprego e da renda e para a efetivação dos direitos sociais *"constitucionalmente afiançados"* (Yazbek, 2000), a partir de uma intervenção do Estado que priorize os interesses do público sobre o privado.

De acordo com Nogueira (2000, p. 10), "o problema é que está se perdendo de vista a ideia de Estado como pacto, como 'ambiente' ético-político, expressão de uma comunidade politicamente constituída, de um espaço público que se afirmaria diante dos interesses privados".

Em seu lugar, vem-se afirmando a questão do Estado pela perspectiva do tamanho e do custo, apresentando-o como um ônus enorme à sociedade, um aparato ineficaz, burocrático, inoperante na área social, responsável por um pesado déficit. Tudo isso se configura em contraponto aos "empreendimentos não governamentais da 'sociedade civil'" (Nogueira, 2000, p. 10), tidos como alternativas ágeis, criativas e eficazes para substituir os serviços sociais prestados pelo Estado, incentivo às privatizações.

Concomitantemente, há uma autonomização da economia, que aparece, ilusoriamente, como o fator principal ao qual o político e o social são submetidos, pois a lógica do mercado encontrará seu equilíbrio, e do crescimento econômico se derivará todo o resto.

Esse processo de despolitização — respaldado no discurso neoliberal e nas estratégias utilizadas pelo capital para promover a desregulamentação que se coloca como obstáculo à sua necessidade de expansão — culpabiliza a "política (Estado)" pelo agravamento das políticas sociais e, desse modo, "não se pensa a política como recurso para combatê-los. O campo da política acaba, assim, por ser desvalorizado" (Nogueira, 2000, p. 10). Essa desvalorização da política abre espaço para que se imponha à opinião pública uma visão invertida quanto ao Estado, na qual o melhor caminho para a sociedade é realmente priorizar o enxugamento (privatização e ajustes) do Estado, e repassar ao setor privado ou às organizações sociais os serviços sociais.

O lado mais visível das consequências desse crescimento econômico é o aumento do desemprego e do processo de flexibilização das relações de trabalho e de deterioração dos postos de trabalho.

Segundo Costa (2000, p. 191), se

> [...] a instabilidade monetária com a redução da inflação gerou, no primeiro momento, uma maior capacidade de consumo para as camadas mais pobres, [...] o outro lado da moeda foi o crescimento do desemprego e da informalidade do mercado de trabalho.

Com isso, acentuam-se as questões da pobreza e das desigualdades sociais e regionais.

Para atender às imposições das agências internacionais, como o FMI, em relação ao equilíbrio do déficit fiscal, as propostas de reformas vêm atingindo não só os programas sociais como também o sistema de proteção social...

> [...] implantando novo padrão de regulação social não mais via trabalho, mas via renda. É o caso das propostas governamentais de reforma da previdência social, que desvinculam o acesso dos cidadãos a determinados benefícios e serviços de sua inserção no mercado de trabalho (formal ou informal), sem no entanto desvincular esse acesso da sua capacidade contributiva, tomando-se neste caso o cidadão em termos individuais. (Cohn, 2000, p. 185)

Essas propostas representam algumas das novas estratégias de relacionamento entre o Estado, a sociedade e o mercado, marcadas pela "[...] recomposição do processo de acumulação — seja na esfera da economia, seja na da política — incidindo diretamente na reestruturação dos capitais, na organização do trabalho e no redirecionamento da intervenção estatal [...]" (Mota, 2000, p. 4).

Nessa perspectiva, a seguridade social deixa de ser "um mecanismo redistributivo" e se transforma num conjunto de "políticas sociais compensatórias e focalistas que deverão conviver com a mercantilização dos serviços sociais" (Mota, 2000, p. 6).

A reprodução ampliada do capital, nesses novos termos, fratura e heterogeniza mais ainda os trabalhadores, pois, nessa mistura de público e privado proposta para a seguridade social, o que é ressaltado é a transferência para o âmbito privado, mercantil, de demandas sociais de parte dos trabalhadores, enquanto que a outra parte ficaria a cargo da sociedade civil e do Estado, ou seja, de um lado os trabalhadores que podem contribuir seriam atendidos (nos serviços sociais) pelo setor privado (planos de saúde, seguros, previdência complementar) e os que não têm condições de pagar por esses serviços seriam alvo do atendimento público.

Isso confirma uma tendência apontada por Cohn (2000, p. 186) sobre a conformação no país de um...

> [...] sistema dual de proteção social, entendendo-se por sistema de proteção social todo o conjunto de políticas sociais (aí incluída a previdência social) com distintas lógicas na sua articulação com a dinâmica macroeconômica. De um lado, o subsistema de proteção social relativo aos benefícios sociais securitários — e portanto, contributivos; de outro, o subsistema relativo aos benefícios sociais assistenciais — e portanto, redistributivos, financiados com recursos do orçamento fiscal.

Esse orçamento, diga-se de passagem, sempre está subordinado à "diminuição do déficit público", representando, na prática, cortes de recursos no que se refere a programas relacionados aos direitos não contributivos. Como desdobramento, assiste-se à focalização das políticas sociais voltadas quase que exclusivamente para os setores da população mais vulneráveis (os mais pobres).

Outros dois processos, além da focalização, têm marcado as mudanças com relação à seguridade social no país: a privatização e a descentralização. Além desses, a bandeira da "racionalização dos gastos sociais" tem levado à defesa de "novas formas de parcerias entre Estado, mercado e sociedade" (Cohn, 2000, p. 188).

Como se vê, as políticas de seguridade social são as expressões concretas das contradições entre o capital e o trabalho e destes com o Estado, inseridas em determinadas condições sócio-históricas.

Dadas as características que o capital vem apresentando em seu processo de acumulação atual, como a reorganização do processo produtivo, a internacionalização do capital e o crescimento do capital financeiro, era de se esperar, na caminhada do capital para conseguir seu objetivo de expansão e retomada da taxa de lucro anterior à crise do final dos anos 1970, que a ofensiva no plano político se dirigisse às normas de regulação e proteção do mercado de trabalho, aos direitos previdenciários e às competências do Estado no que se refere à oferta de bens e serviços (Costa, 2000, p. 167).

No *Welfare State*, a necessidade de manutenção e reprodução da força de trabalho levou à "gestão estatal da força de trabalho", quando, através do Estado, se realizou a socialização com o capital de parte dos custos do trabalho, bem como a efetivação de um pacto social que deu respaldo político à sociedade salarial.

Nessa situação, o Estado de Bem-Estar "[...] promoveu a universalização da cobertura dos benefícios sociais e ampliou o conceito de proteção social, atribuindo-lhes o estatuto de direitos sociais" (Mota, 2000, p. 4), forma indireta de subsidiar a renda dos trabalhadores e assegurar um padrão de consumo ao trabalhador e à sua família.

Esse modelo de Estado, que tinha grandes possibilidades de ser implantado no país, principalmente a partir da Constituição de 1988, foi e continua sendo alvo das propostas que enfatizam a privatização, a focalização e a descentralização, não conseguindo portanto ser integralmente implementado.

## Conclusão

Feita a análise das relações entre a informalidade e o capital, dela com o trabalho formal, dela com os problemas decorrentes das desigualdades sociais e com a pobreza, é possível perceber as consequências sociais e econômicas geradas por esse fenômeno, no qual está inserido um contingente considerável dos trabalhadores.

A *insegurança social* é uma das faces do custo social da informalidade, resultante das mudanças ocorridas no processo de acumulação do capital, que, por sua vez, afetaram as relações entre Estado, mercado e sociedade. Nos países avançados, existiu a efetivação de um pacto entre representantes do capital e do trabalho, mediado pelo Estado, que permitiu a construção de mecanismos que limitassem as consequências dos desequilíbrios do mercado, em seu afã de lucro. O mesmo não aconteceu no Brasil, país em que o Estado de Bem-Estar, que não chegou a se consolidar, atualmente vem sofrendo os efeitos dos ataques neoliberais, empenhados em reduzir ao mínimo a interferência desse aparato, no sentido de coibir os abusos do capital.

As mutações no mundo do trabalho, acompanhadas das mudanças societárias, mais fortes na década de 1990, promoveram uma rearticulação entre o Estado, o mercado e a sociedade, alterando os padrões de uso e consumo da força de trabalho e da regulação entre capital e trabalho.

A flexibilização das relações de trabalho, a diminuição do trabalho vivo no processo produtivo direto da mercadoria, a descentralização das cadeias de produção favoreceram o crescimento do excedente de mão de obra estrutural, seja pelo desemprego, seja pela maior informalização nas relações de trabalho, gerando, dessa maneira, uma instabilidade constante para o trabalhador, inclusive para aqueles que ainda permaneceram em seus postos de trabalho com registro em carteira.

A insegurança quanto à inserção no mercado de trabalho, por parte dos trabalhadores assalariados com registro, diz respeito não só à permanência no emprego, como também ao acesso a benefícios de proteção social relacionados ao contrato de trabalho (cobertura de seguridade social, auxílio-alimentação, vale-transporte etc.).

As modificações verificadas no trabalho com registro formal também repercutiram nas ocupações vinculadas à informalidade. De um lado, com o aumento do desemprego e a piora da precarização das relações de trabalho e, de outro, com queda nos rendimentos do trabalho, resultante dessa situação, queda que fez com que um novo estado de insegurança se estabelecesse entre os trabalhadores informais.

A insegurança já vivenciada por esses trabalhadores, dadas as condições de trabalho precário e de renda inconstante, além da ausência de proteção social, passa a tomar novas proporções negativas, no sentido de que começa a assemelhar-se a uma "catástrofe social" anunciada, isso porque, atualmente, com a concorrência desmesurada (consequência do grande número de trabalhadores na informalidade e desempregados), e com a redução no nível de consumo da população, agravada por períodos recessivos na economia nacional, o ritmo de crescimento da demanda interna regride, reduzindo a criação, ou a própria manutenção das atividades às quais estão ligados esses trabalhadores.

Muitas vezes os colegas, iguais no mesmo estado de apreensão quanto ao hoje, são vistos numa relação dúbia, entre solidariedade e ameaça, pois todos buscam conseguir um posto de trabalho, o que segmenta em maior proporção esses trabalhadores, que, no limite, já se veem confusos com relação a si próprios, principalmente quando estão na situação de microempresários, colocando-se ora como proprietários, ora como trabalhadores, iludidos pelos princípios de "igualdade" e "liberdade" veiculados pelo capitalismo, que mascaram as reais condições de exploração da mais-valia pelo capital.

Isso dificulta ainda mais alguma possibilidade de organização desses trabalhadores, o que os coloca na condição de "sem-voz" no campo político, dificultando qualquer negociação de suas demandas no espaço público.

As mudanças ocorridas na socialização dos custos sociais de reprodução da força de trabalho alteram as condições econômicas e sociais subjacentes ao processo de acumulação de capital em vigor, reconstruindo os parâmetros de solidariedade social, que devem regular as relações entre mercado e sociedade.

A partir do momento em que o Estado incorpora a racionalidade do mercado e promove reformas que restringem a proteção social pública, abrindo maior espaço para o setor privado, mercantilizando boa parte dos serviços sociais, instaura-se uma dicotomia de direitos, entre os que podem pagar pelo serviço e os assalariados formais, e entre esses e os pobres, ou seja, aqueles que, por absoluta falta de condições de obter os serviços sociais via mercado, têm que depender da rede pública.

Nesse momento, desenvolve-se um acirramento da *individualização*, no qual toda e qualquer responsabilidade, no que tange à manutenção e à reprodução do trabalhador e de sua família, é transferida ao indivíduo. A socialização dos custos relativos à reprodução não mais é dividida, mesmo que de forma desigual, entre o mercado e a sociedade. Nem o capital nem o Estado querem assumir esses custos; o primeiro vê uma oportunidade de investimentos lucrativos na privatização de alguns serviços sociais, e o segundo se justifica pela focalização desses serviços na falta de condições financeiras, dado o déficit público.

Dessa forma, a universalização da proteção social, que não chegou a se concretizar totalmente no país, transforma-se em uma universalização dos níveis mais elementares de benefícios e serviços financiados pelo Estado, para aqueles que dependem exclusivamente do atendimento público, ressaltando-se que a demanda é sempre bem maior que a capacidade de cobertura, gerando, muitas vezes, demora ou impossibilidade de atendimento para quem procura a rede pública e um sistema privado subsidiado com recursos públicos, para prestação de serviços à parcela da população que dispõe de renda suficiente para obtê-los no mercado.

Com isso, aumenta exponencialmente a *desigualdade* em relação também à proteção social, pela disparidade de situações que separam os trabalhadores qualificados com vínculo formal de trabalho e os que se encontram na informalidade.

Sem a cobertura do seguro social, que poderia ampará-los em situações de risco (acidentes, invalidez, velhice), os trabalhadores na informalidade sofrem com a troca da solidariedade social pela solidariedade privada (família, rede de amizades), não porque seja uma mudança nova, mas porque ela acontece num momento no qual a própria família encontra-se mais vulnerável que antes às mudanças no mundo do trabalho e nas relações sociais.

O desemprego, a informalização das relações de trabalho reduziram o número de membros das famílias que exercem algum tipo de ocupação. Dessa maneira, a renda familiar fica comprometida e, nos casos extremos, fica restrita apenas a um provedor na família, o que torna inviável a possibilidade de mobilização e suporte familiar ao trabalhador, quando em situações temporárias e definitivas de afastamento do trabalho.

A transferência ao indivíduo da responsabilidade total por sua manutenção e reprodução, ignorando, aparentemente, as condições postas pelo capital à compra e venda da força de trabalho (na relação capital/trabalho, não há igualdade, muito menos liberdade no momento em que trabalhador e capital se encontram na circulação, pois a força de trabalho só dispõe de sua capacidade de trabalho), transforma o cidadão em consumidor, e seus direitos, enquanto cidadão, são mercantilizados, obedecendo à mesma lógica do capital, na qual o acesso aos serviços sociais é definido pela capacidade de renda do indivíduo; é ele, e não o Estado e a sociedade, responsável pela provisão desses serviços.

A segurança social protagonizada pelo keynesianismo é transformada em segurança privada, na qual cada pessoa deve ser capaz de "cobrir" seus riscos sociais (situações de doença, invalidez, velhice).

Como o rendimento do trabalho, seja ele originado no assalariamento com registro formal ou nas ocupações informais, está diminuindo, o que é um indicador da piora da qualidade das ocupações, além de ficar comprometida a própria condição de vida, também é inviabilizado o acesso à proteção social pública e novamente a família é onerada com mais uma atribuição. Agora, além de prover com serviços pessoais, cuidados com a saúde, alimentação, por exemplo, os seus membros, contribuindo para manter e reproduzir a força de trabalho, tem também de arcar sozinha com as consequências das situações de risco a que estão expostos seus integrantes.

A desigualdade é reproduzida entre os trabalhadores na medida em que aumenta a cada dia a segmentação entre os qualificados com vínculo formal (registrados em carteira), com acesso à proteção social, e aqueles que fazem parte do excedente de mão de obra estrutural, cujo estado de desproteção aumenta proporcionalmente em relação à precarização das suas condições de trabalho e de vida.

Essa cisão entre os trabalhadores colabora para reforçar a individualização nas relações de trabalho e societárias e acirra a concorrência entre eles, quando passa a imperar o ditado popular "cada um por si...", dificultando, sobremaneira para eles, algum tipo de organização que seria importante, dado que a inserção da força de trabalho na produção social é uma decisão condicionada pelo processo de desenvolvimento econômico e pelo contexto socioeconômico e político (correlação de forças entre as classes sociais) da ocasião.

A perda dos espaços públicos de organização, de representação e de negociação de demandas coletivas por parte dos trabalhadores e da sociedade é extremamente perigosa, na proporção do risco de extinção de qualquer possibilidade de regulação das relações entre capital e trabalho, que imponha limites ao mercado.

O Estado, também, no seu processo de desresponsabilização da reprodução social, além de permitir o sucateamento dos serviços públicos, associa a imagem de precarização desses serviços à situação financeira e à sua estrutura "ineficaz", colaborando na deterioração da imagem do público e "glorificando" a imagem do setor privado, sempre associado à eficácia e à qualidade, que seriam inexistentes no âmbito público.

A capacidade da família em atuar como instituição de assistência, como estratégia alternativa ao seguro social, está comprometida, nos dias de hoje, pelos fatores já mencionados, o que coloca significativa parcela dos trabalhadores na informalidade, próximos ou já convivendo com o empobrecimento mais agudo.

Se se lembrar que, em 2000, 60% da população brasileira ocupada já estava na informalidade, correspondente a 41 milhões de trabalhadores, segundo dados do IBGE e do Centro de Políticas Sociais da Fundação Getúlio Vargas (2000), pode-se imaginar o que isso representa em termos de instabilidade social e política para um país que pensa em ser uma democracia.

A presença do Estado, como regulador das relações entre capital e trabalho, é e será sempre necessária. Mesmo que o capitalismo tente induzir à ideia contrária, para que se viabilize a continuidade do capitalismo é preciso que haja uma instância política capaz de assegurar as condições sociopolíticas e econômicas necessárias à sua existência.

É importante ressaltar que, após as transformações societárias pós-1970, o próprio trabalho assalariado com registro ganhou um estatuto de vulnerabilidade, dadas as condições de flexibilização a que vem sendo submetido.

A difusão do conceito de empregabilidade, empreendedorismo e outros do gênero, vende aos trabalhadores a ilusão de que hoje o importante é trabalhar, e não ter um emprego, pois esse emprego estaria em extinção. Assim, cria-se a imagem de que a inserção no mercado de trabalho depende tão somente das "competências e habilidades" que o trabalhador disponha para realizar tal tarefa. Mascara-se, dessa forma, as relações macrossociais que envolvem, no capitalismo, a estruturação do trabalho, fazendo com que a informalidade passe a apresentar-se como natural, quando, na verdade, hoje ela adquire uma função estratégica no processo de acumulação do capital.

O desemprego é preocupante, mas a informalidade, hoje, adquire contornos sombrios, porque é um contingente silencioso de trabalhadores, que, a cada dia, vê as condições de trabalho e de vida, suas e de suas famílias, numa curva descendente e contínua, uma situação que aguça a insegurança, a individualização e a desigualdade em termos distributivos no país, criando disparidades entre os trabalhadores, que contribuem para fragilizar sua organização.

## Referências bibliográficas

ABREU, Haroldo Baptista de. O contexto histórico social da crise dos padrões de regulação socioestatal. *Praia Vermelha*: estudos de política e teoria social. Rio de Janeiro: UFRJ — Escola de Serviço Social — Programa de Pós-Graduação, v. 1, n. 1, p. 49-74, 1° sem. 1997.

ANTUNES, Ricardo. *Os sentidos do trabalho*. São Paulo: Boitempo, 1999.

BIHR, Alain. *Da grande noite à alternativa*: o movimento operário europeu em crise. São Paulo: Boitempo, 1999.

BORON, Atílio. Os "novos leviatãs" e a pólis democrática: neoliberalismo, decomposição estatal e decadência da democracia na América Latina. In: SADER, Emir; GENTILI, Pablo (Orgs.). *Pós-Neoliberalismo II*: que Estado para que democracia? Petrópolis: Vozes, 1999.

BRAGLIA, Maria Adelina Guglioti. A proteção social pelo trabalho: entre o óbvio e o exótico. *São Paulo em Perspectiva*, São Paulo, Fundação Seade, v. 10, n. 1, p. 46-52, jan./mar. 1996.

CACCIAMALI, Maria Cristina. Distribuição de renda, formas de participação na produção e setor informal. In: CHAHAD, José Paulo (Org.). *O mercado de*

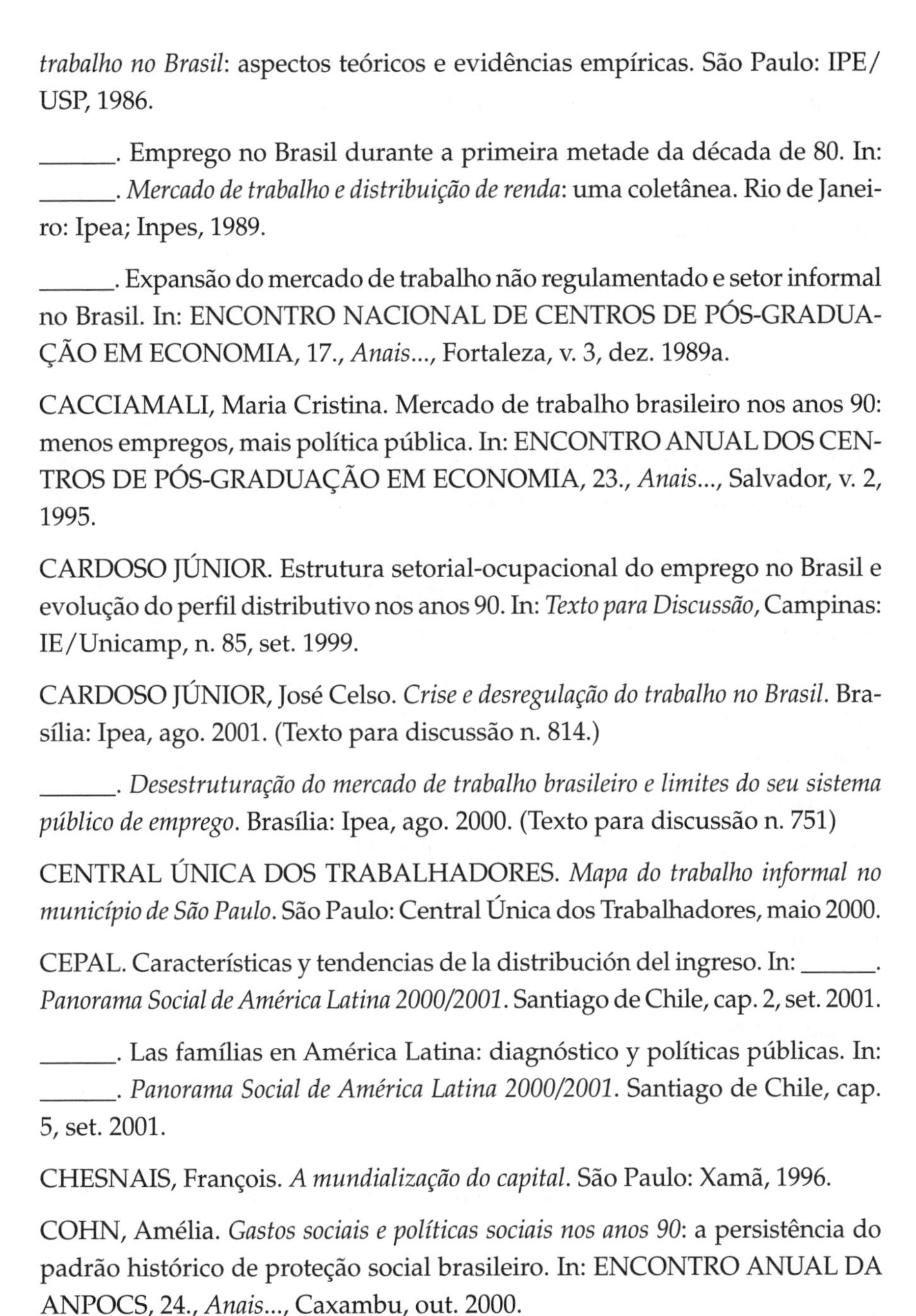

*trabalho no Brasil*: aspectos teóricos e evidências empíricas. São Paulo: IPE/USP, 1986.

______. Emprego no Brasil durante a primeira metade da década de 80. In: ______. *Mercado de trabalho e distribuição de renda*: uma coletânea. Rio de Janeiro: Ipea; Inpes, 1989.

______. Expansão do mercado de trabalho não regulamentado e setor informal no Brasil. In: ENCONTRO NACIONAL DE CENTROS DE PÓS-GRADUAÇÃO EM ECONOMIA, 17., *Anais...*, Fortaleza, v. 3, dez. 1989a.

CACCIAMALI, Maria Cristina. Mercado de trabalho brasileiro nos anos 90: menos empregos, mais política pública. In: ENCONTRO ANUAL DOS CENTROS DE PÓS-GRADUAÇÃO EM ECONOMIA, 23., *Anais...*, Salvador, v. 2, 1995.

CARDOSO JÚNIOR. Estrutura setorial-ocupacional do emprego no Brasil e evolução do perfil distributivo nos anos 90. In: *Texto para Discussão*, Campinas: IE/Unicamp, n. 85, set. 1999.

CARDOSO JÚNIOR, José Celso. *Crise e desregulação do trabalho no Brasil*. Brasília: Ipea, ago. 2001. (Texto para discussão n. 814.)

______. *Desestruturação do mercado de trabalho brasileiro e limites do seu sistema público de emprego*. Brasília: Ipea, ago. 2000. (Texto para discussão n. 751)

CENTRAL ÚNICA DOS TRABALHADORES. *Mapa do trabalho informal no município de São Paulo*. São Paulo: Central Única dos Trabalhadores, maio 2000.

CEPAL. Características y tendencias de la distribución del ingreso. In: ______. *Panorama Social de América Latina 2000/2001*. Santiago de Chile, cap. 2, set. 2001.

______. Las famílias en América Latina: diagnóstico y políticas públicas. In: ______. *Panorama Social de América Latina 2000/2001*. Santiago de Chile, cap. 5, set. 2001.

CHESNAIS, François. *A mundialização do capital*. São Paulo: Xamã, 1996.

COHN, Amélia. *Gastos sociais e políticas sociais nos anos 90*: a persistência do padrão histórico de proteção social brasileiro. In: ENCONTRO ANUAL DA ANPOCS, 24., *Anais...*, Caxambu, out. 2000.

COSTA, Lucia Cortes. *A reforma do Estado no Brasil*: uma crítica ao ajuste neoliberal. Tese (Doutorado) — Pontifícia Universidade Católica, São Paulo, 2000.

DEDECCA, Claudio Salvadori. *Racionalização econômica e trabalho no capitalismo avançado*. Campinas: Unicamp/IE, 1999. (Col. Teses.)

DIEGUEZ, Consuelo. O drama silencioso dos sem-carteira. *Veja*, São Paulo, Ed. Abril, ano 33, n. 42, 18 out. 2000. Disponível em: <www.veja.com.br>. Acesso em: 19 out. 2000.

DUPAS. A lógica econômica global e a revisão do *Welfare States*: a urgência de um novo pacto social. *Estudos Avançados*. São Paulo, IEA/USP, n. 33, p. 171-83, maio/ago. 1998.

FOLHA DE S.PAULO. *Crescem os empregos com salários baixos*. 1° ago. 2004.

IBGE. Departamento de Populações e Indicadores Sociais. *Síntese de indicadores sociais do IBGE-2002*. Rio de Janeiro, 2003.

KOHLER, Romualdo. A demanda agregada e o desemprego no Brasil: causas e consequências. In: BEDIN, Gilmar Antônio (Org.). *Reestruturação produtiva, desemprego no Brasil e ética nas relações econômicas*. Ijuí: Ed. Unijuí, 2000.

LIRA, Izabel C. Dias. *Estratégias alternativas ao seguro social utilizadas pelos trabalhadores por conta própria de Cuiabá-MT*. Tese (Doutorado) — PUC, São Paulo, 2003.

MALAGUTI, Manoel Luiz. *Crítica à razão informal*: a imaterialidade do salariado. São Paulo/Vitória: Boitempo/Edufes, 2000.

MARX, Karl. *O capital*: crítica da economia política. Rio de Janeiro: Civilização Brasileira, 1971.

______. *O capital*: crítica da economia política. Rio de Janeiro: Civilização Brasileira, 1998. v. 2.

MATTOSO, Jorge. *A desordem do trabalho*. São Paulo: Scritta, 1995.

______. *O Brasil desempregado*. São Paulo: Fundação Perseu Abramo, 1999.

MEDEIROS, Marcelo. A importância de se conhecer melhor as famílias para a elaboração de políticas sociais na América Latina. In: ENCONTRO ANUAL DA ANPOCS. Caxambu, 2000.

MOTA, Ana Elizabete. Sobre a crise da seguridade social no Brasil. *Cadernos Adufrj*. Rio de Janeiro, Seção Sindical dos Docentes da Universidade Federal do Rio de Janeiro, ago. 2000.

NERI, Marcelo. 40 milhões de trabalhadores sem Previdência Social. *Conjuntura Econômica*, Rio de Janeiro: Fundação Getúlio Vargas, v. 55, p. 66-8, jun. 2001.

NOGUEIRA, Marco Aurélio. Brasil ano 2000: a agenda cristalizada. *Revista Inscrita*, Rio de Janeiro, Conselho Federal de Serviço Social, ano 3, n. 6, p. 6-12, jul. 2000.

NUN, José. *O futuro do emprego e a tese da massa marginal*. Texto apresentado na Sessão "América Latina hoje: desenvolvimento e trabalho", dos seminários temáticos interdisciplinares "Os estudos do trabalho: novas problemáticas, novas metodologias e novas áreas de pesquisa", realizado na USP, em 29 de maio de 2000.

______. Privatização do público, destituição da fala e anulação da política: o totalitarismo neoliberal. In: OLIVEIRA, Francisco; PAOLI, Maria Célia (Orgs.). *Os sentidos da democracia*: políticas do dissenso e hegemonia global. Petrópolis/Brasília: Vozes/Nedic, 1999.

______. Questões em torno da esfera pública. In: SERRA, Rose (Org.). *Trabalho e reprodução*: enfoques e abordagens. São Paulo/Rio de Janeiro: Cortez/Petres-FSSS/UERJ, 2001.

ORGANIZAÇÃO INTERNACIONAL DO TRABALHO. *Relatório global sobre discriminação no trabalho*. Genebra, maio 2003.

POCHMANN, Marcio. *O emprego na globalização*. São Paulo: Boitempo, 2001.

______. O excedente de mão de obra no município de São Paulo. In: JAKOBSEN, Kjeld; MARTINS, Renato; BOMBROWSKI, Osmir (Orgs.). *Mapa do trabalho informal no município de São Paulo*. São Paulo: Fundação Perseu Abramo/CUT-Brasil, 2000.

______ et al. *Atlas da exclusão social*. São Paulo: Cortez, 2004. v. 4.

ROCHA, Sonia. *Pobreza e desigualdade no Brasil*: o esgotamento dos efeitos distributivos do Plano Real. Rio de Janeiro: Ipea, abr. 2000. (Texto para discussão n. 721.)

SALAMA, Pierre; DESTREMAU, Blandine. *O tamanho da pobreza*: economia política da distribuição de renda. Rio de Janeiro: Garamond, 2001.

SILVA, Luiz Antônio Machado da. Informalidade e crise econômica. *Tempo e Presença*, Rio de Janeiro, Koinonia Presença Ecumênica e Serviço, n. 288, p. 10-13, jul./ago. 1996.

TAVARES, Maria Augusta. *Os fios (in)visíveis da produção*: informalidade e precarização do trabalho no capitalismo contemporâneo. Tese (Doutorado) — UFRJ, Rio de Janeiro, 2002.

TELLES, Vera da Silva. *Pobreza e cidadania*. São Paulo: Editora 34, 2001.

YAZBEK, Maria Carmelita. Terceiro setor e despolitização. *Revista Inscrita*, Rio de Janeiro, CFESS, n. 6, p. 13-18, jul. 2000.

# CAPÍTULO 8

## A política de trabalho e renda no Brasil: uma avaliação de resultados da experiência do Maranhão

*Maria Virgínia Moreira Guilhon*
*Valéria Ferreira Santos de Almada Lima*

### Introdução

O presente texto objetiva fazer uma análise da Política Pública de Trabalho e Renda (PPTR) no Brasil, tomando como referência empírica a experiência de desenvolvimento dessa política no Estado do Maranhão no período de 1999 a 2002.

Busca-se apreender a direção e o significado das intervenções sobre o mercado de trabalho no contexto das atuais transformações capitalistas manifestas tanto no âmbito produtivo quanto financeiro e político. Por um lado, tais transformações têm implicado, não só na incapacidade de o crescimento econômico gerar empregos no ritmo necessário para absorver a população que ingressa no mercado, na maior polarização entre "bons" e "maus" empregos, como também na própria destruição de postos de trabalho. Por outro lado, têm representado um aumento da demanda por benefícios e serviços cujo atendimento tem sido orientado pela perspectiva de contenção e focalização do gasto social em função da priorização de medidas de promoção e elevação da competitividade das economias abertas por meio da inovação e da flexibilidade na organização da produção e do trabalho e do próprio mercado.

Assim, a PPTR brasileira é apreendida como parte desse quadro amplo de transformações, mas também como decorrente da necessidade de enfrentar os efeitos perversos das políticas econômicas, da reforma do Estado e dos processos de reestruturação industrial sobre o mercado de trabalho, especialmente a partir dos anos 1990.

De posse desses elementos, considerou-se importante analisar as ações públicas no campo do trabalho desenvolvidas no Maranhão como manifestação concreta das medidas de política pública do governo brasileiro em um Estado que historicamente enfrenta uma situação de desemprego estrutural decorrente da incapacidade de absorção da força de trabalho pelo processo de acumulação capitalista local.

Visando dar conta dessa reflexão, este capítulo foi estruturado em três itens, além desta introdução e da conclusão. No primeiro, discute-se o perfil assumido pelas políticas de trabalho no atual contexto de reestruturação capitalista. No segundo, discorre-se sobre a origem e o desenvolvimento da PPTR no Brasil. No terceiro, avalia-se a eficiência e a eficácia do processo de implementação da referida política no Maranhão, bem como os resultados das ações sobre a vida dos beneficiários, centrando foco no período de 1999 a 2002, que corresponde ao segundo mandato do governo Roseana Sarney. Para isso, tomam-se como referência os resultados de uma pesquisa avaliativa executada pelo Grupo de Avaliação e Estudos da Pobreza e das Políticas Direcionadas à Pobreza (GAEPP), da Universidade Federal do Maranhão, da qual fizeram parte as autoras deste capítulo. Tal pesquisa teve como objeto exatamente as Políticas de Assistência Social, de Habitação e do Trabalho implementadas pela então Gerência de Desenvolvimento Social (GDS).

## Perfil das políticas públicas de trabalho no atual contexto capitalista

Os problemas de natureza fiscal e financeira vivenciados pelos setores públicos dos diversos países como uma das manifestações da crise capitalista favoreceram o surgimento de propostas de inspiração neoliberal voltadas para a redução dos gastos sociais e para a focalização desses gastos nos grupos considerados mais vulneráveis.

Não obstante a hegemonia dos discursos liberalizantes, não se pode falar de um movimento de desmonte efetivo do *Welfare State*. Isso porque o próprio quadro de crise e recessão levou a um aumento das despesas com o pagamento do seguro-desemprego e de outros gastos sociais direcionados à proteção dos trabalhadores em condições de retração do crescimento econômico.

Um balanço das experiências recentes leva à constatação de que o que houve de fato foi um redirecionamento dos sistemas de *Welfare* para uma maior focalização, para a busca de políticas específicas de enfrentamento do desemprego, para novas formas de implementação das políticas sociais e até mesmo para um aumento do papel regulador do Estado (Azeredo, 1998, p. 14).

Segundo Esping-Andersen (*apud* Azeredo, 1998, p. 15), essas experiências evidenciam um *trade-off* entre igualdade e pleno emprego. Aqueles países que adotaram estratégias mais radicais de liberalização foram mais bem-sucedidos em termos de emprego, embora pagando alto preço pelo aumento da desigualdade e da pobreza. Já aqueles que resistiram às mudanças rumo à flexibilização se defrontaram com um quadro de desemprego elevado.

Os processos de reestruturação industrial, de globalização financeira e de mudança de paradigma tecnológico têm implicado em aumento da concentração da renda e da riqueza com o consequente agravamento da exclusão social em âmbito mundial. Nesse contexto, a questão do emprego e do desemprego passa a ocupar o centro das preocupações dos governos.

De qualquer forma, em que pesem as diferenças de estratégias adotadas, a questão do desemprego se constitui no núcleo central da política social da atualidade. De fato, o Estado tem desempenhado um papel estratégico na busca de mecanismos compensatórios para o equacionamento do problema, ampliando de forma significativa os gastos com o que se convencionou chamar de "políticas de mercado de trabalho", que compreendem medidas de natureza passiva e medidas de natureza ativa.

As políticas passivas são aquelas que "consideram o nível de emprego (ou desemprego) como dado, sendo seu objetivo assistir financeiramente ao trabalhador desempregado ou reduzir o excesso de oferta de trabalho" (Azeredo, 1998, p. 15). Enquanto isso, as políticas ativas "buscam atuar diretamente sobre a oferta ou demanda de trabalho" (Azeredo, 1998, p. 16). São medidas de natureza passiva: o seguro-desemprego, os programas assistenciais voltados ao atendimento dos que não têm acesso ao seguro, incentivos à aposentadoria antecipada, a manutenção de jovens no sistema escolar e a redução da jornada de trabalho. Já entre as medidas de natureza ativa situam-se a formação profissional e a intermediação da mão de obra, atuando do lado da oferta de trabalho e a criação direta de empregos pelo setor público, subsídios à contratação, oferta de crédito para pequenas e microempresas e incentivo ao trabalho autônomo, atuando do lado da demanda.

De todos esses instrumentos citados, o seguro-desemprego figura como o mais antigo, tendo se consolidado, sobretudo, no Segundo Pós-Guerra, no contexto dos Estados de Bem-Estar Social, em meio a uma situação de prosperidade econômica em que o desemprego se apresentava como resultado de desajuste temporário ou friccional. O pleno emprego era, portanto, o pressuposto básico para a organização dos esquemas de seguro-desemprego, concebidos como mecanismos compensatórios de proteção financeira transitória aos trabalhadores.

Contudo, a crise e o baixo dinamismo da economia mundial trouxeram novos desafios para os mecanismos de proteção social dos trabalhadores desempregados e para a política pública direcionada ao trabalho em seu conjunto. Com efeito, a deterioração da relação entre ativos e inativos em um quadro de desemprego estrutural põe em xeque a capacidade de autossustentação do gasto. Ademais, o seguro-desemprego mostrou-se insuficiente como mecanismo de assistência ao desempregado. Isso em razão do descompasso existente entre as regras básicas de acesso e a nova configuração do mercado de trabalho na qual ganha espaço o desemprego de longa duração, o desemprego de inserção (que atinge os jovens de 20 a 24 anos com dificuldades de obtenção do primeiro emprego) e o desemprego de exclusão (incidente sobre os trabalhadores adultos com mais de 55 anos).

Assim sendo, além de mudanças nos critérios de acesso ao seguro-desemprego, tornou-se premente a criação de outros programas de caráter assistencial, assim como o desenvolvimento de políticas ativas voltadas para o mercado de trabalho, cujos principais eixos, a saber, a intermediação de mão de obra e a formação e reciclagem profissional, constituem o fato novo sobre o qual têm se debruçado os governos na perspectiva de enfrentar a problemática do desemprego.

Convém frisar que, além dos problemas de ordem financeira e das mudanças na configuração do mercado de trabalho, assiste-se hoje a uma transformação no próprio padrão de regulação estatal que afeta os objetivos e o conteúdo da política pública direcionada ao trabalho. Tal transformação se expressa na substituição do objetivo de promover o pleno emprego em economias nacionais relativamente fechadas, a partir de mecanismos centrados na demanda, pelo de elevar a competitividade de economias abertas por meio de instrumentos de intervenção econômica que enfatizam o lado da oferta. Com isso, os imperativos da flexibilidade do mercado de trabalho e da competitividade estrutural passam a dar o tom da política social e do novo padrão de gestão estatal da força de trabalho.

Assim, como enfatiza Pochmann (1998), as "políticas de emprego", responsáveis pela construção do estatuto do trabalho e pela sustentação do chamado círculo virtuoso do Segundo Pós-Guerra, convertem-se em "políticas de mercado de trabalho", que se consubstanciam em um conjunto de intervenções de caráter provisório, focalizadas em segmentos específicos da oferta e da demanda de trabalho, além de medidas voltadas para a flexibilização das relações de trabalho (Almada Lima, 2001, p. 15).

Na ótica de Castel (apud Almada Lima, 2001, p. 16), trata-se da passagem das "políticas de integração", de perspectiva mais universalista e voltadas para a consolidação da condição salarial, para as "políticas de inserção", que visam tão somente reduzir o *déficit* de integração dos mais vulneráveis segundo a lógica da discriminação positiva, pautando-se em estratégias focalizadas em grupos ou regiões precisamente definidos.

## A política pública de trabalho e renda no Brasil

Ainda que na década de 1980 tenha sido criado o seguro-desemprego, o qual se constitui no mais clássico dos programas de Políticas Públicas de Trabalho dos países desenvolvidos, foi somente na década seguinte que, no Brasil, se evidenciou uma preocupação mais sistemática no sentido da construção de um Sistema Público de Emprego.

As medidas voltadas à proteção do trabalhador e à regulação do mercado de trabalho anteriormente existentes — tais como a Consolidação das Leis do Trabalho (CLT), o chamado "Sistema S",[1] o Fundo de Assistência ao Trabalhador Desempregado (FAD), o Fundo de Garantia por Tempo de Serviço (FGTS) ou mesmo o Sistema Nacional de Emprego (Sine) — nunca adquiriram uma forma sistêmica que permitisse um atendimento integral ao trabalhador desempregado.

O próprio processo de industrialização brasileiro, caracterizado por forte dinamismo e pela capacidade de absorção de parcelas significativas da população economicamente ativa pelo mercado formal de trabalho, explica, em parte, a inexistência de mecanismos efetivos de

1. O Sistema "S" compreende: Senai (Serviço Nacional de Aprendizagem Industrial), Senac (Serviço Nacional de Aprendizagem Comercial), Senar (Serviço Nacional de Aprendizagem Rural), Senat (Serviço Nacional de Aprendizagem do Transporte) e Sebrae (Serviço Brasileiro de Apoio à Pequena e Média Empresa).

proteção ao trabalhador desempregado até essa data. Ainda que se evidenciassem problemas estruturais no mercado de trabalho, expressos por alto grau de informalização das relações trabalhistas, precariedade dos postos de trabalho e baixos níveis de qualificação da mão de obra, a questão do desemprego involuntário não se destacava como relevante em razão da perspectiva de expansão contínua do mercado de trabalho face ao positivo desempenho da economia.

Mesmo tendo um caráter tardio, tanto em relação à experiência internacional, quanto ao próprio sistema de proteção social brasileiro, o Sistema Público de Emprego foi possibilitado, de acordo com Azeredo (1998), por uma importante inovação no campo do financiamento das políticas de proteção ao trabalhador representada pela criação do Fundo de Amparo do Trabalhador (FAT). O FAT instituiu as bases para a consolidação, não apenas do seguro-desemprego, mas também dos demais eixos que compõem o sistema, dentre os quais se destacam a intermediação de mão de obra, a qualificação profissional e os programas de geração de trabalho e renda.

A criação desse sistema reflete o quadro de agravamento do desemprego, da informalidade e da deterioração do mercado de trabalho brasileiro nos anos 1990. Na verdade, corresponde à necessidade de enfrentar os efeitos perversos sobre o emprego gerados pelas políticas econômicas de cunho recessivo e pelo tipo de reação do setor privado ao ajuste econômico imposto pelo setor público.

A implementação desse sistema, que se consubstanciou num conjunto significativo de programas, cuja sustentação financeira foi possibilitada por uma fonte própria de recursos, oriunda da arrecadação do Programa de Integração Social/Programa de Formação do Patrimônio dos Servidores Públicos (PIS/Pasep), ampliou significativamente o alcance institucional de proteção ao trabalhador. Contudo,

> [...] tais esforços não foram capazes de oferecer proteção efetiva ao conjunto dos trabalhadores brasileiros. O crescimento do volume de recursos disponíveis para os programas públicos de emprego (com a instituição do FAT) ocorreu num momento em que os problemas do mercado de trabalho brasileiro se aprofundavam. Em consequência, as demandas

pelos programas se multiplicaram numa proporção maior do que a capacidade de atendimento do sistema. Assim, não diminuiu, mas aumentou a vulnerabilidade dos trabalhadores diante da insegurança crescente da economia brasileira. (Proni e Henrique, 2003, p. 252)

Se anteriormente as medidas voltadas ao mercado de trabalho eram isoladas entre si, não se articulando organicamente às políticas macroeconômicas, revelavam, de toda forma, uma ligação, ainda que frágil, entre política econômica e geração de emprego.

Até o final dos anos 1980, o termo políticas de emprego tinha um sentido muito simples e evidente: referia-se a iniciativas visando a geração direta e indireta de novos postos de trabalho, estando associada a investimentos públicos em setores estratégicos, a estímulos ao desenvolvimento regional, a incentivos fiscais para a expansão da produção, assim como à expansão dos serviços sociais prestados pelo Estado. (Ipardes apud Proni e Henrique, 2003, p. 269)

Já nos anos 1990, as políticas no campo do trabalho se reduzem ao conjunto de programas inscritos no Sistema Público de Emprego, atuando, sobretudo, sobre os condicionantes da oferta de trabalho. Esse fato comprometeu de partida os resultados dos programas implementados já que sua implantação ocorreu no contexto de uma política econômica contrária à expansão da produção e do emprego, em razão do seu direcionamento para a contenção inflacionária e a estabilidade econômica.

## A política pública de trabalho no Maranhão: processo de implementação e resultados no período de 1999 a 2002

### *Histórico e caracterização*

Entre 1999 e 2002, era a Gerência de Desenvolvimento Social (GDS) que tinha, na estrutura do governo estadual, a responsabilidade de coordenar as políticas e os programas na área do Trabalho através da Subgerência do Trabalho inserida na Gerência Adjunta do Trabalho e da Habitação.

A Subgerência do Trabalho encarregava-se da formulação e implementação da Política de Trabalho e Renda, compreendendo ações de natureza passiva (seguro-desemprego) e ações de natureza ativa (intermediação de mão de obra e qualificação profissional como instrumentos de fomento à oferta de trabalho, figurando a concessão de crédito e o Programa Primeiro Emprego como ações destinadas a atuar sobre a demanda por trabalho).

Em termos históricos, a intermediação de mão de obra se constitui na ação mais antiga desenvolvida pelo governo estadual no campo do trabalho. Situada no âmbito do Sistema Nacional de Emprego (Sine),[2] teve suas atividades iniciadas a partir de julho de 1977. Esse órgão, inicialmente, estava articulado à Secretaria de Indústria e Comércio já que, na época, não havia uma Secretaria Estadual do Trabalho, a qual foi criada logo em seguida, tendo então encampado o Sine.

Vinculadas às atividades de intermediação de mão de obra, eram desenvolvidas ações de qualificação profissional voltadas especificamente para o público cadastrado no Sine, ainda que de forma limitada, dada a restrição de recursos, provenientes do Fundo de Assistência ao Desempregado (FAD).

Na estrutura organizacional da Subgerência do Trabalho vigente no período em estudo, o Sine se inseria na Supervisão de Intermediação e Geração de Emprego e Renda, a qual se subdividia em dois subsetores: Serviço de Intermediação de mão de obra e Seguro-Desemprego e Serviço de Geração de Emprego e Renda.

2. O Sine foi criado em âmbito nacional, através do Decreto n. 76.409, de 8 de outubro de 1975, cujos objetivos eram organizar e estimular o mercado de trabalho, procurando adequar oferta e demanda de trabalho e melhorar o nível de qualificação profissional da mão de obra. Para tanto, previa a elaboração e manutenção de informações atualizadas sobre o mercado de trabalho, bem como ações de intermediação e de qualificação profissional. Tais atividades deveriam ser desenvolvidas de forma descentralizada, sob a coordenação do Ministério do Trabalho e com a parceria dos governos estaduais.

O Sine mantinha, em 11 municípios, um total de 14 postos de atendimento, o que representava apenas 5,1% dos municípios do estado contemplados com o serviço público de intermediação de mão de obra.

Além das ações voltadas ao setor formal, a Supervisão de Intermediação e Geração de Emprego e Renda ainda mantinha um serviço de intermediação de mão de obra destinado ao atendimento de trabalhadores autônomos do setor informal, desenvolvido através da Agência de Serviços Autônomos (ASA).

Inserido ainda na Supervisão de Intermediação e Geração de Emprego e Renda, encontrava-se o Programa de Seguro-Desemprego, beneficiando não apenas os trabalhadores formais, como também os domésticos e os atuantes na pesca artesanal.

No subsetor Serviço de Intermediação de mão de obra e Seguro-Desemprego estava o Programa Primeiro Emprego, instituído por Lei Estadual (BRASIL. Lei n. 6.345/95), destacando-se como uma das experiências pioneiras, desenvolvidas no país no contexto das medidas ativas de incentivo à contratação de jovens sujeitos ao chamado "desemprego de inserção", entendido como a dificuldade de ingressar no mercado de trabalho formal, atingindo, sobretudo, o segmento da População Economicamente Ativa (PEA) situado na faixa etária entre 20 e 24 anos. Convém dizer que o governo estadual ampliou o público-alvo do Programa em pauta de forma a incluir jovens de 16 a 30 anos sem experiência profissional prévia comprovada na carteira de trabalho.

O Programa tinha como objetivo aumentar as chances de acesso ao mercado de trabalho, mediante parceria do governo estadual com a classe empresarial que oferecia uma oportunidade de estágio remunerado com duração de três meses, sendo priorizados: trabalhadores cuja ocupação pretendida se incluía no leque daquelas demandadas pelas empresas; os que possuíam menor renda familiar e maior número de pessoas na família, e os que atendiam ao requisito de conclusão do treinamento básico.

Já o Serviço de Geração de Emprego e Renda era encarregado da implementação do Programa de Geração de Emprego e Renda (Proger).

Instituído em âmbito nacional pela Resolução n. 59 do Conselho Deliberativo do Fundo de Amparo ao Trabalhador (Codefat) de 25 de março de 1994, o Proger foi efetivamente implementado no Maranhão a partir de 1995, mas se encontrava suspenso desde outubro de 2000. Em termos de abrangência espacial, o Programa, quando desenvolvido, atingiu um reduzido número de municípios, uma vez que seu funcionamento requeria a existência de postos do Sine, os quais ainda estavam pouco disseminados no Estado, conforme anteriormente ressaltado.

Outro programa desenvolvido pelo Serviço de Geração de Emprego e Renda era o Programa Nacional de Geração de Emprego e Renda (Pronager), vinculado ao Ministério da Integração Nacional (MI), tendo como foco comunidades extremamente pobres pertencentes a municípios com Índice de Desenvolvimento Humano (IDH) situado abaixo da média do Estado. As articulações para sua implantação no Maranhão se iniciaram no final do ano de 2000, tendo sido efetivamente executado apenas a partir de dezembro de 2001. No curto espaço de tempo em que esse Programa foi avaliado, as ações beneficiaram um total de 7 (sete) comunidades situadas em 6 (seis) municípios.

O outro grande setor que compunha a estrutura da Subgerência do Trabalho era a Supervisão de Qualificação Profissional, a qual compreendia, por seu turno, os seguintes subsetores: Serviço de Formação Profissional, Serviço de Informação e Serviço de Supervisão. As atividades desenvolvidas no âmbito dessa Supervisão eram voltadas para a implementação do Plano Estadual de Qualificação Profissional (PEQ), como parte do Plano Nacional de Formação Profissional (Planfor).

O PEQ foi efetivamente iniciado no Maranhão a partir de abril de 1996, mediante assinatura de convênio entre o Ministério do Trabalho/ Codefat e a então Secretaria de Desenvolvimento Social, Comunitário e do Trabalho (Sedesct). Como já ressaltado, o Sine, até então, desenvolvia ações de qualificação de forma limitada, paralelamente às iniciativas no campo da educação profissional executadas pelas entidades do "Sistema S" (Senai, Senac etc.), destacando-se experiências de qualificação de cunho assistencial, algumas das quais estavam incorporadas às atividades de desenvolvimento comunitário, financiadas com recursos do tesouro estadual. Porém, o que caracterizava todas essas experiências era seu caráter desarticulado, ocasionado pela ausência de um programa nacionalmente coordenado, com objetivos e diretrizes claramente definidos, vinculado a uma política pública de emprego.

## *Eficiência no desempenho das ações desenvolvidas*

No período em apreço, a Subgerência do Trabalho registrou eficiência no que diz respeito às metas fixadas e implementadas, especialmente nos dois últimos anos avaliados.

No Plano Estadual de Qualificação Profissional (PEQ),[3] ao longo do período considerado, ocorreu um crescimento significativo e constante de pessoas treinadas, resultando num percentual situado num patamar estável e satisfatório superior a 80% das metas previstas. Esse resultado pode ser atribuído ao avanço do processo de descentralização dessa política, especialmente nos dois últimos anos, e ao próprio aprendizado institucional obtido no decurso do tempo.

Ocorreu também uma expansão gradativa de trabalhadores treinados, resultando numa queda do custo-aluno médio, advinda dos esforços de racionalização das ações, com a redução de custos operacionais, e da diminuição da carga horária média dos cursos ao longo dos PEQs, com repercussões diretas e negativas na qualidade da formação oferecida. A cobertura do Programa cresceu gradativamente, considerando-se o número de treinandos face à PEA estadual, embora nunca tenham sido alcançados nem os índices anuais previstos pela gestora, nem a meta global estabelecida inicialmente pelo Ministério do Trabalho e Emprego (MTE) (treinar ao menos 20% da PEA por ano).

3. A equipe responsável pela avaliação citada na introdução deste artigo desenvolveu um processo sistemático de avaliação externa do PEQ desde 1996 (quando este foi implantado) até 2000, o que favoreceu amplo domínio das informações concernentes a esse Programa.

No tocante ao Programa Primeiro Emprego,[4] houve um movimento oscilante ao longo do período quanto ao número de pessoas engajadas nas ações, com uma tendência de crescimento nos dois últimos anos. Os dados disponíveis sobre os inscritos e os selecionados/encaminhados às empresas revelaram que, desde o início das ações (1995) até 2000, ocorreu uma cobertura insatisfatória de 17,30% daqueles que se candidataram ao Programa. Esse percentual, contudo, se elevou para 21,97% em 2001 e para 45,34% em 2002, sendo que o percentual médio dos oito anos de execução das ações foi de 21,53%, abaixo dos 30% esperados.

Em relação à Intermediação de mão de obra, teve-se, no período como um todo, um percentual de cumprimento de metas de cadastramento de 33,94%, o que situa o Programa num patamar insatisfatório de eficiência. Contudo, nos dois últimos anos, esse percentual se elevou para 80%. Em relação às estratégias de captação de vagas, verificou-se que foram bem-sucedidas, posto que não só se ampliaram ano a ano, como permitiram um alcance de metas próximo ou superior a 90%. No que se refere ao encaminhamento do trabalhador ao mercado de trabalho não foi obtido o mesmo sucesso, visto que, embora esse percentual, tanto para o emprego formal quanto informal, tenha se elevado consideravelmente no decorrer do tempo, não alcançou os 80% que seriam desejáveis nesse serviço. Levando-se em conta a relação entre encaminhados e cadastrados, obteve-se um índice de cobertura dos demandantes do serviço abaixo dos 50% nos dois anos para os quais se dispunha de dados. Finalmente, a relação entre o previsto e o executado no aspecto "colocação na vaga" se expressa de forma positiva, com índices de 99,97% e 86,51% em 2001 e 2002, respectivamente.

Quanto ao Pronager e ao Proger, não se contou com metas previstas, o que inviabilizou uma comparação entre o planejado e o execu-

4. Para análise do Programa Primeiro Emprego foram também utilizados dados provenientes de uma pesquisa realizada por membro do Gaepp, levando-se em conta as três primeiras etapas implementadas até 1997 e outra executada pelo Instituto Maranhense de Administração Municipal que tomou como referência às 7ª e 8ª etapas realizadas em 2001 e 2002.

tado e, consequentemente, a análise da eficiência do Programa nesse aspecto.

A habilitação ao Seguro-Desemprego representou, até 2002, um alcance de 75,93% da meta global prevista para o período. Contudo, verificou-se uma tendência de aumento da eficiência no processo de habilitação ao seguro nos últimos anos considerados. Quanto à taxa de cobertura do Programa no Maranhão, ou seja, a relação entre os atendidos e os demitidos sem justa causa, não foi possível estabelecê-la por falta de informações. Observando-se a relação entre os segurados e os desempregados totais, no Estado, pertencentes ao setor formal, o grau de cobertura correspondeu a apenas 27,63% do conjunto dos desempregados em 2001, único ano para o qual foi possível fazer esse cálculo.

Quanto à focalização do público-alvo, a Subgerência do Trabalho, no âmbito do PEQ, observou rigidamente as orientações do Codefat. Isso ocorreu no planejamento das ações de qualificação, no que diz respeito à inclusão, no mínimo igual à sua participação na PEA, dos grupos prioritários (desempregados, trabalhadores sob risco de desocupação, autônomos, beneficiários de linhas de crédito especiais etc.) e vulneráveis (mulheres chefes de família, trabalhadores de baixa escolaridade, minorias étnicas, jovens em situação de risco social etc.). Na execução, embora o percentual de participação dos grupos prioritários tenha correspondido às diretrizes do Codefat, as esperadas discriminações positivas em favor dos grupos vulneráveis ocorreram apenas eventualmente, parecendo mais fruto do acaso do que de uma decisão deliberada por parte da subgerência. Nesse particular, as principais distorções se expressaram na reduzida participação de trabalhadores de baixa escolaridade, de jovens menores de 20 anos, de pessoas com mais de 40 anos, de trabalhadores da zona rural, de negros e de pessoas portadoras de necessidades especiais em relação às suas participações na PEA.

O público-alvo do Proger se constitui de micro, pequenas e médias empresas do setor formal, e de empreendedores do setor informal, sendo estes últimos priorizados pela Subgerência do Trabalho, ficando os primeiros a encargo do Sebrae. Entretanto, as excessivas exigências técnico-burocráticas das instituições financeiras dificultaram ou até mesmo inviabilizaram a focalização das ações no público-alvo da Subgerência. Além disso, o descompasso existente entre os encargos financeiros incorridos e o perfil socioeconômico dos beneficiários do Programa gerou um alto índice de inadimplência dos projetos aprovados e, finalmente, a suspensão das ações a partir de 2000.

No Programa Primeiro Emprego, pelo fato de a seleção estar condicionada ao perfil vocacional e de escolaridade exigido pelas empresas que ofereciam campo de estágio, nem sempre os trabalhadores beneficiados se situavam entre os mais vulneráveis que deveriam ser priorizados pelo Programa. Para ilustrar, dentre 494 egressos que participaram do Programa nas suas três primeiras etapas, 73,48% tinham o segundo grau incompleto ou completo.

Deficiências no processo de divulgação do Serviço de Intermediação de mão de obra oferecido pelo Sine inviabilizaram também o acesso de grande parte do público objetivado por esse Serviço. Ademais, a atual configuração do mercado de trabalho, marcada pela redução do número de vagas, aliada à postura seletiva por parte das empresas, expressa nas crescentes exigências em termos de escolaridade e qualificação profissional, comprometeram a focalização das ações nos trabalhadores mais vulneráveis. De fato, as colocações registradas incidiram exatamente sobre aqueles com experiência profissional prévia e com maior nível de escolaridade e de qualificação.

O Pronager objetiva focalizar suas ações em comunidades extremamente pobres pertencentes a municípios com Índice de Desenvolvimento Humano (IDH) situado abaixo da média do Estado, que é de 0,647. Ainda que cinco dos seis municípios escolhidos atendam a esse critério,[5] os sete municípios com os piores IDHs do Estado não foram

5. Esses municípios foram, além de São Luís: Miranda do Norte, Codó, Barreirinhas, Vargem Grande, Cantanhede, com os seguintes IDHs, respectivamente: 0,624; 0,557; 0,552; 0,544; 0,522.

contemplados,[6] enquanto São Luís, que possui o melhor índice do Maranhão (0,777) o foi. Assim, não ficaram claros outros critérios adotados, além do referido à carência/pobreza, na escolha das unidades municipais que, de fato, se beneficiaram com as ações desse Programa. Convém alertar que, frente ao nível generalizado de pobreza do Maranhão, o critério da focalização geográfica torna-se extremamente frágil, mesmo porque as desigualdades registradas são mais de caráter intra do que intermunicipal.

No Seguro-Desemprego, estando os critérios de acesso claramente definidos, com regras e procedimentos nacionalmente bem estabelecidos, não se registraram problemas quanto à focalização do público-alvo do Programa.

## *Eficácia do processo de implementação*

Para a análise da eficácia, foram priorizadas as seguintes dimensões do processo de implementação: processo de gestão, processo de divulgação das informações e seleção dos beneficiários, processo de seleção e adequação de implementadores e parceiros, processo de capacitação de técnicos da Subgerência e das entidades parceiras, sistemas logísticos e operacionais, monitoramento, supervisão e avaliação externa.

Quanto ao processo de gestão, o Planfor previu como uma de suas estratégias o planejamento das ações com o foco na demanda de mercado e nas necessidades do público-alvo. O principal limite nessa direção se consubstanciou na ausência de informações sistematizadas sobre o perfil e as tendências do mercado de trabalho, com corte municipal e ocupacional. Um outro fator foi a insuficiente articulação do PEQ com os demais eixos da Política de Trabalho e com outras Políticas Públicas em desenvolvimento no Estado.

---

6. Esses municípios são: Santana do Maranhão, Araioses, Fernando Falcão, Belágua, Matões do Norte, Centro do Guilherme, Lagoa Grande do Maranhão, cujos IDHs são, respectivamente: 0,488; 0,486; 0,497; 0,495; 0,494; 0,492 e 0,491.

No contexto do PEQ, houve um esforço crescente de descentralização da Política, expresso nas recorrentes iniciativas de capacitação de Conselhos e Agências Municipais do Trabalho, com vistas a um maior engajamento das instâncias locais de governo e da sociedade civil na formulação e execução do Plano. Em função disso, as ações atingiram a quase totalidade dos municípios do Estado. Tal avanço teve como um dos determinantes a Reforma Administrativa que dividiu o Estado em 18 regiões sob a gestão de gerentes regionais. Vale também registrar que somente nos dois últimos anos foi de fato cumprida a diretriz do Codefat que recomenda uma distribuição de recursos e treinandos que guarde correspondência com a distribuição da PEA.

Apesar do avanço da descentralização das decisões no contexto do PEQ, convém ressaltar o pequeno número de Conselhos Municipais do Trabalho constituídos e homologados, dos quais nem todos funcionavam efetivamente.

Quanto à agilidade do processo de implementação e ao cumprimento de prazos, a gestão do PEQ deixou muito a desejar durante todo o período considerado. Atrasos e morosidade do processo burocrático, especialmente no que diz respeito à contratação de executoras e à liberação de recursos por parte da GDS, causaram sérios prejuízos no cumprimento dos cronogramas dos cursos, o que acabou repercutindo no adiamento da finalização do Plano e na excessiva concentração das ações nos últimos três meses do exercício. Isso, a bem dizer, afetou negativamente a qualificação oferecida, bem como dificultou a articulação desse Programa com os demais eixos da Política de Trabalho, em razão do descompasso entre os períodos de desenvolvimento das diferentes ações.

No contexto do Proger, o fato de as decisões finais referentes à concessão dos financiamentos obedecerem à lógica da rentabilidade do sistema bancário ocasionou incompatibilidade entre o processo decisório e o principal objetivo perseguido pela Política: fornecer oportunidade de geração de renda a segmentos com maiores dificuldades de acesso aos serviços de assistência técnico-gerencial e de crédito.

Em relação ao Programa Primeiro Emprego, o principal problema identificado foi a forte ingerência de interesses político-eleitorais no processo de tomada de decisões, tendo a Subgerência do Trabalho pouca autonomia para atuar nesse processo. Isso comprometeu, sobretudo, um adequado planejamento e o estabelecimento de um cronograma anual de execução das ações, tendo como consequências: o super-dimensionamento das metas; o curto espaço de tempo para a operacionalização das etapas do Programa (aproximadamente dois meses); a inadequação do período de encaminhamento de estagiários face às contingências sazonais; a impossibilidade de estabelecer critérios mais rigorosos de seleção das empresas e a má qualidade do serviço de atendimento ao público, especialmente nos momentos de cadastramento e encaminhamento dos beneficiários aos campos de estágio.

Nos casos da Intermediação de mão de obra, do Seguro-Desemprego e do Pronager, as principais diretrizes foram estabelecidas no âmbito do governo federal, havendo pouco espaço de manobra para mudanças nas linhas de atuação. Tal como nos demais Programas, a falta de um planejamento integrado e de articulação entre as ações no âmbito da Subgerência do Trabalho se constituiu em um determinante decisivo da reduzida efetividade social da assistência prestada aos desempregados em termos de inserção/reinserção no mercado de trabalho.

Em relação ao conjunto dos Programas executados na Supervisão de intermediação de mão de obra e geração de emprego e renda, tal como no PEQ, o modelo de gestão, baseado na regionalização, não favoreceu o comportamento cooperativo entre as diferentes instâncias administrativas, característico de um processo de descentralização. Ao contrário, implicou na manifestação e ampliação de conflitos em torno da definição das atribuições de planejamento, execução e acompanhamento gerencial das ações.

Além disso, os Programas operacionalizados por essa Supervisão estavam concentrados essencialmente na capital do Estado e em alguns municípios de maior porte, dado que grande parte das ações dependia da existência de postos de atendimento do Sine, que atuava apenas em 5% dos municípios do Estado.

Convém referir que mesmo o Programa Primeiro Emprego, de iniciativa do governo estadual, tinha abrangência limitada, porque se baseava na pressuposição de certo nível de desenvolvimento econômico dos municípios e de estruturação e dinamismo dos mercados de trabalho locais, além de interesse manifestado pelas prefeituras e entidades de classe representativas dos empregadores.

Quanto ao Pronager, até pelo curto espaço de tempo em que esse programa vinha sendo desenvolvido, suas ações somente beneficiaram um total de 7 (sete) comunidades situadas em 6 (seis) municípios.

No que se refere à divulgação das ações junto ao público-alvo, o PEQ não cumpriu o seu papel, prejudicando o atendimento de duas diretrizes primordiais do Planfor, quais sejam: um favorecimento de igualdade de oportunidades e uma discriminação positiva em favor de grupos historicamente excluídos do mercado de trabalho e das iniciativas públicas de qualificação profissional. Durante todo o período analisado, permaneceram, de forma recorrente, os problemas relacionados à insuficiência, inadequação e limitado alcance das estratégias e do material de divulgação utilizados, bem como ao reduzido prazo entre a divulgação e o início das ações educativas.

Essa observação aplica-se a todos os serviços oferecidos pela Subgerência, excetuando-se o Programa Primeiro Emprego cuja estratégia de divulgação foi massiva e eficaz dado o seu forte apelo político-eleitoral. Certos problemas enfrentados na implementação de alguns Programas explicam o limitado alcance do processo de divulgação. Trata-se, por exemplo, da dificuldade de captação de vagas em um mercado de trabalho em retração e da falta de clareza, por parte da GDS, do montante de recursos disponibilizados pelas instituições financeiras para efeito de concessão de linhas especiais de crédito no contexto do Proger. Nesses casos, uma divulgação massiva poderia resultar em frustrações de expectativas.

Quanto ao processo de seleção dos beneficiários das ações de qualificação, no contexto do PEQ, houve uma deficiência nele recorrente: o não estabelecimento, nem por parte das executoras nem por parte dos gestores regionais e municipais, de critérios didático-pedagógicos de inclusão dos interessados, comprometendo a necessária adaptação entre conteúdos/exigências do processo educativo e o perfil educacional, vocacional e socioeconômico da clientela engajada.

No que diz respeito ao Proger, a rigidez dos critérios bancários e sua incompatibilidade face ao perfil do público objetivado comprometeu seriamente a desejada focalização das ações, chegando mesmo a inviabilizar o desenvolvimento do Programa no Maranhão.

Tanto no âmbito do Primeiro Emprego quanto da Intermediação de mão de obra, os critérios de seleção definidos pelas empresas, baseados, sobretudo, no perfil vocacional e de escolaridade dos candidatos, prevaleceram sobre os de maior vulnerabilidade estabelecidos pela Subgerência do Trabalho.

De acordo com as normas do Pronager, não há propriamente um processo de seleção dos participantes das ações de qualificação. Somente os municípios e as comunidades atendidas são selecionados, levando-se em conta os menores IDHs. Assim sendo, todos os que manifestaram interesse em cada comunidade foram incorporados ao Programa, o que significou uma oportunidade de democratizar o acesso de populações tradicionalmente excluídas a ações dessa natureza.

Já os critérios de acesso ao seguro-desemprego são definidos nacionalmente, cabendo à Subgerência do Trabalho apenas a verificação do atendimento de tais critérios para efeito de habilitação dos desempregados ao recebimento do benefício.

Quanto ao processo de seleção e adequação de implementadores e parceiros, no contexto do PEQ, a contratação das entidades obedeceu, em 1999, a critérios de licitação. Essa forma de seleção favoreceu a incorporação de instituições privadas com fins lucrativos e das pertencentes ao sistema "S", geralmente mais bem estruturadas do ponto de vista da estrutura física, administrativa e organizacional, embora nem sempre mais identificadas com o público-alvo e com as diretrizes do Planfor. Na maior parte do período considerado, predominaram os critérios da inexigibilidade/dispensa de licitação, apesar de as instituições do sistema "S" continuarem a ser priorizadas por atender mais facilmente aos requisitos formais para habilitação. As "entidades privadas com fins lucrativos" ocuparam também lugar de destaque, ao lado do Sistema "S". Assim, algumas instituições que atuam tradicionalmente com determinados grupos prioritários e vulneráveis foram excluídas, em função de dificuldades no atendimento das exigências.

Verifica-se que houve ampliação do número total de entidades participantes das ações do PEQ, as quais passaram de 25 (em 1999) para 32 (em 2001). Essas entidades, embora tenham melhorado gradativamente a qualidade dos serviços prestados, ainda tinham, ao final dos anos analisados, um desempenho muito aquém do desejável. Os principais problemas identificados foram: deficiência do apoio logístico prestado aos cursos expressa em atrasos na distribuição do material didático, do vale transporte e do lanche; dificuldade de construir uma metodologia de educação profissional mais adequada ao perfil educacional, vocacional, socioeconômico e cultural dos treinandos; dificuldade de assimilar a concepção de educação profissional preconizada pelo Planfor, sobretudo no que se refere à articulação entre os conteúdos de habilidades básicas, específicas e de gestão,[7] à precariedade do espaço físico e das instalações de funcionamento dos cursos; inadequação do calendário e do horário de realização dos cursos face às necessidades dos treinandos. Para os demais Programas da Subgerência do Trabalho a contratação de executoras ocorreu muito eventualmente.

No caso do Primeiro Emprego, a estratégia de implementação desse Programa incluía necessariamente o estabelecimento de parcerias com as empresas que forneciam campos de estágio, as quais deveriam ser selecionadas, levando-se em conta os seguintes requisitos: ter no mínimo um funcionário, ter cumprido a carência mínima de três meses após o desligamento do último estagiário ou, alternativamente, ter

7. Habilidades básicas envolvem saber ler, interpretar, calcular e racionar. Habilidades específicas compreendem atitudes e conhecimentos técnicos das diferentes ocupações. Habilidades de gestão dizem respeito ao desenvolvimento das competências de autogestão e de organização associativa.

absorvido, pelo menos, 30% dos estagiários anteriores. Não obstante, a falta de um planejamento e de um cronograma de execução, o curto período de operacionalização das ações, bem como a ausência de um requisito que incluísse a existência de condições efetivas de acompanhamento ao bolsista no decorrer do estágio levaram à incorporação de empresas que, sem condições reais de atender aos objetivos perseguidos, acabaram por apenas se beneficiar com a oferta de mão de obra gratuita, desvirtuando, portanto, a filosofia da Política.

Em relação ao processo de capacitação de técnicos da Subgerência, no período em apreço, o governo estadual não desenvolveu ações nessa direção. A capacitação dos envolvidos no PEQ, na Intermediação e no Seguro-Desemprego foi uma iniciativa do MTE, e a reciclagem dos profissionais do Pronager ficou sob a responsabilidade do Ministério da Integração. Convém ressaltar, porém, que havia um alto nível de satisfação das equipes tanto no que tange à frequência quanto à qualidade dessas ações de capacitação.

Em relação ao público externo à Subgerência, processos de capacitação se verificaram apenas no contexto do PEQ e se voltaram às executoras e aos conselheiros municipais do trabalho. Além disso, foram realizados três seminários de avaliação envolvendo todos os sujeitos da Política.

Levando em conta os elementos explicitados, considera-se insatisfatório o desempenho da Subgerência do Trabalho quanto ao desejável compromisso com a formação e reciclagem do seu quadro técnico e com a capacitação de executoras, as quais não chegaram a incorporar a concepção de educação profissional preconizada pelo Planfor. Ademais, cumpre questionar a efetividade das ações direcionadas à capacitação de conselheiros, as quais apesar de sistemáticas, surtiram pouco efeito quanto ao objetivo de prover os municípios de capacidade para participarem mais ativamente do processo da Política.

É digno de registro o elevado grau de insatisfação entre os técnicos do Programa Primeiro Emprego, para os quais não houve nenhum esforço de capacitação, e os do Proger, que contaram com apenas um treinamento e orientações eventuais fornecidas pelo Banco do Nordeste.

Quanto ao sistema de monitoramento, supervisão e avaliação, é importante colocar, antes de tudo, que, no âmbito da Subgerência do Trabalho, apenas o PEQ contou com uma ampla sistemática de acompanhamento gerencial e de avaliação externa, concebida como um dos pressupostos da Política de Qualificação Profissional.

Os demais Programas dessa Subgerência, embora contassem com instrumentos adequados de acompanhamento e de avaliação, não procediam à necessária análise e sistematização das informações contidas em tais instrumentos. O incipiente processo de acompanhamento existente limitava-se à análise da eficiência em termos de cumprimento de metas, ficando secundarizada a avaliação acerca dos possíveis impactos das ações implementadas na vida dos beneficiários dos Programas.

## *Efeitos sociais das ações implementadas*

Os efeitos sociais da Política foram avaliados a partir dos seguintes critérios: grau de mobilização da sociedade civil pela gestora e existência de canais de articulação dessa sociedade com instâncias de representação social para a efetiva participação nas ações implementadas; grau de adesão/satisfação dos beneficiários da Política e impactos identificados sobre a população beneficiada.

Quanto ao fortalecimento do tripartismo, um dos resultados esperados do PEQ, mereceu destaque o apoio em termos de infraestrutura física e administrativa emprestado ao Conselho Estadual de Trabalho, que, especialmente na fase de planejamento do PEQ, exerceu um papel mais homologador, atribuído, pelos próprios conselheiros, à demasiada concentração do poder de decisão na GDS, à ausência de um corpo técnico especializado para dar suporte a uma atuação mais propositiva e à falta de tempo hábil para a análise das propostas encaminhadas pela GDS. Verificou-se, porém, ao longo do tempo, uma ampliação da participação desse Conselho no acompanhamento da execução das ações de qualificação e uma maior preocupação em apoiar a constituição das Comissões Municipais do Trabalho.

Essas comissões, mesmo nos municípios em que já estavam homologadas, com raras exceções, tiveram participação pontual, tanto no planejamento quanto no acompanhamento das ações de qualificação. Tal fato pode ser atribuído à excessiva centralização das decisões nas Gerências Regionais, às ingerências políticas de prefeitos em sua estrutura e dinâmica de funcionamento, à falta de dados disponíveis sobre os mercados de trabalho locais e à pouca eficácia do processo de capacitação de conselheiros desenvolvido no âmbito dos PEQs.

Um outro aspecto que cabe questionar é o efetivo grau de representatividade dos conselheiros enquanto canais de expressão de interesses dos diferentes segmentos da sociedade civil. De fato, os membros dos Conselhos, na maior parte das vezes, têm pouca consciência do seu papel, representando muito mais interesses particulares e corporativistas.

No que se refere à mobilização e envolvimento de novos sujeitos no campo da educação profissional, outro resultado esperado do Planfor, a utilização de recursos do FAT estimulou o surgimento de novas entidades e o fortalecimento de algumas já existentes, muitas das quais mais identificadas com a filosofia do Planfor. Contudo, no conjunto da rede de educação profissional do Estado ainda predominaram as entidades do sistema "S", como aquelas dotadas de "maior capacidade" do ponto de vista da estrutura física, administrativa e organizacional.

Os demais Programas da Subgerência do Trabalho tinham amplitude mais limitada no âmbito do Estado, envolvendo menor aporte de recursos, não prevendo, em sua própria concepção, mecanismos que estimulassem a participação social através de Conselhos ou de outras instâncias de representação.

Quanto aos impactos das ações de qualificação na vida dos egressos dos PEQs/1996-2000, sabe-se que o índice médio de inserção dos sem ocupação em alguma atividade profissional foi de 20,4%, considerado baixo tendo-se em conta que o principal objetivo do Planfor estava centrado na empregabilidade e que era bastante significativo o volume de recursos envolvidos.[8] Dos egressos já ocupados, 90,6% mantiveram-se trabalhando após os cursos. Tal índice, contudo, não deve ser super valorizado enquanto um benefício necessária e diretamente atribuído às ações de qualificação. Ressalve-se que aproximadamente 32% dos egressos ocupados (os que obtiveram trabalho e os que se mantiveram nele) trabalhavam em áreas sem qualquer relação com a capacitação recebida. Ademais, um número expressivo dos egressos que se mantiveram ocupados era constituído de pequenos produtores rurais, os quais se caracterizam tradicionalmente por uma relativa estabilidade na ocupação.

No aspecto variação de renda dos egressos ocupados, os dados mostraram uma melhoria gradativa da efetividade social do PEQ até o terceiro ano de sua execução, quando se registrou o índice mais elevado de aumento de renda dos trabalhadores ocupados. Esse percentual, porém, sofreu uma ligeira piora de 1998 para 1999, permanecendo no mesmo patamar do último ano em 2000.

Algumas dificuldades persistentes na operacionalização dos PEQs condicionaram negativamente seus resultados em termos de efetividade social: falta de focalização das ações em relação às demandas do mercado de trabalho, insuficiente articulação entre a qualificação e os outros eixos da Política de Trabalho e as demais Políticas Públicas em desenvolvimento no Estado, insuficiente carga horária dos cursos para possibilitar a qualificação desejada e metodologias de ensino pouco inovadoras e pouco adaptadas ao tipo de qualificação e ao tipo de público.

A estabilidade da renda da maior parte dos egressos, ao longo do período, pode ser atribuída, no caso dos trabalhadores autônomos, à

8. No que diz respeito aos impactos das ações de qualificação, a análise abrangeu cinco pesquisas realizadas com egressos dos PEQs de 1996 a 2000, como parte do processo sistemático de avaliação externa do Programa anteriormente citado. Já no tocante aos resultados obtidos pelo Primeiro Emprego, a avaliação considerou as ações desenvolvidas desde 1995 (quando essa iniciativa foi a implantada) até 2002, face à existência de informações de natureza gerencial, além de dados das duas pesquisas citadas na nota 4.

falta de articulação entre as políticas de crédito e de qualificação que inviabilizou o desenvolvimento de projetos produtivos, nos quais os egressos pudessem aplicar os conhecimentos adquiridos nos cursos. Além disso, é importante ressaltar o baixo grau de organização e a fragilidade dos trabalhadores desse grupo face às exigências técnico-burocráticas inerentes à concessão de crédito pelo sistema financeiro. No caso dos funcionários públicos, uma categoria bastante priorizada pelos PEQs, pelo menos nos seus anos iniciais, a política salarial do governo federal inviabilizou qualquer aumento de rendimento para esse segmento de trabalhadores.

Quanto aos resultados obtidos a partir do Programa Primeiro Emprego, sua aferição foi feita considerando-se o grau de absorção dos estagiários pelas empresas, após a finalização do estágio.

Os dados mostraram um percentual médio de 24,53% em termos de absorção dos adolescentes e jovens participantes do Programa pelas empresas, ao longo de oito anos, percentual que se encontrava abaixo do esperado, que era de 30%. Esse resultado se mostrou tanto mais insatisfatório quando se constatou que foi ainda menor o número de trabalhadores que de fato foi formalmente contratado pelas empresas.

Com efeito, na avaliação realizada pela UFMA em 1998 sobre esse Programa, somente 13,56% dos egressos participantes das três etapas iniciais ainda permaneciam no local onde estagiaram quando foram entrevistados, sendo que 60,17% deles estavam na empresa há menos de um ano. Do total de investigados, 55,87% não estavam trabalhando, embora estivessem à procura de emprego. Convém alertar para o fato de que, entre aqueles que permaneceram na empresa, 2,84% não tinham carteira assinada.

Os resultados obtidos a partir do Serviço de Intermediação de mão de obra puderam ser verificados relacionando-se os colocados no mercado de trabalho em face das vagas captadas. Nesse aspecto, registrou-se um alto percentual de colocação dos trabalhadores no mercado de trabalho, uma média superior a 80%, considerando-se as vagas oferecidas pelas empresas. Contudo, se for tomado por base o número de trabalhadores cadastrados, ao invés do número de vagas captadas, verificou-se que o índice de colocação foi de apenas 10,98% em 1999 e de 23,4% em 2002. Em outras palavras, nem 30% dos trabalhadores desempregados que se candidataram ao Serviço de Intermediação de mão de obra foram por ele beneficiados, nestes dois anos.

Os resultados esperados do Pronager relacionam-se ao aumento da capacidade das comunidades de criar oportunidades de trabalho e renda e de estabelecer condições de participação social, melhorando seus instrumentos de interlocução com o poder público. Sobre os empreendimentos gerados pelo processo de capacitação, dados amostrais permitiram inferir que, além de envolverem um pequeno número de pessoas (calcula-se, no máximo, 180 pessoas na amostra levantada, num total de 5.013 treinados), tais negócios apresentavam problemas estruturais de sustentabilidade. Tais problemas estão referidos a dificuldades de divulgação e comercialização dos produtos, à falta de equipamentos e de capital de giro, e a dificuldades de aquisição de matéria-prima para alavancar a produção. Além disso, havia necessidade de requalificação dos trabalhadores com vistas à melhoria da qualidade e da produtividade do trabalho, e ainda à ampliação dos conhecimentos na área de gestão e de recursos financeiros.

Além destes problemas, aqueles relacionados à organização e às relações de cooperação dentro de um empreendimento de natureza associativa comprometeram o alcance da desejável participação dos grupos na vida social, pelo menos para uma pequena parte dos empreendimentos em funcionamento.

Alguns resultados do Proger foram aferidos através de um levantamento realizado pelo Sebrae em 1999. De acordo com esse levantamento, dentre aqueles beneficiados pelo Programa, 52,62% aumentaram e 35,38% estabilizaram sua produção/negócio após o financiamento. Já cerca de 53% dos empreendimentos conseguiram aumentar ou estabilizar suas vendas depois do recebimento da ajuda financeira. Esses dados se mostraram coerentes com os que demonstram ser de 57,8% o percentual dos beneficiários do Programa que já quitaram o empréstimo ou estavam em dia com as prestações.

Os beneficiários das ações constituíam-se, em sua totalidade, de microempresas pertencentes em 61,54% dos casos ao setor terciário (comércio ou serviço), as quais utilizavam corretamente os recursos financiados, ou seja, de acordo com a demanda do crédito e, em 83,69% das vezes, conforme o previsto. Assim, considerando-se que 39,38% dos empreendedores encontravam-se em atraso há mais de 30 ou de 60 dias com suas prestações, o principal fator de insucesso do Programa pode ser relacionado aos pesados encargos financeiros inerentes aos empréstimos, e não à má utilização do crédito pelos tomadores. Certamente não por acaso, cerca de 40% dos microempresários estavam com suas atividades paralisadas ou com funcionamento considerado anormal.

Embora o Proger seja uma alternativa de inserção de trabalhadores no processo produtivo sem o recurso a práticas assistencialistas ou paternalistas, os problemas enfrentados por esse Programa no Maranhão (os quais, inclusive, levaram à sua desativação) se constituem num reflexo das dificuldades dos programas de geração de emprego e renda baseados na concessão de crédito em âmbito mundial e, especialmente, no Brasil. Tais dificuldades dizem respeito aos elevados custos financeiros do crédito bancário.[9]

O Programa Seguro-Desemprego se destina a oferecer assistência financeira temporária ao trabalhador desempregado que tenha sido demitido sem justa causa, ao mesmo tempo em que objetiva ajudá-lo na busca de um novo emprego. Considerando esses elementos, sua efetividade social depende do seu grau de integração com as ações de intermediação de mão de obra e de qualificação profissional. Contudo, a já citada desarticulação entre os eixos da Política de Trabalho e Renda no Estado imprimiu um caráter de simples transferência de renda

9. Para Azeredo (1998, p. 272), ao usar a fórmula TJLP mais juros, programas desse tipo acabam por elevar o custo financeiro dos empréstimos, o qual se torna, muitas vezes, superior ao do crédito bancário convencional.

ao Programa, sendo extremamente limitadas as atividades de auxílio ao desempregado na procura de uma nova ocupação.

## Conclusão

Pela análise feita, conclui-se que os indicadores de avaliação dos programas que compõem a PPTR no Maranhão demonstram que, a despeito do aumento da eficiência no desenvolvimento das ações — revelado pela ampliação da cobertura, pelo cumprimento rigoroso da legislação ou norma pertinente e mesmo pela aplicação criteriosa dos recursos — os resultados obtidos não têm conseguido exercer um impacto significativo e positivo sobre a população beneficiada.

Na atualidade, no plano nacional, o emprego não faz parte do horizonte de decisões políticas fundamentais, não há uma intervenção estatal que estimule a demanda agregada. Em razão da natureza do paradigma técnico-produtivo em vigor, tem havido, além do aumento do desemprego, a precarização das condições de utilização da força de trabalho. Ademais, as políticas de bem-estar social e o marco regulador das relações e das condições de trabalho desestruturaram-se como instrumentos importantes de redução das desigualdades econômicas e sociais, produzidas inerentemente pelo capitalismo.

Nesse quadro, o Sistema Público de Emprego tem fortemente reduzido o seu papel no que concerne à determinação do nível e da qualidade das ocupações, já que seus programas se constituem nos únicos mecanismos de ação sobre o mercado de trabalho, em aberta oposição às demais políticas de governo que se caracterizam pela inibição à produção e ao emprego.

O caráter tardio da montagem e a natureza imitativa do Sistema Público de Emprego Nacional, relativamente aos países desenvolvidos, explicam, para Cardoso Júnior (2000), o seu alcance limitado.

Conforme dito anteriormente, os Sistemas Públicos de Emprego nos países desenvolvidos no Segundo Pós-Guerra respondiam adequadamente ao tipo de desemprego predominante, caracterizado por baixas taxas de desemprego aberto e pela curta duração, sem afetar drasticamente nenhum grupo social específico. Restringiam-se a desenvolver, sobretudo, ações de cunho passivo ou medidas ativas de estímulo à oferta, já que a política econômica, ao estar comprometida com o pleno emprego, buscava, por meio do crescimento sustentado, garantir formas de intervenção que atuavam pelo lado da demanda por trabalho.

A diminuição no ritmo do crescimento econômico e o incremento do desemprego tornaram os Sistemas Públicos de Emprego frágeis e inadequados e ainda passíveis de contradições.

A primeira contradição desses sistemas se mostrou no oferecimento de políticas ativas do lado da demanda de trabalho sem uma articulação com políticas econômicas voltadas ao pleno emprego (Cardoso Júnior, 2000, p. 28).

Já a segunda contradição está ligada ao fato de que se, por um lado, em um contexto de liberalização geral dos mercados, a lógica passa a ser a de não interferência e de flexibilização dos mecanismos de (re)alocação da força de trabalho, por outro, os instrumentos de intermediação de mão de obra passam a ser tão mais demandados como mais inaptos a responder ao novo tipo de desemprego vigente.

Como a estruturação do Sistema Público de Emprego no Brasil ocorreu exatamente no momento em que iniciativas dessa natureza já apresentavam sinais de esgotamento nos países centrais, esse Sistema mostrou-se inadequado também aqui. Essa inadequação se explica, por um lado, pelas contradições intrínsecas desses sistemas, considerando-se o contexto econômico mundial e o forte processo de desestruturação do mercado de trabalho brasileiro que ocorreu paralelamente à sua montagem, na década de 1990, e, por outro, pelas principais estratégias de gestão dessas políticas, fundamentadas, sobretudo, na focalização.

A focalização das ações sobre grupos considerados mais vulneráveis frente às transformações em curso, a par de oferecer maior atenção a segmentos duramente penalizados no mercado de trabalho, viabiliza, na verdade, uma política excludente na medida em que assume um caráter cada vez mais assistencial e compensatório.

Dessa forma, para o autor citado, além de se ter construído um Sistema Público de Emprego apenas quando ações a ele inerentes já vinham se mostrando ineficazes diante da nova realidade do mundo do trabalho, o caráter imitativo dessa construção condicionou fortemente a atuação desse sistema que se estruturou muito mais sobre políticas ativas pelo lado da oferta (intermediação e capacitação) somadas àquelas de caráter passivo (seguro-desemprego) do que sobre políticas ativas do lado da demanda por trabalho, o que negligencia as especificidades do mercado de trabalho brasileiro, "cuja gênese e funcionamento são bastante distintos da experiência importada dos países centrais" (Cardoso Júnior, 2000, p. 30).

No caso do Maranhão, os efeitos perversos desses condicionantes sobrepõem-se a uma situação já histórica de desemprego estrutural característica do subdesenvolvimento capitalista do Estado, situação expressa nos elevados índices de subocupação da população trabalhadora.

De fato, o baixo grau de estruturação do mercado de trabalho maranhense pode ser visualizado pelo número ainda pouco representativo dos trabalhadores assalariados em contraposição ao peso significativo dos trabalhadores por conta própria e dos não remunerados. Esses trabalhadores representavam em 1999 respectivamente 17,1%, 40,3% e 21,6% da população ocupada do Estado contra 44,8%, 23,2% e 9,3% na média brasileira (IBGE, 2001).

Apesar desse quadro, observou-se que a Subgerência do Trabalho do Maranhão, seguindo a orientação da Política em âmbito nacional, subestimou importantes ações de natureza mais ativa voltadas para a geração de novas oportunidades de trabalho, como, por exemplo, as inerentes ao Proger, que se encontra suspenso, e ao Primeiro Emprego, que apresentou sérios problemas de gestão. Face às condições atuais e às especificidades históricas do mercado de trabalho maranhense, tais programas teriam maior alcance do que aqueles que visam apenas a fomentar a oferta de trabalho e melhorar as condições de empregabilidade do trabalhador.

Pelo exposto, pode-se dizer que no conjunto a PPTR no Estado reflete forte incapacidade de reduzir as desigualdades existentes e aponta baixa efetividade social de cada uma das áreas políticas que a constituíram, como decorrência da própria herança histórica de atraso da região e dos traços de desigualdade e de pobreza típicos da sua formação socioeconômica.

Apesar dos esforços empreendidos que resultaram no aumento da eficiência na execução dos programas em âmbito nacional e estadual, o Sistema Público de Emprego no Maranhão, desde que se encontra contraposto à direção geral da política macroeconômica do governo, não consegue fazer face ao baixo grau de estruturação do mercado de trabalho do Estado.

Esse mesmo Estado, além dos dados anteriormente citados, se caracteriza ainda pelo pouco peso de empregados e trabalhadores domésticos com carteira de trabalho assinada, cujos percentuais de participação representavam respectivamente, em 1999, apenas 32,4% e 5,4% do conjunto de trabalhadores ocupados, contra 61,3% e 25%, considerando-se todo o Brasil (IBGE, 2001).

Vale frisar que, em 1999, registrava-se 52,9% da população ocupada cuja renda média mensal familiar não ultrapassava meio salário mínimo, enquanto essa proporção era de 18,9% para o conjunto do país. Em contrapartida, nesse mesmo ano apenas 2,3% dos trabalhadores ocupados recebiam mais de cinco salários mínimos, enquanto esse percentual alcançava 9,9% dos trabalhadores do país com essa faixa de rendimento. (IBGE, 2001)

Por fim, tem-se a colocar que a PPTR, em âmbito nacional, tal como as demais intervenções no campo social, tem apenas reproduzido as assimetrias anteriormente existentes, sem lograr superar os históricos traços de heterogeneidade e desigualdade do mercado de trabalho brasileiro.

# Referências bibliográficas

ALMADA LIMA, Valéria. Estado e reestruturação capitalista. *Políticas Públicas em Debate*, São Luís, UFMA, v. 1, n. 2, p. 7-20, dez. 2001.

AZEREDO, Beatriz. *Políticas públicas de emprego*: a experiência brasileira. São Paulo: Associação Brasileira de Estudos do Trabalho — ABET, 1998.

BRASIL. Lei n. 6.345, de julho de 1995.

_____. Ministério do Trabalho e Emprego. CODEFAF. Resolução n. 59 de 25 de março de 1994. Institui o Programa de Geração de Emprego e Renda. Disponível em: <http://www.observatorio.net/pdf.root/dsl/memorias/fomentoBra.pdf>. Acesso em: 16 jun. 2005.

CARDOSO JÚNIOR, José Celso. *Desestruturação do mercado de trabalho brasileiro e limites do seu sistema público de emprego*. Brasília: Ipea, ago. 2000. (Texto para discussão n. 751.)

INSTITUTO BRASILEIRO DE GEOGRAFIA E ESTATÍSTICA (IBGE). Departamento de População e Indicadores Sociais. Síntese de Indicadores Sociais 2000. Rio de Janeiro, 2001. (Estudos e Pesquisas, Informação Demográfica e Socioeconômica, n. 5.)

POCHMANN, Marcio. Desemprego e políticas de emprego: tendências internacionais e do Brasil. In: OLIVEIRA, Marco Antonio de (Org.). *Economia & Trabalho*: textos básicos. Campinas, Unicamp, Instituto de Economia, 1998. p. 219-32.

PRONI, Marcelo Weishaupt e HENRIQUE, Wilnês (Orgs.). *Trabalho, mercado e sociedade: o Brasil nos anos 90*. São Paulo/Campinas: Editora Unesp/Instituto de Economia da Unicamp, 2003.

SILVA, Maria Ozanira da Silva et al. Relatório de avaliação externa das Políticas Sociais desenvolvidas pela Gerência de Desenvolvimento Social do Governo do Maranhão — Relatório Final Setorial: Política do Trabalho. São Luís: UFMA, Grupo de Avaliação e Estudos da Pobreza e das Políticas Direcionadas à Pobreza (Gaepp), 2003.

_____. Relatório de avaliação externa das Políticas Sociais desenvolvidas pela Gerência de Desenvolvimento Social do Governo do Maranhão — Relatório Geral Final. São Luís: UFMA, Grupo de Avaliação e Estudos da Pobreza e das Políticas Direcionadas à Pobreza (Gaepp), 2003.

# CAPÍTULO 9

# Juventudes e políticas públicas de trabalho no Brasil: a qualificação profissional e a tensão entre preferência e individualização

*Erivã Garcia Velasco*

## Introdução

As juventudes no Brasil constituem na atualidade público preferencial de políticas públicas, antes não voltadas especificamente à faixa etária considerada juvenil. Estudos sinalizam o modo como os jovens entre 15 e 24 anos foram ao longo da constituição das políticas públicas brasileiras sendo atingidos por programas não exatamente a eles direcionados, recebendo, portanto, tratamento quase marginal no sentido de não ser foco claro, mas difuso, das ações governamentais (Rua, 1998; Sposito, 2003a).

Somente a partir dos anos 1990 é que os jovens no Brasil entram para a agenda pública, um movimento que não tem especificidade nacional, uma vez que no mundo inteiro, incluindo a América Latina em anos anteriores, passa a reconhecer nos jovens a qualidade de público demandante de políticas. Considera-se que esta constituição de *issue* — problema — na agenda tem por determinação uma realidade em que os jovens aparecem em significativa condição de vulnerabilidade, em razão das transformações societárias na ordem capitalista mundial. Ao lado disso, há nesse mesmo movimento quem registre igualmente o potencial ativista das juventudes que, ao mesmo tempo em que vulnerabilizadas, parecem ser capazes de (re)criar formas de inserção e participação na sociedade. É o caso de experiências protagonizadas pelos próprios jovens no campo da cultura as quais se traduzem em força para a ideia de reconhecimento e legitimidade de suas necessidades de direitos, a exemplo do que registram os estudos de Herscmann (2000) e Novaes (2002), entre outros.

Logo de início observa-se uma questão que, longe de uma precisão teórico-conceitual ainda a ser empreendida, revela de certo modo uma escolha pela denominação de juventudes, para não tratar igualmente aquilo que tem se mostrado na realidade bastante desigual na sua constituição e modo de vida e, decorrente disso, nos problemas, necessidades e demandas que apresentam.

A respeito das categorias teóricas jovens e juventudes situa-se um campo de debate ainda impreciso, em que a primeira se relacionaria aos próprios sujeitos e a segunda, à fase da vida, categorias que na visão de Sposito (2003) são superpostas indevidamente. Entretanto, o trânsito aqui realizado pela denominação juventudes para tratar dos jovens está sendo empreendido como uma tentativa de resguardar uma abordagem da temática que trate dos jovens, sujeitos concretos, mas também das juventudes na pluralidade que evocam, resguardando, assim, um campo múltiplo de possibilidades do que possa ser jovem, de tal maneira que o sentido atribuído precisa reconhecer a diversidade de condição, experiência e realidade, portanto, das circunstâncias materiais, sociais e culturais que o envolvem.

O modo como se compreende o jovem demarca concepções que vão desde uma identificação com o ciclo da vida, tendendo a visualizá-lo como algo que ainda está por vir, negando o próprio presente. Tem-se, ainda, uma percepção romantizada dessa fase compreendida como o tempo da liberdade e do prazer ou como expressão de uma vivência, sobretudo, cultural. Mas há, também, uma percepção que associa a fase juvenil com crise e conflito. Assim, todas essas formas de perceber a juventude constroem-se na maior parte das vezes pautadas por negativismos, quase sempre com ênfase em características que ainda não se evidenciam nos jovens, estão por vir, espelhando-se, por conseguinte, num certo "modelo" de ser jovem (Dayrell e Carrano, 2002). São estas concepções que representam uma condição juvenil em dada sociedade, diferenciando da situação juvenil que, conforme Abad (apud Sposito, 2003a, p. 61), "é a expressão de diferentes modos de vida juvenis a partir de recortes de classe, gênero, etnia, origem rural ou urbana, quer dizer, é a própria experimentação da condição juvenil a partir de certas concepções que a orienta."

Contudo, o modo de abordagem da temática, ainda que apareça carregada de negativismo, visível, por exemplo, na associação das juventudes à violência, à criminalização, à competição no mercado de trabalho, não se pode desconsiderar a expressão que ganhou como fenômeno social, pautando, assim, tanto os estudos como as agendas de governo. Assim, ainda que o tom dos enfoques político-governamentais e sociológicos acabem, em boa parte das vezes no negativo, por se revestir daquelas visões e/ou, no mínimo, por expressar tensões entre uma imagem socialmente construída mais tradicional e uma possível compreensão das juventudes como sujeitos de direito, é fato que a temática além de projetar-se ganhou complexidade no espaço público.

O que não se nega, então, é a magnitude da questão que parece revelar-se, no caso brasileiro, quando o Censo de 2000 registra no país 34 milhões de jovens, transformados em sujeitos demandantes de políticas públicas (Dayrell e Carrano, 2002). Desnudada a sua importância em termos de quantidade, essa situação juvenil revelou-se vulnerabilizada pelo difícil acesso a direitos, como saúde, lazer, educação pública e de qualidade, e ainda trabalho, um direito revelador de uma fase de transição juvenil considerada nova, com características que têm levado fatores como pobreza, analfabetismo e violência a ficarem no topo das razões principais para a perda de expectativas de sucesso dos jovens brasileiros, conforme assinala Pochmann (2000). No caso da violência, mesmo considerando que sua constituição tem por base outros nexos, faz todo sentido a associação de seu aumento em razão da falta de perspectiva de inserção dos jovens na vida social (Pochmann, 2000; Pochmann et al. 2004).

Embora os dados censitários apontem aumento significativo na taxa de escolarização, tanto no que se refere a acesso — com exceção do ensino superior com entrada mais restritiva — quanto a tempo de permanência na escola, continua grave a distorção entre idade e série escolar, assim como continua questionável a qualidade do ensino no desenvolvimento de capacidades e habilidades, individuais ou coletivas, o que expressa a ineficiência no próprio funcionamento do sistema escolar revelada nos altos índices de repetência, na falta de infraestrutura, de professores, de material didático, de acervo bibliográfico. Mas é o trabalho que aparece como fator determinante desse pessimismo, uma vez que sem perspectivas de inserção no mercado, os jovens deixam de acreditar no trabalho como fator de mobilidade e ascensão social.

Este artigo compõe um exercício de reflexão sobre a constituição das juventudes, detendo-se sobre a condição de vulnerabilidade dos jovens no Brasil, com enfoque, sobretudo, sobre a condição desfavorável que têm no mercado de trabalho. Passando aligeiradamente sobre os programas de qualificação profissional como expressão de um certo modo de enfrentar a desigualdade, não descuida de revelar como esse modo tem-se mostrado, isoladamente, incapaz de fazê-lo.

## A vulnerabilidade das juventudes brasileiras: um olhar sobre o mercado de trabalho

Se a vivência da juventude é diferente, dependendo das circunstâncias materiais, sociais e culturais, tem-se, pois, juventudes. A limitação por faixa etária não é a única resposta para falar de juventudes, pois há quem lembre circunstâncias em que ela começa muito cedo, sobretudo, para quem não tem direito à infância (Novaes, 2003). Do mesmo modo, em razão de mudanças na expectativa de vida, assim como no mercado de trabalho, o tempo da juventude está se alargando, chegando aos 29 anos, nos patamares da Organização Internacional da Juventude (OIJ).

Pochmann (2000) chama a atenção para que no estabelecimento prévio de uma faixa etária para definir o jovem, é adequado considerar outras variáveis que lançaram contemporaneamente mudanças sobre a fase considerada estritamente juvenil, como expectativa média de vida, participação no trabalho, constituição de família, de tal maneira que essa fase já não pode ser encarada como preparação para o ingresso na vida adulta, ou como intermediação entre a escola e o trabalho.

O mercado de trabalho se configura hoje como vetor de desigualdade. Pochmann (2000), ao observar que as condições socioeconômicas de vida familiar, no que se refere à raça, origem geográfica (urbana/rural), acabam se expressando, de modo direto ou indireto, na colocação do jovem no mercado de trabalho, mostra como seu funcionamento no Brasil não favorece a inserção juvenil comparativamente aos adultos. Em razão da existência de mão de obra excedente, os jovens encontram-se em desvantagem, assumindo funções inferiores, com menores salários e jornadas mais intensas. E isso não significa que eles estejam mais empregados, pois a taxa de desemprego juvenil costuma ser superior à dos adultos. Revela-se, então, a precarização a que está submetido o trabalho juvenil, marcando especialmente o acesso ao primeiro emprego (Pochmann, 2000, p. 31-33).

Grosso modo, as explicações para o desemprego juvenil remetem à escassez de vagas, uma vez que os jovens não se empregam por conta de problemas, como baixa produtividade, qualificação inadequada ou procura por remuneração maior do que as empresas oferecem. Dessa perspectiva, observa Pochmann (2000), o emprego existe; o jovem é que não aceita as condições colocadas, daí o investimento em qualificação, redução do custo de trabalho, flexibilização dos contratos. Restritas, então, ao comportamento do mercado de trabalho, as iniciativas públicas assumem caráter compensatório por não se articularem às políticas macroeconômicas e sociais.

Contudo, o que se verifica contemporaneamente em relação ao desemprego juvenil e às mudanças nos padrões de inserção ocupacional[1] pode ser atribuído às severas desigualdades econômicas e sociais entre jovens de 15 a 24 anos, conformando um quadro que retrata: entrada antecipada no mercado de trabalho, antes mesmo dos 15 anos; não conclusão dos estudos; constituição familiar prematura; trabalho e estudos simultâneos. Esses aspectos são facilmente verificáveis na parcela mais pauperizada da sociedade e são exatamente essas características que não mais permitem fixar a fase juvenil nos moldes tradicionais.

Da População Economicamente Ativa (PEA) brasileira a faixa mais atingida pelo desemprego é a juvenil. Em 2001 os índices totais de desemprego chegaram a 12% para todas as faixas etárias; para a faixa etária de 15 a 19 anos foi de 27,3%, e 18,9% para a faixa de 20 a 24 anos. As duas últimas totalizam, assim, 46,2% da PEA, o que é muito significativo (Quadros, 2003). Na faixa etária de 15 a 19 anos, a pesquisa de Quadros revela ainda que o maior número de desempregados encontrava-se entre aqueles que estavam em busca do primeiro emprego, enquanto na faixa etária de 20 a 24 anos o maior grupo era aquele que havia perdido o emprego durante o ano.

Um recorte de gênero revela que entre as mulheres os índices de desocupação são maiores que entre os homens. O desemprego em 2001 estava em torno de 21,7%, entre os jovens com 18 anos, enquanto para as mulheres chegava a 31%. Também se observa desigualdade entre os mais velhos em que 9,3% dos homens de 24 anos estavam desem-

---

1. De acordo com Pochmann: "Por padrão de inserção ocupacional entende-se o processo pelo qual as pessoas nas faixas etárias inferiores, e sem participação anterior na população ativa, passam a dispor de uma posição estável no sistema ocupacional" (2000, p. 45). O que no caso dos jovens significa a passagem da inatividade, marcada pelo vínculo à escola, para a inserção no mercado de trabalho, tanto com uma ocupação como numa situação de desemprego à procura de um posto de trabalho.

pregados contra 17,4% das mulheres nessa mesma faixa etária, de acordo com o estudo de Rios-Neto e Golgher (2003).

Da mesma maneira são acentuadas as diferenças por raça, pois as taxas de desemprego de jovens negros em áreas metropolitanas tendem a ser 30% a 40% mais elevadas que entre os jovens brancos. Dados do IBGE mostram que as jovens negras constituem o segmento mais afetado pelo desemprego (Silva e Kassouf, 2002; IBGE, 2000).

Os dados da inatividade de jovens que estão sem estudo e sem ocupação revelam que, em setembro de 1998, 28% dos homens jovens e 49,6% de mulheres jovens moradores das cidades estavam inativos. Em 2001 os dados indicam que 11,8% dos homens e 28,8% das mulheres na faixa etária de 15 a 24 anos não estavam estudando nem trabalhando, sendo que estes situavam-se na parcela mais pauperizada da população, em que metade dos homens estava procurando trabalho, enquanto 48% das mulheres já tinham constituído família, muitas delas eram chefes de família, e 58% já tinham filhos (Silva e Kassouf, 2002; Camarano et al., 2003).

Esse mesmo estudo indica ainda que a ausência de mulheres jovens no mercado de trabalho e no sistema educacional poderia ser explicada parcialmente em decorrência das responsabilidades tradicionais do trabalho doméstico feminino, ao mesmo tempo em que chama a atenção para a falta de rigor no uso do termo "inatividade", por não considerar as responsabilidades e o exercício das atividades domésticas de significativa parte das mulheres jovens.

As alterações nas condições de trabalho também afetaram sobremaneira o segmento juvenil, conforme se observa nos dados do Censo Demográfico 2000. (IBGE, 2000) Apesar do aumento de escolaridade, a precarização alcançou-o, pois, enquanto os trabalhadores com mais de 24 anos sem carteira assinada correspondem a 21,6% na população, entre os jovens esse índice é de 32,7%. Entre empregados domésticos sem carteira revela-se a mesma situação em que os jovens também estão em maior número. Para os empregadores e trabalhadores por conta própria, categorias que conseguiram avanços em termos de renda na última década dos anos de 1990, a proporção de jovens é menor que a proporção registrada para o conjunto da PEA ocupada entre aqueles com 25 anos ou mais de idade, correspondendo a 0,6% (15 a 24 anos), 3,7% (25 anos ou mais), 12% (15 a 24 anos) e 27,4% (25 anos ou mais), respectivamente.

Uma questão importante a ser assinalada é que as ocupações autônomas — não assalariadas —, que tiveram aumento significativo ao longo da década de 1990, são postos precários, com baixos rendimentos, instabilidade ocupacional, extensas jornadas de trabalho, alta rotatividade e não contam com proteção social e trabalhista. Isso põe o jovem numa situação ocupacional muito mais frágil. Fica prejudicada uma carreira profissional estável, pois ele está desassistido de programas de proteção e valorização do trabalho e com rendimento instável (Pochmann, 2000, 2001a).

A pesquisa de Camarano e outros (2003), relativa ao período 1991-2001, demonstra um aumento dos anos de escolaridade em todas as ocupações exercidas por jovens, homens e mulheres. Nas categorias de ocupação mais frequentes entre os homens jovens, verificou-se uma queda substancial no emprego agropecuário (de 27,3% para 18%); nos empregos de auxiliares administrativos, a queda foi menor. Em relação às ocupações das mulheres jovens, verificou-se uma queda importante no emprego rural (de 16,2% para 6,5%), em menor proporção no doméstico (de 25,1% para 22%), e um crescimento substancial nas ocupações vinculadas ao comércio, como caixas e lojistas, e ao magistério. O que se retém, entretanto, tanto nas ocupações de homens como de mulheres jovens é a concentração em atividades e postos de baixa qualificação, sobressaindo o emprego doméstico como a ocupação mais frequente das jovens.

Na variável renda, observam-se diferenças importantes na sua distribuição entre as regiões do país, de acordo com os dados censitários. São as regiões Sul e Sudeste que registram o menor percentual de jovens com renda até dois salários mínimos, enquanto o Norte e Nordeste apresentam maior porcentagem de jovens, aproximadamente 20%, tanto na faixa até 2 salários mínimos (sm) como na faixa de pessoas sem rendimento.

Tendo como referência a variável cor/raça e os rendimentos médios mensais de jovens entre 15 e 24 anos, verifica-se que os jovens brancos são maioria nas faixas de renda superiores a 2 SM, ao ponto de essa situação ser completamente invertida para os não brancos que se concentram entre os que não têm rendimento ou os que têm rendimento inferior a 2 SM.

É predominantemente masculina a faixa daqueles que não têm rendimento, ao passo que as mulheres estão mais concentradas entre aqueles que têm rendimento na faixa de renda inferior (até 2 sm). Se se comparar a distribuição dos rendimentos em toda a população ocupada por ocasião do Censo 2000, constata-se que os jovens estão concentrados nas classes sem rendimento e com rendimento até 2 SM. Essas são desigualdades que se repetem nas regiões, como se pode verificar nos dados do Censo 2000 (IBGE, 2000).

A jornada semanal de trabalho é mais um fator que revela a vulnerabilidade juvenil no mercado de trabalho. Enquanto cerca de 46% dos jovens trabalham até 40 horas, outros 47% trabalham de 40 a 60 horas, sendo que 7% dos jovens revelaram, por ocasião do Censo 2000, trabalhar mais de 60 horas em média por semana.

Assim, esse desenho geral mostra como o ingresso do jovem no mercado de trabalho ruma, diante da escassez de emprego, para uma situação de segregação ocupacional e reforço de novas condições de produção e reprodução da marginalidade social dos jovens, nos termos de Pochmann (2000). É diante desse quadro que à qualificação profissional de jovens tem-se atribuído parte do papel de corrigir essa rota tomada pela economia brasileira. Entretanto, compreende-se aqui que a qualificação profissional constitui um fator que colabora na determinação do potencial do ingresso dos jovens no mercado de trabalho, mas que, necessariamente, encontra-se diretamente relacionada ao funcionamento da economia nacional. É preciso entender o quão ela tem sido capaz de gerar trabalho e oportunidades de inclusão das juventudes brasileiras, invertendo o movimento atual de precarização. É perseguindo um pouco essa ideia que se encontra a reflexão que segue no próximo ponto.

## A qualificação profissional nas políticas públicas de trabalho no Brasil e a focalização sobre os jovens: manifestações da tensão entre preferência e individualização

Assim como a temática da juventude começa a ganhar projeção e complexidade no espaço público brasileiro, a partir dos anos 1990, também ocorre no âmbito da Política Pública para o Trabalho, quando o jovem ganha relevância como *público-alvo* já que, engrossando as estatísticas de desemprego, ameaça a desagregação do tecido social, revelando a magnitude do problema que expõe a pobreza estrutural, passando a figurar no quadro de preocupação de governos e organismos internacionais (Velasco, 2003).

Não se pode deixar de assinalar que essa situação compõe o processo de transformações no padrão de produção capitalista e no mercado de trabalho, portanto, de produção e ocupação e, nessas circunstâncias, a exclusão dos jovens ao emprego e à renda torna-se preocupação no cenário político-institucional, ainda que, paradoxalmente, tenham hoje níveis de instrução mais elevados.

O resultado da tardia orientação neoliberal no Brasil, efetivamente na década de 1990, manifesta-se nas transformações no mercado de trabalho e nas relações de trabalho. O ajuste que ocorreu através da terceirização, do crescimento de empregos rotativos e de baixa qualidade e pela intensificação da informalização, histórica no país, fizeram, então, agravar fatores que já relegavam especificidade e complexidade aos problemas ligados às Políticas Públicas de Trabalho no Brasil.

Apesar das reconhecidas diferenças entre os países centrais e os países periféricos, isso ocorre num contexto de alterações nas políticas de emprego incidindo nos conteúdos das políticas de inspiração keynesiana e deslocando o eixo emprego, para o mercado de trabalho. É por essa razão que passam a se caracterizar por ações focalizadas em grupos vulneráveis, em especial desempregados e trabalhadores do setor informal. As análises empreendidas no âmbito de diversos estudos marcam como o compromisso com o pleno emprego, com políticas sistemicamente articuladas às políticas macroeconômicas, passa a ser substituído por um outro patamar de discurso e de prática, típico da abordagem neoclássica, que acredita que o funcionamento do mercado de trabalho deve ser livre para se obterem melhores resultados em termos de emprego, sendo que a intervenção deve se dar no nível de ações para grupos específicos (Pochmann, 1999; Silva et al., 2001; Almada Lima, 2001).

Das ações que emergiram nessa direção pode-se destacar os programas de formação e qualificação profissional que, pretendendo criar alternativas de qualificação e inserção no mercado de trabalho, voltam-se especialmente para jovens pobres. Leite (2001), analisando o caso da América Latina e Caribe, observa como os projetos que surgiram desde o final dos anos 1980[2] tinham na base de sua constituição a configuração da pobreza multifacetada e emaranhada num círculo vicioso perverso que associa várias desvantagens em diversas áreas, como habitação, lazer, saúde, escolaridade, cultura etc.; a nova dinâmica do próprio mercado de trabalho decorrente de inovações tecnológicas e organizacionais; e a exigência de novos requisitos para entrada no mercado de trabalho que acabaram por denotar mudanças no perfil dos trabalhadores, recaindo, então, maiores exigências sobre os jovens.

Ao mesmo tempo, esses programas têm pretendido o desenvolvimento de metodologias de gestão e capacitação para jovens, sustentados na ideia de mobilização e fortalecimento de novos atores sociais, buscando, nesse mesmo movimento, o desenho de uma nova institucionalidade no campo do trabalho e da educação profissional.

Para fazer face às dificuldades de colocação de mão de obra no mercado de trabalho por falta de experiência prévia comprovada, fator que aparece em dados do Sistema Nacional de Emprego (Sine), retratando um significativo número de jovens que não têm oportunidade

2. Estão nesse estudo que analisa o monitoramento e a avaliação das experiências, o Programa Capacitação Solidária, do Brasil; O Programa Opção Jovem, do Uruguai; o Plano Estadual de Qualificação Profissional de Minas Gerais (PEQ-MG), e o Programa Chile Jovem-Fase II (Leite, 2001).

de trabalho por falta de experiência anterior, o Projeto Serviço Civil Voluntário (SCV) destacou-se, no âmbito do Plano Nacional de Formação Profissional (Planfor) implantado no país a partir de 1995, como preparação e qualificação para essa entrada.

Ocupando parte importante dos programas e projetos que surgiram, além do Capacitação Solidária de 1996 analisado por Leite (2001), o Serviço Civil Voluntário (SCV) pode ser considerado, então, paradigmático, tendo sido oficialmente destacado em seu caráter inovador por privilegiar dimensões de educação, direitos humanos, trabalho e cidadania. Destinado a rapazes e moças, com 18 anos completos ou a completar no ano de execução do programa, que vivessem em situação de pobreza crítica, não trabalhassem e não estudassem com escolaridade inferior à 8ª série do ensino fundamental, o SCV foi pensado como um *rito de passagem* à maioridade com vistas a preparar os jovens para o trabalho, mas com preocupação para o exercício da cidadania (Brasil, Ministério de Trabalho e Emprego, 2001, p. 96-98). Esse aspecto tem sido revelador de uma tendência em curso nas políticas para o trabalho, que buscam atenuar o desemprego por intermédio de uma preparação para o exercício da cidadania, através do esforço individual e prestação de serviços à comunidade, ganhando magnitude o trabalho voluntariado, tomando os sujeitos para si um dever e/ou papel que historicamente estava delegado ao Estado.

Os programas de formação e qualificação profissional para jovens podem ser considerados exemplos de focalização no que concerne às Políticas Públicas para o Trabalho no Brasil. Sem inverter o movimento de desestruturação do mercado de trabalho, aumento do desemprego, do desassalariamento e da precarização das ocupações, junto com a flexibilização dos contratos de trabalho, a criação de subsídios para os desempregados ou créditos para segmentos mais fragilizados, assim como os programas de qualificação profissional aparecem como alternativas de enfrentamento da crise do emprego. Ao incidir as ações públicas nesse segmento chega-se, entretanto, apenas a atingir o nível microeconômico, tendendo a concentrar as ações apenas sobre a oferta e demanda de trabalho, atualizando a crença de que o próprio funcionamento do mercado de trabalho é capaz por si só de gerar vagas.

Ao mesmo tempo, a qualificação é legitimada ao se apresentar como um dos requisitos fundamentais ao processo de reestruturação produtiva, já que postulada como componente essencial da chamada *empregabilidade*, terminologia que encerra controvérsias teórico-conceituais e que, de uma perspectiva crítica, inclusive a da própria concepção do Planfor, tende a remeter ao indivíduo a organização das condições necessárias para concorrer no mercado de trabalho, assim como nele manter-se.[3] Desse modo, manifesta uma tensa e contraditória relação, pois, ao mesmo tempo em que pretende criar condições favoráveis à inserção do jovem no mercado de trabalho, tende à individualização.

É na esteira dessa mesma tendência que também aparece uma outra terminologia presente no debate sobre qualificação profissional, a *competência*, que se refere tanto ao plano analítico quanto normativo, pois prescreve comportamentos que devem ser desenvolvidos nos trabalhadores, um rol de atitudes a serem adquiridas e que individualizam as relações sociais no trabalho, transferindo ao trabalhador as consequências de sua contratação, demissão, nível salarial, responsabilizando-o, inclusive, por sua formação. A exigência dessas atitudes faz com que o sujeito invista num mercado de trabalho marcadamente incerto e excedente, de tal modo que as diferenças no trabalho (acesso, contrato, condições salariais etc.) sejam percebidas como diferenças de capacidades individuais (Hirata, 1994; Manfredi, 1998).

O risco, então, é que os programas, valendo-se, no campo ideológico, de um conteúdo que remete ao indivíduo o êxito/fracasso ocupacional, levado à órbita de seu próprio comportamento, retirem-no, portanto, da ordem e responsabilidade públicas. Por isso, o conteúdo formativo vale-se da difusão de argumentos que ressaltam o papel do próprio jovem tanto de inserção em atividades solidárias como de planejamento e busca do próprio emprego.

3. Situam-se no campo do debate sobre empregabilidade Gentili (1999) e Revel (2002), entre outros.

Dados de avaliação têm revelado como na pós-qualificação o jovem é deixado à própria sorte, já que a entrada e permanência no mercado de trabalho ainda se encontram débeis. Constituem inserções precárias, temporárias e insuficientes do ponto de vista do combate ao desemprego, demonstrando sua ineficácia para dar resposta isoladamente à integração das juventudes brasileiras ao mundo do trabalho.

## Conclusão

Em plena *onda jovem*, conforme a análise prospectiva realizada por Madeira e Rodrigues (1998) no início do século XXI, encontram-se hoje as juventudes como grupo especialmente vulnerável, afetado por problemas específicos de saúde, desemprego e violência, que têm, então, apenas mais recentemente mobilizado a ação do Estado, na forma de políticas públicas e sociais.

Se, anteriormente, a condição juvenil colocava-se como uma etapa da vida entre a infância e a maturidade, mediada pelas relações de incorporação à vida adulta e à aquisição da experiência, determinada pela vinculação com as instituições de transição ao mundo adulto — escola e família — hoje, não se pode negar que os jovens têm-se convertido numa categoria social, conforme Abad (2003), definida por uma condição específica que demarca interesses e necessidades próprias.

Dentre os aspectos que são apontados para esse complexo processo está a crise da família tradicional, o esgotamento da ilusão de mobilidade e ascensão social, depositada, inclusive, na expansão da educação secundária e universitária e no pleno emprego, assim como a emergência de novos atores sociais com formatos institucionais novos. Outros fatores são acrescentados para validar essa nova condição juvenil, como o desaparecimento da infância, uma vez que a adolescência desponta mais cedo e a juventude se prolonga até depois dos 30 anos; a emergência de novas formas de articulação global, com forte influência dos meios de comunicação como agente de socialização, conformando uma cultura juvenil de características quase universais, heterogênea e inconstante, em contradição ou substituição à transmissão cultural das instituições de transição, ou seja, a família, a escola e o emprego assalariado.

Concorda-se que a condição juvenil atual se impõe, independente das próprias políticas públicas, e, na realidade, provoca políticas públicas e precisa ser reconhecida e considerada nas ações públicas na sua diversidade. Mesmo reconhecendo avanços nas políticas públicas e sociais, as juventudes brasileiras têm necessidade de direitos.

Alguns caminhos vêm sendo experimentados para a constituição de iniciativas voltadas para os jovens.[4] Mas é preciso pensar como essas iniciativas, no âmbito das várias esferas, federal, estadual e municipal, estão sendo realmente capazes de constituir políticas, coordenando esforços, rompendo com padrões tradicionais que infelizmente marcam a cultura político-administrativa no Brasil. Quer dizer, em que medida estão, realmente, rompendo com a fragmentação, com a competição interburocrática — de poder e de recursos —, com a descontinuidade administrativa, enfrentando a conhecida separação entre formulação/decisão e implantação.

Dentre essas ações o mundo do trabalho e outras consideradas de inclusão têm ocupado parte importante das orientações governamentais, assim como a criação de equipamentos específicos para jovens, como é o caso do recente Pró-Jovem lançado pelo Governo Federal.[5] Nessas ações de inclusão muitas têm se constituído mediante programas de transferência de renda através de pagamento de bolsas para os jovens que, como contrapartida, devem integrar-se em atividades nas comunidades locais.

---

4. Exemplos de experiências e práticas referidas nos estudos: Jovem Cidadão/SP; SCV (Federal); Capacitação Solidária (Federal); Primeiro Emprego (Federal); Orçamento Participativo da Juventude/Belém; Projeto Interação/Tocantins; Projeto Pão Nosso/Tocantins; Largada 2000/Instituto Ayrton Sena; Culturas Juvenis/Ação Educativa; Escola Jovem e Liceu para Todos/Chile, dentre outros. (Freitas e Papa, 2003)

5. O Pró-Jovem localiza-se no âmbito da Secretaria Nacional de Juventude criada em março de 2005. Destinado a qualificar quem cursou no mínimo até a 4ª série, mas que não concluiu o Ensino Fundamental e tem entre 18 e 24 anos.

Nesse campo de transferência de renda, o estímulo à continuidade dos estudos está presente, de modo que o ingresso do jovem no mercado de trabalho possa se retardar, ao mesmo tempo em que seja preparado para essa entrada. É preciso hoje avaliar o impacto dessas ações para poder aferir se realmente a inclusão social ocorre, se as atuais políticas dirigidas para jovens, no âmbito da qualificação profissional, destinadas a inseri-los no mercado de trabalho conseguem fazê-lo, como e qual a repercussão disso na sua vida. Isso tem se revelado num grande paradoxo, constituindo ainda um desafio no que se refere à implementação de programas que superem a fase experimental e possam ser duradouros e realmente causar impactos favoráveis na vida dos jovens, suas famílias e suas comunidades.

É necessário, ainda, alertar para o fato de que as diferenças de gênero e etnia não estão delineadas nessas ações e acabam não dialogando com a situação concreta, por exemplo, dos jovens negros e das mulheres jovens. Nesse aspecto, dar voz ao jovem como sujeito de direito, numa experiência democrática e participativa, tem sido uma recomendação pertinente para não se repetirem velhas fórmulas de tutela e controle de segmentos juvenis, presentes no recorrente tom saneador e profilático que por vezes os programas e as políticas assumem, objetivando corrigir possíveis e potenciais comportamentos inadequados das juventudes, como envolvimento com crime, drogas, vandalismo e violência.

Na tentativa de focalização, buscando superar pelo menos parte da histórica diluição programática desse segmento da população, os programas que surgem precisam atentar-se igualmente para a desvinculação tanto de outras políticas como de órgãos e instâncias executoras governamentais. Mesmo o Serviço Civil Voluntário e seu tom inovador pretendeu rumar para a direção acima anunciada. Entretanto, não se pode deixar de considerar que a qualificação requerida pelo novo paradigma de produção tem um forte caráter ideológico, principalmente se se entender não ser esta uma solução à crise do emprego, em geral e em especial do jovem, uma vez que isso depende sobremaneira de políticas macroestruturais.

Nesse aspecto, parece importante destacar, finalmente, que na atualidade, em razão de haver essa nova fase de transição juvenil, é preciso também ser capaz de identificar e reconhecer essa mudança de percepção sobre a juventude, tanto por parte do Estado, das políticas, dos formuladores e gestores, como do próprio jovem. Isso feito, quem sabe, poder-se-á inverter essa trajetória indeterminada e perversa que hoje pesa sobre as juventudes brasileiras.

## Referências bibliográficas

ALMADA LIMA, Valéria. Estado e reestruturação capitalista: o novo perfil das políticas públicas para o trabalho, *Série Políticas Públicas em Debate*, Universidade Federal do Maranhão, Unidade de Pós-Graduação em Políticas Públicas, São Luís, Edfuma, v. 1, n. 2, p. 7-19, dez. 2001.

BRASIL. Ministério do Trabalho e Emprego. *Guia do Planfor 2001*. Brasília, 2001.

CAMARANO, A. A. et al. A transição para a vida adulta: novos ou velhos desafios, *Mercado de Trabalho*: conjuntura e análise. Rio de Janeiro, Ipea, n. 21, p. 53-66, fev. 2003.

DAYRELL, Juarez; CARRANO, Paulo C. R. Dificultades de finales del siglo y promesas de um mundo diferente, *Jovenes*, Revista de Estudios sobre Juventud, México, Instituto Mexicano de Juventud, n. 17, p. 160-203, 2002.

GENTILI, Pablo. O conceito de "empregabilidade". In: LODI, L. H. (Org.). *Avaliação do Planfor*: uma política pública de educação profissional em debate. São Paulo: Unitrabalho, 1999. p. 85-91. (Cadernos Unitrabalho, n. 2.)

HERSCMANN, M. *O funk e o hip hop invadem a cena*. Rio de Janeiro: Ed. UFRJ, 2000.

HIRATA, H. Da polarização da qualificação ao modelo competência. In: FERRETTI, C. J. et al. *Tecnologia, trabalho e educação*: um debate multidisciplinar. Petrópolis: Vozes, 1994. p. 128-42.

IBGE. *Censo Demográfico 2000*: resultados do universo. Disponível em: <http://www.ibge.gov.br>. Acesso em:

LEITE, Elenice Moreira. *Programas de capacitação para jovens desfavorecidos na América Latina*: experiências de monitoramento e avaliação. Paris/Buenos Aires: Unesco/IIEP, 2001. (Mimeo.)

MADEIRA, Felicia R.; RODRIGUES, Eliana M. Recado dos jovens: mais qualificação. In: *Comissão nacional de população e desenvolvimento*. Jovens acontecendo na trilha das políticas públicas. Brasília, v. 2, p. 427-496, 1998.

MANFREDI, M. S. Trabalho, qualificação e competência profissional: das dimensões conceituais e políticas, *Educação & Sociedade*, Campinas, Cedes, v. 19, n. 64, p. 13-49, set. 1998.

NOVAES, Regina. *Juventude, cultura e cidadania.*, Edição especial. Rio de Janeiro: Comunicações do Iser, 2002.

______. Juventude, exclusão e inclusão social: aspectos e controvérsias de um debate em curso. In: FREITAS, M. V. de; PAPA, F. C. (Orgs.). *Políticas Públicas*: juventude em pauta. São Paulo: Cortez, Ação Educativa, Fundação Friedrich Ebert, 2003.

POCHMANN, Marcio. *Atlas da exclusão social no Brasil*. São Paulo: Cortez, 2003.

______. *A batalha pelo primeiro emprego*: as perspectivas e a situação atual do jovem no mercado de trabalho. São Paulo: Publisher Brasil, 2000.

______. *A década dos mitos*. São Paulo: Contexto, 2001.

______. O primeiro emprego a gente nunca esquece. *Democracia Viva*, revista do Ibase, n. 9, p. 3-9, nov. 2000/fev. 2001a.

______. *O trabalho sob fogo cruzado*: exclusão, desemprego e precarização no final do século. São Paulo: Contexto, 1999.

POCHMANN, Marcio et al. *Atlas da exclusão social no Brasil:* dinâmica e manifestação territorial. São Paulo: Cortez, 2004. v. 2.

QUADROS, W. Um retrato do desemprego juvenil. *Mercado de trabalho*: conjuntura e análise, Rio de Janeiro, Ipea, n. 21, p. 5-8, fev. 2003.

REVEL, D. A política de qualificação profissional na luta contra o desemprego no Brasil. O conceito de "cidadão produtivo" como desafio teórico. *Scripta Nova*, revista electrónica de Geografía y Ciencias Sociales, Universidad de Barcelona, v. 6, n. 119, p. 113, 2002. Disponível em: <http://www.ub.es/geocrit/sn/sn119113.htm>. Acesso em: 15 abr. 2005.

RIOS-NETO, E.; GOLGHER, A. A oferta de trabalho dos jovens: tendências e perspectivas. *Mercado de Trabalho*: conjuntura e análise, Rio de Janeiro, Ipea, n. 21, p. 37-52, fev. 2003.

RUA, Maria das Graças. As políticas públicas e a juventude dos anos 90. In: COMISSÃO NACIONAL DE POPULAÇÃO E DESENVOLVIMENTO. Jovens acontecendo na trilha das políticas públicas. Brasília, 1998. p. 731-52.

SILVA, Maria Ozanira S. et al. Avaliação de uma política pública para o trabalho no Maranhão. Universidade Federal do Maranhão, Unidade de Pós-Graduação em Ciências Sociais, Programa de Pós-Graduação em Políticas Públicas, São Luís, Edufma, v. 1, n. 1, 2001. (Série Políticas Públicas em Debate.)

SILVA, N. D. V.; KASSOUF, A. L. A exclusão social dos jovens no mercado de trabalho brasileiro. *Revista Brasileira de Estudos Populacionais*, v. 19, n. 2, p. 99-115, jul./dez. 2002.

SPOSITO, Marilia Pontes. Trajetórias na constituição de políticas públicas de juventude no Brasil. *Políticas Públicas* — Juventude em Pauta. São Paulo: Cortez, Ação Educativa, Assessoria, Pesquisa e Informação, Fundação Friedrich Ebert, p. 57-65, 2003.

SPOSITO, Marilia Pontes; CARRANO, Paulo Cezar Rodrigues. Os jovens na relação sociedade-estado: entre "problemas sociais" e concepções ampliadas de direitos. In: LEÓN, Oscar Dávila (Org.). *Políticas públicas de juventud en América Latina*. Viña del Mar, 2003a.

VELASCO, Erivã Garcia. O jovem na agenda pública da política para o trabalho no Brasil: primeiras aproximações. Universidade Federal do Maranhão, Unidade de Pós-Graduação em Políticas Públicas, São Luís, Edufma, v. 3, n. 1, p. 13-23, jan./jun. 2003. (Série Políticas Públicas em Debate.)

ZARAFIAN, Ph. *Objetivo competência*: por uma nova lógica. São Paulo: Atlas, 2001.

# Sobre os autores

**MARIA OZANIRA DA SILVA E SILVA** é doutora em Serviço Social pela Pontifícia Universidade Católica de São Paulo. Desenvolveu estágio pós-doutoral no Núcleo de Estudos de Políticas Públicas da Universidade Estadual de Campinas. Pesquisadora Nível IA do CNPq. É professora do Programa de Pós-Graduação em Políticas Públicas da Universidade Federal do Maranhão (UFMA), e coordenadora do Grupo de Avaliação e Estudo da Pobreza e de Políticas Direcionadas à Pobreza (Gaepp <www.gaepp.ufma.br>), onde vem desenvolvendo pesquisas sobre Políticas Sociais, com destaque à Política de Assistência Social e os Programas de Transferência de Renda. Vem desenvolvendo também estudos no campo da avaliação de políticas e programas sociais. Foi membro integrante do Comitê Assessor de Psicologia e Serviço Social junto ao CNPq (nas gestões 2003-2005 e 2008-2011); foi representante adjunta da Área de Serviço Social na Capes (gestões 2002-2004; 2005-2007). É autora ou coautora dos seguintes livros publicados pela Cortez Editora de São Paulo: *A política habitacional brasileira*: verso e reverso (1989); *Refletindo a pesquisa participante*. 2. ed. 1991; *Formação profissional do Serviço Social*. 2. ed. 1995; *Renda mínima e reestruturação produtiva* (1997); *O serviço social e o popular*. 7. ed. (2011); *Política social brasileira no século XXI*: prevalência dos programas de transferência de renda, 5. ed. (2011); e *Avaliando o Bolsa Família*: unificação, focalização e impactos, 2008. Coordenadora e coautora dos seguintes livros também publicados pela Cortez Editora de São Paulo: *Comunidade solidária*: o não enfrentamento da pobreza no Brasil (2001); *Serviço* *social, pós-graduação e produção do conhecimento no Brasil* (2005); *Políticas públicas de trabalho e renda no Brasil contemporâneo*. 2. ed. (2008); *O Sistema Único de Assistência Social no Brasil*: uma realidade em movimento, 2. ed. 2011, além dos seguintes livros publicados pela Vera Editora de São Paulo: *Avaliação de políticas e programas sociais*: teoria e prática, 2. reimpr., 2010, e *Pesquisa avaliativa*: aspectos teórico-metodológicos, 2008. É também autora de vários capítulos de livros, artigos publicados em periódicos e de trabalhos completos publicados em anais de eventos científicos nacionais e internacionais.

**MARIA CARMELITA YAZBEK** é doutora em Serviço Social pela Pontifícia Universidade Católica de São Paulo. Desenvolveu estágio pós-doutoral no Instituto de Estudos Avançados da Universidade de São Paulo na área do pensamento político contemporâneo. É pesquisadora Nível I do CNPq. Foi representante na Área de Serviço Social na Capes em duas gestões (1998 a 2000 e 2005 a 2007). Foi coordenadora do Programa de Pós-Graduação em Serviço Social (mestrado e doutorado) no período de 1993 a 2005. Publicou pela Cortez Editora os livros *O Sistema Único de Assistência Social no Brasil*: uma realidade em movimento, 2. ed. 2011; *Política social brasileira no século XXI*: prevalência dos programas de transferência de renda, 5. ed. (2011); *A assistência na trajetória das políticas sociais brasileiras* (10. ed. 2008); *Classes subalternas e assistência social* (2009, 7. ed.); *Políticas públicas de trabalho e renda no Brasil contemporâneo*. 2. ed. (2008). É membro do Conselho Editorial da revista *Serviço Social & Sociedade* desde 1979. Publicou por outras editoras: *A assistência social na cidade de São Paulo*: a (difícil) construção do direito. São Paulo: Instituto Polis, PUC-SP, 2004; *Estudos do serviço social Brasil e Portugal* (organizadora em parceria com Aldaíza Sposati, Maria Lúcia Martinelli e Ursula Karsch). São Paulo, Educ, 2002; *Le service social au Brésil*: émergence, pratiques et défis (capítulo em coautoria com Wanderley, M. B.) In: *Le travail social internacional*: éléments de comparaison (orgs.: Jean Pierre Deslauriers et Yves Hurturise. Laval: Press de l'Université Laval, Canadá, 2005; *l'espace public, la pauvreté et l'exclusion sociale au Brésil* (capítulo em coautoria com Wanderley, M. B.) In: *Les mégapoles face au défi des nouvelles inégalités*. Paris: Flammarion, 2002.

**MÁRCIO POCHMANN** é doutor em Economia pela Universidade Estadual de Campinas. É livre docente. É professor do Instituto de Economia e pesquisador do Centro de Estudos Sindicais e de Economia do Trabalho da Universidade Estadual de Campinas. É presidente do Instituto de Pesquisa Econômica Aplicada (Ipea). Foi Secretário do Trabalho da Prefeitura Municipal de São Paulo, no período 2001-2005. Possui vários artigos publicados no Brasil e no exterior sobre as temáticas do Trabalho, Emprego, Políticas Públicas do Trabalho e Exclusão Social. Entre os livros publicados, além de vários outros em coautoria, citam-se: *Qual desenvolvimento?* Oportunidades e dificuldades do Brasil contemporâneo. São Paulo: Publisher Brasil, 2009; *Desenvolvimento, trabalho e renda no Brasil*: avanços recentes no emprego e na distribuição dos rendimentos. São Paulo: Fundação Perseu Abramo, 2010; *Força de trabalho e tecnologia no Brasil*: uma visão de história com foco atual na produção de cana-de-açúcar. Rio de Janeiro: Revan, 2009; *A superterceirização do trabalho*. LTr: São Paulo, 2008; *A batalha pelo primeiro emprego*: a situação atual e as perspectivas do jovem no mercado de trabalho brasileiro. 2. ed. São Paulo: Publisher, 2007; *Desenvolvimento e perspectivas novas para o Brasil*. São Paulo: Cortez, 2010. *Desafio da inclusão social no Brasil*. São Paulo: Publisher, 2004; *Relações de trabalho e padrões de organização sindical no Brasil*. São Paulo: LTr, 2003; *A metrópole do trabalho*. São Paulo: Brasiliense, 2002; *A década dos mitos*. São Paulo: Contexto, 2001; *O emprego na globalização*. São Paulo: Boitempo, 2001; *A batalha pelo primeiro emprego*: as perspectivas e a situação atual do jovem no mercado de trabalho. São Paulo: Publisher, 2002; *Trabalho sob fogo cruzado*. São Paulo: Contexto, 1999; *Inserção ocupacional e o emprego dos jovens*. São Paulo: Unicamp/IE/ABFT, 1998; *Políticas de trabalho e garantia de renda no capitalismo em mudança*. São Paulo: LTr, 1998. Destaque também pode ser dado à participação do autor na organização e coautoria da coleção *Atlas da exclusão social*, v. 1, 2 e 5; *Exclusão social no mundo*, v. 4; e *Os ricos no Brasil*, v. 3, publicados pela Cortez Editora de São Paulo.

**RICARDO ANTUNES** é professor titular de Sociologia no Instituto de Filosofia e Ciências Humanas da Unicamp. Foi *Visiting Research Fellow* na Universidade de Sussex, Inglaterra (1997-1978) e é livre-docente (1994) no IFCH-Unicamp, em Sociologia do Trabalho. Doutorou-se em Sociologia pela USP (1986) e fez mestrado em Ciência Política no IFCH-Unicamp (1980). Recebeu o Prêmio Zeferino Vaz, da Unicamp (2003), e a cátedra Florestan Fernandes, da Clacso (2002). É pesquisador do CNPq. Publicou, dentre outros, os seguintes livros: *O continente do labor*, Ed. Boitempo, 2011; *Infoproletários*: degradação real do trabalho virtual, em coautoria, Ed. Boitempo, 2009; *O caracol e sua concha*: ensaios sobre a nova morfologia do trabalho, Ed. Boitempo, 2005; *Adeus ao trabalho?* 16. ed. Cortez Editora, 2012, publicado também na Itália, Espanha, Argentina, Colômbia, Venezuela e México; *Os sentidos do trabalho*. 12. ed. Ed. Boitempo, publicado também na Argentina e Itália; *Uma esquerda fora do lugar*, Autores Associados; *A desertificação neoliberal*. 2. ed. Autores Associados. Participou da organização de livros e revistas, dentre eles: *Riqueza e miséria do trabalho no Brasil*, Boitempo, (2006); *O avesso do trabalho*, em coautoria, Expressão Popular, 2004 (publicado também na revista *Ideias* (IFCH/Unicamp, 2003); *A dialética do trabalho*, organizador, Ed. Expressão Popular, 2004. *Lukács*: um Galileu no século XX, em coautoria, Ed. Boitempo. Coordena as coleções *Mundo do Trabalho*, pela Boitempo Editorial e *Trabalho e Emancipação*, pela Editora Expressão Popular. Colabora regularmente em revistas e jornais nacionais e estrangeiros. É editor participante ou membro do conselho editorial de *Margem Esquerda* (Brasil), *Latin American Perspectives* (EUA), *Proteo* (Itália), *Asian Journal of Latin American Studies* (Coreia), *Herramienta* (Argentina), *Trajectórias* (México), dentre outras, além de participar como membro de conselho editorial ou como colaborador em outras publicações no Brasil e no exterior.

**CLAUDIA MAZZEI NOGUEIRA** é pós-doutora em Serviço Social pela Pontifícia Universidade Católica de São Paulo. É professora da Graduação e Pós-Graduação do Centro Socioeconômico (CSE) do Departamento de Serviço Social da Universidade Federal de Santa Catarina

(UFSC) e pesquisadora Bolsa Produtividade do CNPq. É membro integrante do Conselho Editorial da revista *Margem Esquerda* (Boitempo Editorial), da revista *Katalysis* (Editora da UFSC) e da revista *Nuestra América*, Roma (Itália). É colaboradora da revista *Serviço Social & Sociedade* (Cortez Editora). É autora dos seguintes livros: *A feminização no mundo do trabalho*: entre a precarização e a emancipação, publicado pela Editora Autores Associados/Campinas (2005); *O trabalho duplicado. A divisão sexual no trabalho e na reprodução*: um estudo das mulheres trabalhadoras no telemarketing, Editora Expressão Popular/São Paulo (2011). É também autora de artigos e capítulos de livros, tanto no Brasil como no exterior. É ainda coordenadora do Núcleo de Estudos do Trabalho e Gênero (NETeG), vinculado ao PPGSS da UFSC.

**SALVIANA DE MARIA PASTOR SANTOS SOUSA** é doutora em Políticas Públicas pela Universidade Federal do Maranhão. Professora da mesma Universidade, lotada no Departamento de Serviço Social, com atividades acadêmicas no Curso de Graduação em Serviço Social e no Programa de Pós-Graduação em Políticas Públicas, do qual é coordenadora. É pesquisadora do Grupo de Avaliação e Estudos da Pobreza e de Políticas Direcionadas à Pobreza (Gaepp). É editora da *Revista de Políticas Públicas* do Programa de Pós-Graduação em Políticas Públicas da UFMA. Publicou vários artigos em periódicos nacionais, entre os quais: "O campo da saúde no Brasil: notas críticas sobre as mudanças propugnadas pelo Sistema Único de Saúde (SUS)". *Revista Cadernos de Pesquisa*, v. 11, n. 1. São Luís: Edufma, 2000. "A descentralização da política de assistência social: da concepção à realidade", em coautoria. Revista *Serviço Social & Sociedade*, São Paulo, Cortez, n. 65, 2001. "Desenvolvendo competências para o trabalho incerto: um dilema atual do Estado brasileiro". Série *Políticas Públicas em Debate*, v. 1, n. 2, São Luís: Edufma, 2001. "A Igreja Católica no processo de formação da sociedade brasileira: o período colonial". Revista *Série Políticas Públicas em Debate*, n. 2, v. 2, São Luís: Edufma, 2002. "O processo de organização dos serviços de saúde no Maranhão: passos iniciais". *Revista de Políticas Públicas*, v. 9 n. 1, São Luís: Edufma, 2005. É coautora dos livros *Avaliação de políticas e programas sociais*: teoria & prática, 3. ed. São Paulo: Veras, 2010 e *O Sistema Único de assistência social no Brasil*: uma realidade em movimento. 2. ed. São Paulo: Cortez, 2011.

**MARIA EUNICE FERREIRA DAMASCENO PEREIRA** é doutora em Economia Social e do Trabalho pelo Instituto de Economia da Universidade Estadual de Campinas-SP, concluindo pós-doutorado no Programa de Pós-Graduação em Serviço Social da PUC-SP. Professora do Curso de Serviço Social e do Programa de Pós-Graduação em Políticas Públicas da Universidade Federal do Maranhão. Pesquisadora, membro fundadora do Grupo de Avaliação e Estudo da Pobreza e de Políticas Direcionadas à Pobreza (Gaepp), da Universidade Federal do Maranhão. É autora dos seguintes artigos: "Avaliação do Programa Creche Manutenção e A Política de Educação Profissional no Maranhão: resultados de uma avaliação" (em coautoria), publicados no livro *Avaliação de políticas e programas sociais*: teoria & prática. 2. ed. São Paulo: Veras, 2005; "Relações de trabalho e qualificação profissional; algumas considerações sobre a noção de eficiência nas Políticas Públicas" (em coautoria); "O processo de focalização no Plano Nacional de Qualificação Profissional" — publicados na *Revista de Políticas Públicas* do Programa de Pós-Graduação em Políticas Públicas da Universidade Federal do Maranhão. Coautora no artigo "O protagonismo do Maranhão no Serviço Social brasileiro", publicado na revista *Serviço Social & Sociedade*, ano XXIX, n. 95, p. 41-76, especial 2008, São Paulo, Cortez, set. 2008; e coautora do livro e *O Sistema Único de assistência social no Brasil*: uma realidade em movimento. 2. ed. São Paulo: Cortez, 2011.

**ROSANGELA NAIR DE CARVALHO BARBOSA** é doutora em Serviço Social pela Pontifícia Universidade Católica de São Paulo. Pós-doutora e mestre em Sociologia pela Universidade Federal do Rio de Janeiro. Professora-adjunta do Departamento de Política Social. Pesquisadora e coordenadora do Programa de Estudos de Trabalho e Política da Faculdade de Serviço Social da Universidade do Estado do Rio de Janeiro. Pesquisadora da área do trabalho e do desenvolvimento com textos publicados em diferentes Anais de eventos científicos no Brasil e no exterior. É também autora dos seguintes artigos: "A precariedade na periferia do capitalismo. Praia Vermelha (UFRJ)", v. 20, 2010; "Sindicatos e desenvolvimento regional no polo gás-químico de Duque de Caxias (Rio de Janeiro)", revista *O Social em Questão* (PUC-RJ), n. 25-26, 2011; "A regionalização produtiva e os desafios da política no polo gás-químico de Duque de Caxias", no livro organizado por José Ricardo Ramalho e Alexandre Fortes, *Desenvolvimento, trabalho e cidadania, baixada e sul fluminense,* Editora 7 Letras [prelo]; e do livro *Economia solidária como política pública*: tendência de geração de renda e ressignificação do trabalho, editado pela Cortez, 2011, fruto da tese de doutorado que obteve o Prêmio Capes de Teses de 2006.

**IZABEL CRISTINA DIAS LIRA** é doutora em Serviço Social pela Pontifícia Universidade Católica de São Paulo. Professora no curso de Serviço Social e no Programa de Pós-Graduação em Política Social (Mestrado) da Universidade Federal de Mato Grosso. Autora do artigo "Informalidade: reflexões sobre o tema", publicado na revista *Serviço Social & Sociedade,* n. 69 da Cortez Editora. Foi vice-presidente da Regional Centro-Oeste da Associação Brasileira de Ensino e Pesquisa em Serviço Social (gestão 2007-2008). Pesquisadora do Grupo Trabalho e Sociabilidade, vinculado à Rede de Pesquisas sobre o Trabalho do Assistente Social (Retas). Coordenou a pesquisa "Mercado de trabalho do assistente social em Mato Grosso e os desafios para a formação profissional" (concluída em 2010 e financiada pela Fundação de Amparo à Pesquisa do Estado de Mato Grosso), da qual resultaram textos publicados em anais de eventos nacionais.

**MARIA VIRGÍNIA MOREIRA GUILHON** é doutora em Economia Social e do Trabalho pelo Instituto de Economia da Universidade Estadual de Campinas. Professora aposentada da Universidade Federal do Maranhão e pesquisadora e membro fundadora do Grupo de Avaliação e Estudo da Pobreza e de Políticas Direcionadas à Pobreza (Gaepp), da Universidade Federal do Maranhão. É autora dos seguintes artigos:

"A política de educação profissional no Maranhão: resultados de uma avaliação" (em coautoria), publicado no livro *Avaliação de políticas e programas sociais*: teoria & prática. 3. ed. São Paulo: Veras, 2010; "A questão dos interesses na formulação das políticas públicas"; "Subsídios para análise da eficácia da Política Nacional de Educação Profissional: impactos sobre os trabalhadores beneficiados"; "Algumas considerações sobre a noção de eficiência nas políticas públicas"; "O processo de focalização no Plano Nacional de Qualificação Profissional" — publicados na *Revista de Políticas Públicas* do Programa de Pós-Graduação em Políticas Públicas da Universidade Federal do Maranhão; "A relação Estado/interesses sociais na formação das Políticas Públicas e a passagem do feudalismo ao capitalismo: uma perspectiva histórica geral" — publicado em série em *Políticas Públicas em Debate* do Programa de Pós-Graduação em Políticas Públicas da Universidade Federal do Maranhão; "A pobreza e seu enfrentamento na era da globalização" e "A focalização fragmentadora e a insuficiência do Comunidade Solidária no enfrentamento da pobreza: Estudo de um caso no Nordeste", publicados no livro *O Comunidade Solidária*: o não enfrentamento da pobreza no Brasil. São Paulo: Cortez, 2001 e coautora do livro e *O Sistema Único de assistência social no Brasil*: uma realidade em movimento. 2. ed. São Paulo: Cortez, 2011.

**VALÉRIA FERREIRA SANTOS DE ALMADA LIMA** é doutora em Políticas Públicas pela Universidade Federal do Maranhão (UFMA). Professora do Departamento de Economia e do Programa de Pós-Graduação em Políticas Públicas da UFMA. Pesquisadora do Grupo de Avaliação e Estudos da Pobreza e das Políticas Direcionadas à Pobreza (Gaepp), onde vem desenvolvendo, dentre outros estudos, pesquisa sobre a Política Pública de Trabalho e Renda no Brasil e no Maranhão e, particularmente, sobre a Política de Qualificação Profissional. Publicou vários artigos em periódicos especializados, destacando-se, dentre eles: "Estado e reestruturação capitalista: o novo perfil das políticas públicas para o trabalho" (série *Políticas Públicas em Debate* do Programa de Pós-Graduação em Políticas Públicas/UFMA, São Luís, v. 1, n. 2, 2001);

"O conceito de relação salarial na Teoria da Regulação" (*Revista de Políticas Públicas do Mestrado em Políticas Públicas/UFMA*, São Luís, v. 1, n. 1, 1995). É coautora dos livros *Políticas públicas para o trabalho*: um desafio para os municípios maranhenses. São Luís: Instituto do Homem, mestrado em Políticas Públicas, UFMA, 2000; *Dimensões do trabalho*: extratos da produção acadêmica da UFMA. São Luís: Edufma, 2000; *O Comunidade Solidária*: o não enfrentamento da pobreza no Brasil. São Paulo: Cortez, 2001 e *Avaliação de políticas e programas sociais*: teoria & prática. São Paulo: Veras, 2001 e coautora dos livros *Avaliando o Bolsa Família*: unificação, focalização e impactos. São Paulo: Cortez, 2010 e *O Sistema Único de assistência social no Brasil*: uma realidade em movimento. 2. ed. São Paulo: Cortez, 2011.

**ERIVÃ GARCIA VELASCO** é doutora em Políticas Públicas pela Universidade Federal do Maranhão (UFMA) e Mestre em Política Social pela Universidade de Brasília (UnB). É docente da Universidade Federal de Mato Grosso (UFMT), vinculada ao Departamento de Serviço Social. Foi coordenadora do Programa de Pós-Graduação em Política Social em nível de mestrado, na gestão 2011-2012. Com participação em equipes de avaliação de programas públicos de qualificação profissional, é pesquisadora do Grupo Política Social, Movimentos Sociais e Serviço Social e vem desenvolvendo estudos na área de interesse que articula trabalho–educação–qualificação, com foco na juventude, publicando artigos que tensionam políticas públicas e sociais destinadas à inserção no mercado de trabalho, a exigência de contrapartidas, a natureza assistencial e a transferência monetária, problematizando, especialmente, os padrões ideologizantes da preparação juvenil para o trabalho.

Impressão e acabamento
Editora Parma LTDA
Tel.:(011) 2462-4000
Av.Antonio Bardella, nº310,Guarulhos,São Paulo-Brasil